Kurt Heimbucher (Hrsg.)

Luther und der Pietismus

Kurt Heimbucher (Hrsg.)

Luther
und der Pietismus

An alle, die mit Ernst
Christen sein wollen

BRUNNEN VERLAG GIESSEN/BASEL
MISSIONSVERLAG BIELEFELD

2. Auflage 1999

© 1983 Brunnen Verlag Gießen
Umschlaggestaltung: Ralf Simon
unter Verwendung eines Bildes
von Lucas Cranach d. Ä.
Herstellung: St.-Johannis-Druckerei, Lahr

ISBN 3-7655-1173-0 (Brunnen)
ISBN 3-929602-60-1 (Missionsverlag)

Inhalt

Zum Geleit

Das größte Sammelbecken des landeskirchlichen Pietismus – und ich lege großen Wert auf dieses Wort „Pietismus" und möchte es nicht durch das Wort „evangelikal" ersetzt oder verdrängt wissen – ist die Deutsche Gemeinschaftsbewegung, wie sie seit fast hundert Jahren im Gnadauer Verband sich zusammengefunden hat.

Die Gemeinschaftsbewegung muß sich immer neu fragen: Wo liegen unsere theologischen und geistlichen Wurzeln? Wenn es wahr ist, daß die frühen pietistischen Väter – etwa Spener, Francke und Zinzendorf – auf den Schultern der Reformatoren stehen, dann müssen wir uns mit der reformatorischen Theologie beschäftigen. Das zu tun, ist für den heutigen Pietismus heilsam und notwendig. Die Beschäftigung mit der reformatorischen Theologie hält den Pietismus in der biblischen Nüchternheit und Wachheit und bewahrt vor den schwärmerischen und gesetzlichen Irrwegen, die jeder Erweckungsbewegung drohen, wenn sie nicht auf der Hut ist.

Was liegt näher, als daß sich gerade im Jahre 1983, in dem wir den 500. Geburtstag Martin Luthers feiern, der heutige Pietismus im Raum der Gemeinschaftsbewegung mit dem Menschen und Theologen Luther befaßt. Die Gnadauer Pfingstkonferenz als Hauptveranstaltung des Gnadauer Verbandes im Laufe eines Jahres hat sich in Siegen vier Tage mit Luther und seiner Theologie beschäftigt.

Es ging dabei nicht um eine „Apotheose" Luthers. Für uns Pietisten ist Luther nicht der „evangelische Papst", der unfehlbar ist, wenn er in Fragen des Glaubens und der Lehre zu uns spricht. Es geht weder um eine Geringschätzung Luthers noch um eine Verherrlichung seiner Person. Luther lebte mit der Bibel. Er war Professor für biblische Theologie, er war Schriftausleger. Die Reformation ist aus der Bibel geboren, sie ist im Grunde genommen eine Bibelbewegung.

Nichts anderes will der Pietismus sein: Hören auf das Wort der Schrift und leben aus dem Wort der Schrift – darum geht es. Wer uns hilft, die Bibel zu verstehen, sie uns groß und lieb zu machen, der ist unser Bundesgenosse. Weil Luther gefangen ist in Gottes Wort, darum hören wir auf ihn, darum fragen wir ihn, darum setzen wir uns mit ihm auseinander, darum nehmen wir ihn als unseren Gesprächspartner ernst.

Wesentlich ist, daß wir uns von Luther immer wieder die Mitte des Wortes Gottes zeigen lassen. Auch im heutigen Pietismus besteht die Gefahr des Abgleitens in den Judaismus (wir machen leicht aus dem Evangelium ein Gesetz), in den Enthusiasmus (wir lösen den Geist vom Wort), in den Liberalismus (wir stellen allzu oft die Vernunft über die Schrift), was auch in einer spekulativen Theologie geschieht.

Die Mitte der Schrift ist Christus, „die süße Wundertat", die Gott in seinem Sohn zu unserem Heil unternommen hat. „Nicht, daß ich etwas wüßte unter euch, als allein Christus, den Gekreuzigten", schreibt Paulus (1. Kor. 2,2). Luther ist ganz Schüler des Paulus in der Verkündigung der „theologia crucis".

Bei den pietistischen Vätern war es nicht anders. Sicher kam vornehmlich bei den schwäbischen Vätern – etwa einem Bengel – noch das andere hinzu, daß sie einen besonderen Blick bekamen für die Heilsgeschichte und dabei gerade auch die Geschichte Israels und die Endgeschichte verkündigten. Aber – ich möchte es einmal so formulieren – bei der Schriftauslegung und der Verkündigung darf das letzte Buch der Bibel den Römerbrief nicht verdrängen. Beides gilt es ernst zu nehmen, wobei Luther in seiner Zeit wohl für die Offenbarung des Johannes nicht den Blick hatte, den wir heute in unserer apokalyptischen Zeit haben. Das schmälert die Bedeutung Luthers nicht. Auch er war Kind seiner Zeit, mit einem besonderen Auftrag, den Gott ihm gegeben hatte.

In diesem Buch sind eine Reihe von Fragen aufgeworfen, die für den Pietismus wichtig sind. Was können wir von Luther als Prediger lernen? Was ist es um die rechte Verkündigung des Evangeliums? Was hat uns Luther in den Fragen der Erziehung zu sagen? Gerade die pädagogischen Fragen haben im Pietismus immer eine große Rolle gespielt. Und auch heute beschäftigt sich die Gemeinschaftsbewegung wieder mit den Fragen um Erziehung, Schule und Bildung. Was lehrt uns die reformatorische Theologie im Blick auf die rechte Zuordnung von Rechtfertigung und Heiligung, von Wort Gottes und Heiligem Geist? Wie steht es um die Frage nach der Entscheidung in unserer Evangelisationspraxis? Stehen wir Pietisten näher bei Erasmus als bei Luther? Was sagt uns Luther zur „Freiheit eines Christenmenschen"? Was lernen wir von Luther, dem Beter? Und ist seine Lehre „von den beiden Regimenten" heute noch brauchbar?

Freilich sind in diesem Buch manche Fragen nicht angesprochen, die in der Fragestellung „Reformation und Pietismus" von Bedeutung sind. Im Rahmen einer Konferenz können eben nicht alle wesentlichen Fragen behandelt werden. Ich möchte auf zwei Fragen hinweisen, die uns andernorts beschäftigen werden: die Frage nach der Gemeinde und – damit zusammenhängend – die Frage nach den Sakramenten, also nach Taufe und Abendmahl.

Ich denke hier besonders an Luthers Schrift „Die deutsche Messe" aus dem Jahre 1526, in der er von der dreifachen Form des Gottesdienstes spricht. Ich erinnere ferner an Luthers Kleinen und Großen Katechismus, wo unter den fünf Hauptstücken des christlichen Glaubens Taufe und Abendmahl stehen. Wir Pietisten sind gefragt, ob wir die Sakramente als Stiftungen unseres Herrn nicht unterschätzen. Allerdings hätten wir als Pietisten von Luther her an die Tauf- und Abendmahlspraxis unserer Landeskirchen ernsthafte Fragen zu stellen.

Die Referenten bei der Gnadauer Pfingstkonferenz waren Männer aus dem Raum von Landeskirche und Gemeinschaftsbewegung, die sich dem reformatorischen und pietistischen Erbe verpflichtet wissen. Ich danke den Herren und Brüdern herzlich, daß sie die Erlaubnis gegeben haben, ihre Beiträge einem größeren Kreis zugänglich zu machen. Besucher der Gnadauer Pfingstkonferenz 1983 werden gerne zu diesem Buch greifen, um das Gehörte zu vertiefen. Und ich denke, daß darüber hinaus viele Christen an diesem Buch interessiert sein werden, um Anstöße für das eigene Denken und Glauben zu empfangen. Besonders würde ich mich freuen, wenn in Mitarbeiterrüsten, Brüderstunden, Bibelstunden, Jugendkreisen und Presbyterien über die hier angeschnittenen Fragen weiter gesprochen wird.

Herzlichen Dank dem Gnadauer Sekretär Theo Schneider, der die Manuskripte für den Druck zusammengestellt hat. Herzlichen Dank aber auch dem Brunnen-Verlag in Gießen, der die Herausgabe dieses Buches möglich gemacht hat.

„Luther und der Pietismus" – das ist der Beitrag der Deutschen Gemeinschaftsbewegung zum Lutherjahr 1983. Noch einmal unterstreiche ich: Der innerkirchliche Pietismus stellt sich hier Anfragen des Reformators. Mit diesen Anfragen an uns, die Pietisten, werden aber zugleich Schwerpunkte gesetzt, von denen wir meinen, daß sie in der ganzen evangelischen Christenheit in unserem Lande beachtet und besprochen werden sollten. So will dieses Buch also nicht nur ein Buch für die Pietisten sein, sondern eine Gabe der Gemeinschaftsbewegung an alle Christen in unserem Land.

Nürnberg, im Juli 1983
Kurt Heimbucher, Pfarrer,
Präses des Gnadauer Verbandes

Einige Jahre sind ins Land gegangen, seitdem mein Vorgänger Kurt Heimbucher dieses Buch herausgegeben hat. Aber nach wie vor erweist sich die Begegnung des Pietismus mit Martin Luther als eine spannende und fruchtbare Angelegenheit. Dafür sehe ich vor allem zwei Gründe:
Der Pietismus hat sich seit jeher als eine Art Testamentsvollstrecker der Reformation verstanden, denn er hat einiges von dem zu verwirklichen gesucht, was Martin Luther seinerzeit am Herzen lag, aber auf Grund damaliger Umstände nicht in die Praxis umgesetzt werden konnte, so u. a. das Allgemeine Priestertum aller Christen, die Verbreitung der Bibel im Volk und die Versammlung derer, die „mit Ernst Christen" sein wollen. Es lauert jedoch an manchen Stellen die Gefahr, in gleichsam vor-lutherisches Verhalten zurückzusinken.
Der Pietismus auf seinem Weg durch die Jahrhunderte muß sich fragen lassen, ob er nicht an manchen Stellen reformatorischen Tiefgang verloren hat. Die Zeit der Aufklärung mit ihrem Beglückungsstreben und ihrer Individualisierung ist auch an uns im Raum des Pietismus nicht spurlos vorübergegangen. Da tut es gut, „zurück zu den Quellen" zu gehen und bei Martin Luther wieder zu lernen, was es heißt, auf das Wort Jesu in der Heiligen Schrift zu hören und wahrhaft evangelisch zu sein.
Aus den genannten Gründen erweist sich das vorliegende Buch nach wie vor als höchst aktuell. Ich freue mich darüber, daß das Interesse daran ungebrochen ist, und wünsche dem Buch auch künftig eine weite und segensreiche Verbreitung.

Dillenburg, im Mai 1999
Christoph Morgner, Pfarrer
Präses des Evangelischen Gnadauer Gemeinschaftsverbandes

Theo Sorg

Von der Freiheit eines Christenmenschen

Zu allen Zeiten haben Menschen sich nach Freiheit gesehnt, von der Freiheit geredet, über die Freiheit geschrieben und für die Erlangung ihrer Freiheit gekämpft. In allen Abschnitten der Menschheitsgeschichte hat es Befreiungsbewegungen und Freiheitskämpfe gegeben, im Altertum wie in der Moderne. Zu allen Zeiten haben ganze Stände, Völker und Rassen sich aufgelehnt gegen Benachteiligung und Unterdrückung, gegen ungerechte Verhältnisse und Strukturen. Sie haben versucht, die Verhältnisse zu ändern und die Fesseln abzuwerfen, durch die sie sich eingeengt und gebunden fühlten. Gerade auch in der Gegenwart ist das Wort von der Freiheit – durchaus nicht nur im politischen Bereich und in der Spannung zwischen Ost und West – eines der beherrschenden Schlagworte, auch dort, wo man heute andere Ausdrücke dafür gebraucht, Befreiung etwa oder Unabhängigkeit, Emanzipation oder Selbstverwirklichung.

Wir begegnen diesem Streben in allen gesellschaftlichen Schichten, und wir erfahren es in den unterschiedlichsten Formen: Wenn Kinder sich gegen Eltern oder Lehrer auflehnen, wenn man grundsätzlich jeder Art von Institution mißtraut, der Familie, der Schule, der Kirche, dem Staat, und wenn man jede Form einer „Obrigkeit" grundsätzlich diffamiert und gegen alle Ordnungen oder Anordnungen demonstriert; wenn die Armen gegen die Reichen aufbegehren; wenn sich politische Befreiungsbewegungen in christlichem Gewande formieren – und so könnten wir fortfahren. Das Streben nach Freiheit ist fundamental in unserer menschlichen Existenz verwurzelt. Freiheit und Unabhängigkeit, Eigenbestimmung und Selbstentfaltung gehören zu den tiefsten Sehnsüchten des Menschengeschlechts.

Angesichts dieses Tatbestandes haben wir uns jetzt darauf zu besinnen, wie es um diese Freiheit des Menschen, speziell des Christenmenschen wirklich bestellt ist. Ich möchte das tun, indem ich von einem biblischen Text ausgehe und die Besinnung über diese Frage in vier Schritten vollziehe.

I. Von der Unfreiheit des Menschen

Meine Heimat ist die Stadt, in der Friedrich Schiller geboren wurde. Selbstverständlich, daß wir als Schüler einst über Gebühr mit Schillergedichten traktiert worden sind. Ich sehe uns noch stehen, als ob es gestern gewesen wäre, uns kleine Buben, und lauthals die „Worte des Glaubens", die unser großer Genius gedichtet hat, im Chor ins Klassenzimmer hineinrufen:

„Der Mensch ist frei geschaffen, ist frei,
und wär' er in Ketten geboren.
Laßt euch nicht irren des Pöbels Geschrei,
noch den Mißbrauch rasender Toren.
Vor dem Sklaven, wenn er die Ketten bricht,
vor dem freien Menschen erzittert nicht!"

Bei Friedrich Schiller, diesem großen Dichter des deutschen Idealismus, begegnet uns eine unter dem Menschengeschlecht weitverbreitete Meinung: Die Menschen sind frei! Wo wir es nicht sind, wo man uns durch Einwirkungen von außen diese Freiheit beschneidet oder verwehrt, müssen wir für die Freiheit kämpfen, müssen wir die Ketten brechen, die Konventionen und Traditionen auf die Seite räumen, müssen wir zumindest für unsere Freiheit demonstrieren. Es war und ist zu allen Zeiten ein Glaubenssatz des natürlichen Menschen, was Schiller auf den Nenner gebracht hat: „Der Mensch ist frei geschaffen, ist frei …"

Die Bibel redet anders. Sie setzt auch einen so bedeutenden Mann, wie Friedrich Schiller es fraglos war, ins Unrecht. Hören wir nun aus Johannes 8 eine kurze Szene aus einem Streitgespräch, das Jesus mit Menschen geführt hat, die an ihn glaubten. Aber – obwohl sie Glaubende waren, hatten sie doch nicht den richtigen Blick für die Realität des Lebens. Was sie über sich selbst wußten, war nur die halbe Wahrheit. Darum mußte Jesus ihnen die ganze Wahrheit über ihr Leben sagen:

„Da sprach nun Jesus zu den Juden, die an ihn glaubten: Wenn ihr bleiben werdet an meiner Rede, so seid ihr in Wahrheit meine Jünger und werdet die Wahrheit erkennen, und die Wahrheit wird euch frei machen. Da antworteten sie ihm: Wir sind Abrahams Kinder und sind niemals jemandes Knechte gewesen. Wie sprichst du denn: Ihr sollt frei werden? Jesus antwortete ihnen: Wahrlich, wahrlich,

ich sage euch: Wer Sünde tut, der ist der Sünde Knecht. Der Knecht aber bleibt nicht ewiglich im Hause; der Sohn bleibt ewiglich: Wenn euch nun der Sohn frei macht, so seid ihr recht frei" (Johannes 8,31-36).

Hier wird uns in aller Deutlichkeit vor Augen geführt, daß der Mensch nicht so frei ist, wie er es wünscht und meint. Wir Menschen leben in verhängnisvollen Unfreiheiten. Das zeigt sich schon an unseren äußeren Lebensbedingungen. Wir haben in der Politik heute kaum noch die Möglichkeit zu freien Entscheidungen. Die Bündnisse, in denen wir stehen, engen unseren Entscheidungsspielraum ebenso ein wie die wirtschaftlichen Entwicklungen, die weltweit über uns hinweggehen und die wir kaum beeinflussen können.

Auch als einzelne leben wir unter Zwängen, die uns zum Schicksal werden, ob wir nun an die Arbeit denken, die wir haben oder suchen, an die Hektik und Hetze des Alltags, in der wir leben müssen, an die Erziehung unserer Kinder angesichts der zahllosen offenen und geheimen Miterzieher und an vieles andere mehr. Wir reden zwar laut von der Freiheit, aber ihre Verwirklichung bewegt sich in sehr engen Grenzen. Und wo wir die Freiheit hätten, freie Zeit eigenständig und schöpferisch zu gestalten, da überlassen das die allermeisten einem 08/15-Reisebüro oder einfach dem Fernsehprogramm. Daß gerade in den „freiheitlichen" westlichen Ländern während der letzten Jahre die Kriminalität wie auch die Abhängigkeit von Alkohol und Drogen sprunghaft angestiegen sind, ist ein weiteres Indiz dafür, wie wenig sinnvoll wir selbst mit der relativ geringen Freiheit umzugehen wissen, die uns gegeben ist.

Doch das Wort aus Johannes 8 zielt tiefer. Es meint nicht in erster Linie die äußeren Zwänge, unter denen wir leben und ein gutes Stück auch leiden. Es hat unser inneres Gebundensein im Blick, die tiefe Kluft zwischen Sein und Sollen, zwischen Wollen und Können. Dieser innere Zwiespalt läßt sich nicht besser beschreiben als mit den Worten des Apostels Paulus: „Ich bin mir selbst ein Rätsel. Das Gute, das ich will, tue ich nicht, aber das Böse, das ich nicht will, das tue ich" (Römer 7,15). So leben wir Menschen in einer inneren Zerrissenheit, die uns unser eigenes Wesen und Tun zum Rätsel macht. Mit wie vielen guten Vorsätzen bleiben wir auf der Strecke, weil unser Wille zu schwach ist; wie vieles bleiben wir anderen schuldig, weil unser naturhaftes Leben – wie Luther es ausdrückt – „incurvatus in se ipsum" ist, hineingekrümmt in sich selbst, so daß wir beständig nur das Eigene suchen und gerade dadurch vor Gott und den Menschen schuldig werden. Solche innere Gebundenheit und Unfreiheit kann drückender und belastender sein als viele äußere Zwänge, unter denen wir leben müssen. Genau auf diesen Punkt zielt Jesus, wenn er sie als Knechtschaft, als Sklaverei bezeichnet und in der Sünde, in der Trennung des Menschen von Gott ihre letzte Wurzel sieht: „Wer Sünde tut, der ist der Sünde Knecht." Hier liegt nach biblischer Sicht der Grund für unsere Unfreiheit. Hier ist die Ursache des Zwiespalts zu sehen, der sich tief durch unser Leben und durch unsere ganze Welt zieht: Der Mensch ist ein Gebundener seiner vermeintlichen Freiheit, nämlich seiner Gott-losigkeit geworden (vgl. Römer 6,20; 7,14-24).

Das ist die Wahrheit der Bibel über den Menschen und seine angebliche Freiheit. Es gehört Mut dazu, dieser Wahrheit ins Gesicht zu sehen. Weil Gottes Augen tiefer blicken als die unseren, fördern sie Dinge ans Tageslicht, vor denen wir gerne die Augen verschließen. Und dazu gehört auch die Tatsache, daß wir nicht so frei sind, wie wir meinen.

II. Von der Befreiung durch Jesus Christus

Zweimal ist in dem Text aus dem Johannesevangelium von der Möglichkeit der Befreiung die Rede: „Ihr werdet die Wahrheit erkennen, und die Wahrheit wird euch frei machen." „Wenn euch nun der Sohn frei macht, so seid ihr recht frei."

Man hört es ja nicht gerne, wenn einem Unfreiheit und Sünde vorgehalten werden. Das ist nicht erst heute so. Auch die Gesprächspartner Jesu haben sich gegen seinen Vorhalt gewehrt: „Wir sind Abrahams Kinder und sind niemals jemandes Knechte gewesen. Wie sprichtst du denn: Ihr sollt frei werden?" „Wir sind Abrahams Kinder ...", das heißt, mit unseren eigenen Worten gesagt: Wir stehen auf dem Boden des rechten Glaubens und eines unverfälschten Bekenntnisses. Wir leben in einer reformatorischen Kirche und in einer guten geistlichen Tradition, denn wir zählen uns zu den Kreisen des Pietismus und der Gemeinschaftsbewegung. Wir arbeiten mit in der Gemeinde, besuchen die Bibelstunde, singen im Chor, gehen zum CVJM oder EC. Wir lesen den Neukirchener Kalender, halten Hausandacht, beten zu Tisch, geben den Zehnten für die Mission ... Das alles meint: „Wir sind Abrahams Kinder."

Zu solchen spricht hier Jesus. Er redet also nicht zum Fenster hinaus, sondern zu Menschen, die es mit dem Glauben an ihn und mit der Gemeinschaft der Christen ernst nehmen. Solchen sagt er: „Wenn euch nun der Sohn frei macht, so seid ihr recht frei." Das ist ein Angebot, eine Einladung. Und darin liegt zugleich eine Einschränkung: Wir können uns nicht selber freisprechen. Wir können uns auch nicht durch das Einhalten christlicher Regeln und Ordnungen, durch Verzichte und fromme Leistungen freischwimmen. Freimachen kann uns nur eines: die Wahrheit. Befreien kann uns nur einer: der Sohn. Wobei hier mit verschiedenen Worten dasselbe, nein: derselbe gemeint ist: Jesus Christus, der Sohn Gottes, der von sich sagt: „Ich bin der Weg und die Wahrheit und das Leben, niemand kommt zum Vater denn durch mich" (Johannes 14,6).

Das ist die freimachende Wahrheit für uns alle: „Wenn euch nun der Sohn frei macht, so seid ihr recht frei." Er, der Sohn Gottes, ist gekommen, dieses Werk der Befreiung zu vollbringen. In der Krippe hat es begonnen: „Er wird ein Knecht und ich ein Herr, das mag ein Wechsel sein!" (EKG 21,5). Am Kreuz wurde es vollbracht: „In deinen Banden ist die Freiheit uns gegeben" (EKG 66,3). An Pfingsten hat Gott es ratifiziert: „Wo der Geist des Herrn ist, da ist Freiheit" (2. Korinther 3,17). Durch seinen Tod am Kreuz hat Jesus den Menschen frei gemacht von der Zwingherrschaft der Sünde (Römer 6,14.18), damit er von jetzt an der Gerechtigkeit Gottes dienen kann; frei gemacht von dem Fluch, der durch die Übertretung des göttlichen Gesetzes auf ihm lag (Galater 3,13); frei gemacht von der Angst vor dem Tod (Römer 8,38), so daß er des ewigen Lebens gewiß sein darf.

Aber nun ist die Freiheit, zu der uns Christus befreit hat (Galater 5,1), nicht nur eine „Freiheit von ...", sie ist immer zugleich auch eine „Freiheit zu ..." Jesus Christus befreit den Menschen, damit er sich der Führung seines Heiligen Geistes unterstelle (Römer 8,2; 2. Korinther 3,17; Galater 5,18). Er macht uns frei zum Dienst an der Gerechtigkeit (Römer 6,18) und zu Taten der Liebe an anderen Menschen (Galater 5,13). Beides gehört aufs engste zusammen, die „Freiheit von ..."

und die „Freiheit zu ...", theologisch gesprochen der Indikativ und der Imperativ.

Nur kurz zwei biblische Beispiele: Der auf seinen Reichtum versessene Zachäus wird von dieser Bindung befreit und kann nun seinen Reichtum und Besitz als Gabe Gottes ansehen, die er für seine Mitmenschen einsetzen soll (Lukas 19,1-10); die von ihrer Sexualität abhängige Samariterin wird befreit zur Verkündigung des Heils, das ihr in Jesus Christus begegnet ist (Johannes 4).

Das war auch die Erfahrung Martin Luthers, die in seiner Schrift „Von der Freiheit eines Christenmenschen" ihren Niederschlag gefunden hat. Luther war ein Mensch, der die eigene Unvollkommenheit und Unfreiheit Gott und den Menschen gegenüber in der Tiefe seines Wesens erlebt und erlitten hat. In seiner letzten Verzweiflung, in der er alle seine noch so gutgemeinten Werke verbrennen sah wie Stroh im Feuer, flüchtete er sich mit seiner Schuld im Glauben zu seinem Herrn und in sein Wort, das „in die Hölle führt und wieder heraus".

Glaube an Jesus Christus macht gerecht und frei! Das Vertrauen auf ihn setzen – das befreit von den Lasten der Vergangenheit, von der eigenen, auch frommen und gesetzlichen Quälerei, und eröffnet ein neues Leben. So kann Luther in seiner Freiheitsschrift von dem „fröhlichen Wechsel" sprechen, der geschehen ist und unter Aufnahme eines Bildes aus der mittelalterlichen Brautmystik sagen: „Weil Christus Gott und Mensch ist, der noch nie gesündigt hat und seine Frommheit unüberwindlich, ewig und allmächtig ist, so macht er denn die Sünde der gläubigen Seele durch ihren Brautring – das ist der Glaube – sich selbst zu eigen und tut nichts anderes als hätte er sie getan. So müssen die Sünden in ihm verschlungen und ersäuft werden; denn seine unüberwindliche Gerechtigkeit ist allen Sünden zu stark" (12). Und er ruft dann mit einem Ton tiefer Freude und Gewißheit jedermann auf, sich auf die Vergebung durch Jesus Christus zu verlassen: „Willst du alle Gebote erfüllen, deine böse Begierde und Sünde loswerden, wie die Gebote zwingen und fordern, sieh auf, glaube an Christus, in dem ich dir alle Gnade, Gerechtigkeit, Friede und Freiheit zusage. Glaubst du, so hast du; glaubst du nicht, so hast du nicht" (9).

Luther hat erfahren: Losgelöst sein von der schuldhaften Last der Vergangenheit, das ist die Freiheit, zu der uns Christus befreit (Galater 5,1). Nicht, daß damit plötzlich die ganze Welt verändert wäre und alle Zwänge aufgehoben. Nicht, daß nun alle äußeren Bedrohungen, auch alle inneren Anfechtungen sich auf einmal in nichts auflösen würden. Nein! Aber unsere Situation in diesen Zwängen und Bedrängnissen ist nun verändert, und zwar grundlegend verändert. Wir müssen nicht mehr länger Sklaven der Verhältnisse sein, sondern dürfen mitten in allen Schwierigkeiten als Befreite, als Begnadigte, als von Christus Angenommene leben und können selbst kleine Schritte als Vollzug der neu geschenkten Freiheit tun: heilen, wo andere Wunden schlagen; trösten, wo Menschen Leid zugefügt wird; für das Recht eintreten, wo Unrecht geschieht; einladen und aufnehmen, wo man verstößt und verdammt. Kleine Schritte nur, ganz gewiß. Aber Schritte auf dem Weg der Freiheit der Kinder Gottes, die uns mitten unter den Zwängen, die wir selbst nicht aufheben, ja kaum beeinflussen können, möglich werden.

III. Von den Konsequenzen der Freiheit

Wir haben schon mehrfach aus Luthers Freiheitsschrift zitiert, ohne genauer auf sie eingegangen zu sein.
Martin Luthers Traktat „Von der Freiheit eines Christenmenschen" gehört zu den theologisch bedeutsamsten Werken des Reformators. Er ist als eine der drei reformatorischen Hauptschriften im Jahre 1520 entstanden. Damals war für Luther eine bewegte Zeit. Die Bannbulle gegen ihn war bereits ausgefertigt und am 24. Juli 1520 am Petersdom in Rom angeschlagen worden, als sich Luther auf den dringenden Rat des päpstlichen Nuntius Carl von Miltiz bereit fand, noch einmal ein Schreiben an den Papst zu richten und dieses auf dem Wege der offiziellen Korrespondenz des Augustinerordens, dem Luther angehörte, nach Rom bringen zu lassen.
Diesem „Sendbrief an Leo X." legte er die kleine Schrift „Von der Freiheit eines Christenmenschen" bei. In seinem Brief kämpfte Luther um den Papst als seinen Bruder in Christus: „Heiliger Vater, laß dich befreien von der Macht deiner Klüglinge! Christus ist auch deine Freiheit. Alle falsche Lehre, die sich an deinem Hof eingeschlichen hat, hat Christus getragen

als ein schmutziges Gewand. Siehe, er gibt dir seine Gerechtigkeit. Du kannst noch einmal von vorne beginnen. Du darfst mit Christus verbunden sein wie die Braut mit ihrem Bräutigam. Glaube an Christus, deinen Herrn, dann wird dein Hirtenamt in neuem Glanz erstrahlen. Wer auf Christus hört, braucht sein Ohr nicht den Schmeichlern zu leihen. Denn sie haben, Heiliger Vater, dein Amt zu einem überirdischen Stellvertreteramt gemacht. Du brauchst gar nicht der Stellvertreter des Herrn zu sein. Du bist groß genug und hast wahrlich die ganze geistliche Autorität, wenn du des Herrn Knecht bist. Denn wer der Größte ist im Reiche Gottes, der ist seinen Brüdern und Schwestern in Demut und Liebe untertan ...“

Mit diesem persönlichen Schreiben verband Luther die Auslegung und Verkündigung des göttlichen Wortes von der Freiheit eines Christenmenschen. Auch wenn seine Schrift in Rom nur Verachtung fand, so hat sie doch in der evangelischen Christenheit nicht nur große Beachtung gefunden, sondern fundamentale Bedeutung für den Glauben des Einzelnen wie für die ganze Kirche erlangt und gilt bis heute als eine der wichtigsten Äußerungen des Reformators. In dieser Schrift entfaltet Luther auf wenigen Seiten den ganzen Inhalt des christlichen Glaubens, die Leben, Gerechtigkeit und Freiheit schenkende Christusbotschaft. Zugleich zieht er die Konsequenzen aus diesem Glauben und stellt dar, wie ein Glaubender sich gegenüber Gott, sich selber und seinem Nächsten zu verhalten habe, wie also rechtes und christliches Leben und Handeln gestaltet sein soll. Wenn man so will, könnte man sagen: Die Freiheitsschrift Luthers enthält seine Dogmatik und seine Ethik in nuce. Kein Wunder, daß Luther selbst diesen Traktat einmal „die Summe eines christlichen Lebens“ genannt hat.

Unter Berufung auf den Apostel Paulus (1. Korinther 9,19; Römer 13,8) stellt Luther zwei Leitsätze an den Anfang, die wie markant gemeißelte Türpfosten den Weg in diese Schrift hinein eröffnen und die das Maß und den Inhalt der rechten Christenfreiheit beschreiben.

(1) Ein Christenmensch ist ein freier Herr über alle Dinge und niemandem untertan.

(2) Ein Christenmensch ist ein dienstbarer Knecht aller Dinge und jedermann untertan.

Diese in dialektischer Spannung stehenden Sätze, in denen

die christliche Freiheit mit ihren Konsequenzen meisterhaft zusammengefaßt ist, bilden zugleich das Gerüst der ganzen Schrift.

Von der Freiheit im Glauben handeln die Abschnitte 3-18, vom Dienst der Liebe die Abschnitte 19-29. Im letzten Abschnitt (30) werden die beiden Größen noch einmal zusammengebunden: Ein Christenmensch lebt nicht aus sich selbst, sondern „in Christus durch den Glauben, im Nächsten durch die Liebe".

Warum ist dies so und wie läßt sich dieser scheinbare Widerspruch auflösen? Luther gibt zu bedenken (2), daß jeder Christenmensch von zweierlei Natur ist: Er ist ein geistlicher, neuer innerlicher Mensch, durch den Heiligen Geist geboren und zum Glauben geführt, und er ist zugleich – untrennbar mit dem ersten verbunden – ein leiblicher, äußerlicher Mensch, der seinen Leib regieren und seinem Nächsten dienen soll (2. Korinther 4,16; Galater 5,17).

Durch den Glauben an das Evangelium wird der Mensch frei von allen Dingen, vor allem vom Gesetz, so daß er keiner guten Werke mehr bedarf, um vor Gott gerecht zu sein. Hier setzt der „fröhliche Wechsel" (12) ein, von dem wir vorhin gesprochen haben. Christus, der Sündlose, macht uns sich selber so zu eigen, daß „die Sünden in ihm verschlungen und ersäuft werden" (12). Im Glauben bekommen wir Anteil an Christus und seiner Gerechtigkeit; Christus übernimmt dafür unsere Sünde.

Hier geht es um die Mitte, um das Herzstück unseres christlichen Glaubens. Die Erlösung durch Christus ist in Wahrheit Befreiung. Diese Befreiung läßt sich nicht verdienen; ihr kann nur der „Glaube des Herzens" (13) entsprechen, der Gott allein die Ehre gibt. Für Luther ist dieser Glaube das unbedingte Ernstnehmen des ersten Gebotes: „Ich bin der Herr, dein Gott, der ich dich aus Ägyptenland, aus der Knechtschaft, geführt habe. Du sollst keine andern Götter haben neben mir" (2. Mose 20,2 f.). „Wer das erste Hauptgebot erfüllt, der erfüllt gewiß und leicht auch alle anderen Gebote" (13).

Aus dem neuen Geist, der aus dem Glauben an Christus erwächst, fließt nun mit innerer Notwendigkeit „die Liebe und die Lust zu Gott und aus der Liebe ein freies, williges, fröhliches Leben, dem Nächsten umsonst zu dienen, denn wie unser Nächster Not leidet und unseres Überflusses bedarf, so haben ja auch wir Not gelitten und seiner Gnade bedurft. Darum sollen wir so, wie uns Gott durch Christus umsonst geholfen hat, durch den Leib und seine Werke nichts anderes tun als dem Nächsten helfen" (27).

Frei aus Glauben – gebunden durch die Liebe. Diese beiden Punkte beschreiben das Leben und die Freiheit eines Christenmenschen. *Die Quelle* dieser Freiheit ist der verkündigte „Christus für uns": „Wenn ein Herz so Christus hört, das muß von Grund fröhlich werden ... Denn wer will einem solchen Herzen Schaden tun oder es erschrecken?" *Der Maßstab* der Freiheit ist der uns dienende „Christus in uns": „... damit jeder sich seines Nächsten annimmt als wäre er es selbst. Aus Christus fließen sie (die Güter Gottes) in uns; der hat sich unser in seinem Leben angenommen als wäre er das gewesen, was wir sind" (29).

So kommt Luther in seiner Schrift zu dem Schluß, der nicht weniger markant und gemeißelt erscheint als der Eingang: „Aus dem allen ergibt sich die Folgerung, daß ein Christenmensch nicht sich selbst lebt, sondern in Christus und seinem Nächsten; in Christus durch den Glauben, im Nächsten durch die Liebe. Durch den Glauben fährt er über sich in Gott, aus Gott fährt er wieder unter sich durch die Liebe und bleibt doch immer in Gott und göttlicher Liebe ... Sieh, das ist die rechte, geistliche, christliche Freiheit, die das Herz frei macht von allen Sünden, Gesetzen und Geboten, die alle andere Freiheit übertrifft, wie der Himmel die Erde" (30).

Mit dieser Schrift hat Martin Luther für uns eine Richtung gewiesen und Maßstäbe gesetzt, die nicht mehr überboten werden können. Beide, die Richtung und die Maßstäbe, sind aus der Bibel geschöpft, sind an Christi Weg und Werk abgelesen, sind durch sein Wort verbürgt.

Christliche Freiheit ist also nicht Willkür, Bindungslosigkeit, Libertinismus oder Egoismus. Die Freiheit des Christen hat ihr Ziel nicht in mir selbst, in meinen eigenen Wünschen, Sehnsüchten und Begierden, in dem, was mich selber aufbaut und was mir Vorteile bringt. Sie ist gegründet in Gott, sie lebt aus seiner Vergebung und verwirklicht sich im Dienst am Nächsten.

Hier muß ich noch einmal auf Friedrich Schiller zurückkommen. „Der moralisch gebildete Mensch – nur dieser ist ganz frei", so hat Schiller in seiner Schrift „Über das Erhabene" gesagt. Dem stehen Luthers Worte stracks entgegen, und mit ihm die Bibel: „Wen der Sohn frei macht, der ist recht frei"

(Johannes 8,36). „Indem Jesus den Menschen unmittelbar Gott unterstellt, gibt er der Menschheit das gewaltigste Geschenk wieder, das sie verloren hatte: die Freiheit" (Dietrich Bonhoeffer).

Wir können die Lutherschrift über die „Freiheit eines Christenmenschen" nicht studieren, ohne tief darüber beschämt zu sein, wie weit wir in der evangelischen Christenheit hinter diesen Worten des Reformators zurückgeblieben sind. Das gilt für uns als einzelne ebenso wie für die ganze Kirche und gewiß auch für die Gemeinschaftsbewegung. Es gibt unter uns heute so viel ängstliches Zaudern und so wenig fröhliches Gottvertrauen; so viel Pochen auf Gesetze und Ordnungen und so wenig schöpferische Freiheit des Glaubens; so viel starres Beharren und so wenig mutiges Bewegen, aber auch so viel egozentrischen Libertinismus und so wenig an Gott gebundene Verantwortung.

Freiheit und Verantwortung – das lernen wir bei Luther! – müssen sich aber gegenseitig nicht ausschließen; im Gegenteil! Rechte Freiheit gibt es nur in der Verbindung mit Jesus Christus und in der Verpflichtung gegenüber dem Nächsten. „Nur aus der Bindung an den Herrn der Welt heraus ist Freiheit von der Welt möglich" (Heinzpeter Hempelmann). Auf diesen Weg der an Christus gebundenen und dem Nächsten verpflichteten Freiheit will uns Martin Luther rufen. Auf diesem Weg werden sich dann auch manche Probleme lösen, die uns zuvor unlösbar schienen. Denn die Leitfragen unseres Lebens werden dann nicht mehr sein können: Was muß ich haben? Was macht mir Lust? Was bringt mich weiter? Wer den Weg der von Christus geschaffenen Freiheit geht, wird erfahren, daß wir uns dann am besten selbst verwirklichen können, wenn wir uns an den Willen Jesu Christi binden. Nur die Übereinstimmung unseres Lebens mit den Grundabsichten Gottes in Schöpfung und Versöhnung bringt uns zur Erfüllung des Lebens und damit letztlich zur Selbstverwirklichung.

IV. Hilfen auf dem Weg der Freiheit

Diesen Weg der Freiheit wird keiner für sich allein finden und gehen können. Wir brauchen dazu Anleitung, Hilfe und Ermutigung. Eine solche Hilfe wird uns in dem Jesuswort aus Johannes 8 angeboten, zu dem wir abschließend noch einmal zurückkehren: „Wenn ihr bleiben werdet an meiner Rede, so seid ihr in Wahrheit meine Jünger."

Bleiben, das heißt festhalten an dem Wort der Wahrheit, an dem alten biblischen Wort, das doch nicht veraltet, sondern mit seinen Weisungen und Verheißungen, mit seinem Trost und Rat uns immer neu begegnet.

Bleiben, das heißt festhalten an den Gottesdiensten und Versammlungen der Gemeinde, wo wir Kraft empfangen für den Tag und Hilfe für unser Leben.

Bleiben, das heißt festhalten am Heiligen Abendmahl, wo Sünder begnadigt, Müde aufgerichtet und Hoffnungslose gestärkt werden.

Bleiben, das heißt festhalten am Gebet, in dem wir vor Gottes Angesicht das Erquickende und das Bedrückende unseres Lebensweges besprechen dürfen.

Bleiben, das heißt festhalten an der Gemeinschaft der Glaubenden, wo wir im Gespräch und gegenseitigen Zuspruch konkrete Hilfe erfahren können für den Weg der Freiheit.

Das alles wird uns nicht als neues Gesetz, sondern als ein hilfreiches Geländer angeboten. Das alles dürfen wir für uns in Anspruch nehmen. Gottes Gaben liegen für jeden von uns bereit. Sein Angebot bleibt das gleiche, auch wenn sich die Zeiten ändern und die Verhältnisse wandeln. Ohne diese Hilfen werden wir nicht weiterkommen auf dem Weg der Freiheit der Kinder Gottes. Darum: „Zur Freiheit hat uns Christus befreit! So steht nun fest und laßt euch nicht wiederum in das knechtische Joch einfangen!" (Galater 5,1).

Hans Thimme
Martin Luther als Prediger

Vorbemerkung

Der nachfolgend erweiterte Aufsatz war ursprünglich für den mündlichen Vortrag bestimmt. Von da erklären sich die an den Anfang eines Abschnittes gestellten zwölf Leitsätze, die den Rahmen und Aufriß des Ganzen andeuten. Luther kommt im Anschluß an jeden Leitsatz in größeren Zitaten selbst zu Wort, weil ihn zu hören aufschlußreicher ist als jede Ausführung über ihn. Die jeweils folgenden Erläuterungen stellen nur den Anfang weiterführender und auf die kirchliche Gegenwart bezogene Überlegungen dar.

These 1: Die Reformation ist ein Predigtereignis. *Zu predigen war nicht eine unter anderen Verrichtungen im vielbeschäftigten Leben Martin Luthers. Vielmehr war die Predigt die Mitte seines Dienstes. Als Prediger ist Martin Luther Reformator.*

Aus einer Synodalrede, von Luther 1512 für den Probst von Leitzkau verfaßt:

„So verhärtet und unvernünftig sicher sind, o Jammer, heute die Bischöfe, daß sie nicht nur schweigen, sondern daß sie das gepredigt und gelehrt nennen, was sie immer mit vollen Backen ins Volk hinausposaunen, ohne jede Rücksicht und ohne Bedenken, ob es das Wort der Wahrheit, das zur Geburt aus Gott (vgl. 1. Joh. 5,4) gehört, ist oder nicht. Und doch sind sie hierfür das, was sie sind, nämlich Priester und Klerus. Denn in allen anderen Dingen braucht man keine Priester. Wenn also Bischöfe oder Priester sonst vollkommen heilig und selig wären, und in dem Einen fahrlässig – wie sie es fast alle sind –, daß sie sich um die richtige Behandlung des Wortes der Wahrheit nicht kümmern, dann sind sie sicherlich zu den Wölfen, aber nicht zu den Hirten zu zählen, dann muß man sie für Götzen, aber nicht für Bischöfe vor Gott halten. Es mag einer sonst keusch, fein gebildet, gelehrt sein, es mag einer die Einkünfte zu vermehren wissen, Häuser bauen, seine Macht ausdehnen, ja er mag Wunder tun, Tote auferwecken, Teufel austreiben: der ist allein ein Priester und Hirt, der ein Engel des Herrn der Heerscharen ist, nämlich ein Gottesbote; das heißt: wer mit dem Worte der Wahrheit das Volk leitet, der dient zu dieser Geburt aus Gott. Also beruhen die Gefahren der Hirten nicht etwa, wie man sich vor dem Volke verlauten läßt, in der Hoheit der Stellung, in der Leitung der Gewissen, in der Verantwortung gegenüber dem Besitz und der Macht: Kleinigkeiten sind das. Darin ruht vielmehr die höchste Gefahr, wenn es jemand hat am Worte der Wahrheit fehlen lassen und das Volk Christi nicht vermehrt hat, das allein durch diese Geburt vermehrt, allein durch dieses Wort genährt und der Vollendung entgegengeführt wird. – Denn, ist dafür gesorgt, dann steht's schon gut und hat's keine Gefahr mit der Leitung der Gewissen, mit der Seelsorge, mit der Hoheit der Stellung. Darum mögt ihr in dieser ehrwürdigen Versammlung viel beschließen und alles wohl ordnen; legt ihr aber hier nicht Hand an, daß den Priestern als den Lehrern des Volkes befohlen werde, alles unbeglaubigte Fabelwerk abzutun und sich allein mit dem lauteren Evangelium und den heiligen Auslegern der Evangelien zu befassen, dem Volke mit heiligster Ehrfurcht das Wort der Wahrheit zu verkündigen, endlich alle Menschenlehren wegzulassen oder mit Maßen unter Darlegung ihrer Verschiedenheit beizumischen und also auf die Geburt aus Gott treulich hinzuarbeiten, wenn ihr, sage ich, dafür nicht mit dem größten Eifer, mit frommen Gebeten, mit beständigem Ernst Sorge tragt, dann seid ihr umsonst zusammengekommen und habt nichts erreicht. Denn das ist der Hauptpunkt, um den es sich handelt, das ist der Inbegriff einer echten Reformation, das ist das Wesen der ganzen Frömmigkeit" (WA I, 13).

Von Martin Luther sind mehr als zweitausend Predigten, meist in den Nachschriften seiner Freunde, gelegentlich, z.B. in der Evangelienpostille, auch unmittelbar von ihm verantwortet, überliefert. Rechnet man, daß er mit der Erlangung der Würde eines Doktors der biblischen Theologie im Jahre 1510 in Wittenberg zu predigen begonnen hat, zuerst im Refektorium des Augustinerklosters, dann in der Stadtkirche zu Wittenberg, später überall, wo sich die Gelegenheit bot, bei Erkrankungen auch in den großen Räumen seines eigenen

Hauses, so ergibt sich, daß er – abgesehen von wenigen aufgezwungenen Unterbrechungen – seine ganze reformatorische Existenz als Prediger verbracht hat. In der kritischen Zeit nach der Rückkehr von der Wartburg hat er in Wittenberg im Jahre 1522 hundertsiebzehn, im Jahre 1523 hundertsiebenunddreißig Predigten gehalten. Ohne Übertreibung kann man sagen, daß der Predigtdienst einen besonderen Platz in seiner Tätigkeit einnahm. Er selbst sagt von sich im Jahre 1529: Occupatissimus Scribo Visitator, Lector, Prädicator, Scriptor, Auditor, Actor, Cursor, Procurator et quid non? (Überaus beschäftigt betätige ich mich als Visitator, als Lektor, als Prediger, als Schriftsteller, als Seelsorger, als Organisator, als Läufer, als Fürsorger, als was eigentlich nicht?) (W. Briefe 4, 595 Nr. 1345). Je mehr man sich verdeutlicht, daß er in einer Person Prediger und Professor, Seelsorger und Kirchenführer, Schriftsteller und Liederdichter, Anwalt der kleinen Leute und Ratgeber der Fürsten und Ratsherren war, um so erstaunlicher wird, daß die Predigt einen so breiten und zentralen Raum in seinem Leben einnahm.

Damit aber nicht genug! Gerhard Ebeling schreibt: „Es ist die Eigentümlichkeit von Luthers Schriftauslegung, daß er keinen grundsätzlichen Unterschied kennt zwischen Verkündigung und wissenschaftlicher Exegese. Diese Einheit von Theologie und Verkündigung war für Luther Frucht einer ursprünglichen Neuerfassung des Wortes Gottes und hatte sein Vorbild an Paulus, in sehr eingeschränktem Maße auch an Augustin. Darum wurde die Kanzel für den Reformator eine Art Volkskatheder und das Katheder eine Art Studentenkanzel. Die zur Verkündigung drängende reformatorische Entdeckung konnte in ihrer Echtheit nur bewährt werden im fortgesetzten Studium am Urtext der Schrift. Darum sind seine Predigten von Anfang an auf intensivster theologischer Arbeit fundiert. Die Weitergabe des theologischen Bibelstudiums an die Studenten verfolgte aber keinen anderen Zweck, als die Prediger des Evangeliums heranzubilden, die nicht durch bloße Wissensauszeichnung, sondern durch Erfahrung in die Theologie eingedrungen sind: Experientia facit theologum (nur Erfahrung macht einen Theologen). Ausdruck dieser Einheit von Kirche und Universität war es, daß Luther das akademische Auditorium auch regelmäßig unter seinen Predigthörern wußte" (S. 11 f.). Die Lektüre der großen Kommentare Luthers zu den Büchern des Alten und Neuen Testaments verdeutlicht den ständigen Übergang von wissenschaftlicher zu erbaulicher Rede im Sinne einer aus den Tiefen des Wortes Gottes schöpfenden ganzheitlichen Verkündigung. Luthers Umgang mit dem Wort setzte sich alsbald in Predigt, in weitergebende Verkündigung um.

Noch einen Schritt weiter. Das ganze schier unübersehbare Schrifttum Martin Luthers, von den zahllosen Briefen und Gelegenheitsschriften angefangen bis zu den grundlegenden Büchern zur reformatorischen Lehre, zum Gottesdienst und der Ordnung der Gemeinde, ist Verkündigung, Predigt in anderer Form; zwar nicht in einen besonderen gottesdienstlichen Rahmen gestellt, aber darum nicht weniger am biblischen Text orientiert, aus der Mitte des Evangeliums schöpfend und von da aus auf die konkrete Situation in Kirche und Welt bezogen. Luther ist Bote und Zeuge des sich ihm neu erschließenden Gotteswortes und vollzieht dessen Ausrichtung nicht etwa nur als eine unter anderen, sondern als die entscheidende Verrichtung seines prophetischen Amtes. Non vi sed verbo (nicht durch Gewalt, sondern mit dem Wort), lautet seine Parole. Es ist von entscheidender, bis in die kirchliche Gegenwart nachwirkender und diese Gegenwart in mancher Hinsicht in Frage stellender Bedeutung, sich den Ansatz der Reformation in der Predigt nicht nur am tatsächlichen Verlauf und am praktischen Verhalten des Reformators, sondern am Grundinhalt der reformatorischen Entdeckung der viva vox evangelii (des lebendigen Gotteswortes) neu zu vergegenwärtigen.

These 2: In der Predigt bezeugt sich Gottes lebendiges Wort *als Evangelium von Jesus Christus in der Wirksamkeit des heiligen Geistes für alle Welt. Der dreieinige Gott wirkt die Predigt und ist ihr alleiniger Inhalt (Verbum dei).*

Aus der Vorlesung über den 19. Psalm:
„Viele predigen allerdings Christus, aber so, daß sie seine Bedeutung und seine Wohltat an uns selbst nicht verstehen und erst recht nicht (deutlich) sagen. So hält es der ganze Haufe der Prediger, die bestenfalls Geschichten von Christus vortragen und nichts weiter. Aber das ist keine christliche Predigt, wenn einer Christus nur historisch predigt. Das heißt nicht (wie es im 19. Psalm gesagt wird) Gottes Ruhm

verkündigen. Das geschieht vielmehr nur, wenn einer erklärt, wieso die Geschichte Christi darauf hinzielt, daß sie uns, die wir ihr glauben, zur Gerechtigkeit und zum Heil hilft" (WA 5, 543).

Aus der Pfingstmontagspredigt 1532:
„Man kann sonst nichts (= nichts anderes) predigen denn von Jesus Christus und vom Glauben. Das ist scopus generalis (das Generalthema aller Predigt) ... Hierher auf den Jesum Christum! Ihn allein weiß der heilige Geist zu predigen; der arme heilige Geist weiß sonst nichts ... Ein Zitherspieler, der nur (noch) auf einer einzigen Saite spielen kann, wird ausgelacht. So geht's auch dem heiligen Geist: Jesus Christus, weiter weiß er nichts" (WA 36, 180).
„Aus dem allen lernen wir, daß es nicht genug sei gepredigt, wenn man Christi Leben und Werk oben hin und nur als eine historische und chronische Geschichte predigt ... es soll und muß also gepredigt sein, daß mir und dir der Glaube daraus erwachse und erhalten werde. Welcher Glaube dadurch erweckt und erhalten wird, wenn mir gesagt wird, warum Christus gekommen sei, wie man brauchen und genießen soll, was er mir gebracht und gegeben hat" (WA 7, 29).

Sofern Inhalt, Antrieb und Ausrichtung der Predigt Martin Luthers unmittelbar auf den Ursprung seiner reformatorischen Entdeckung verweist, ergibt sich, daß die Beschäftigung mit Luther als Prediger auf das Grundanliegen der Reformation zurückgreifen muß und dementsprechend nicht nur Tatbestände homiletischer Methodik betrifft. Es geht hier um das Eigentliche der reformatorischen Theologie überhaupt. Die Mittelstellung der Predigt im evangelischen Gottesdienst und im Leben der evangelischen Gemeinde hat ihren Grund darin, daß sich für Martin Luther Gottes Offenbarung als „viva vox evangelii", als die lebendige Stimme des Evangeliums ereignet. In seinem Wort kommt Gott den Menschen nahe. Es ist bekannt, daß Luther in der Anfechtung der Klosterzelle über der Frage rang: Wie bekomme ich einen gnädigen Gott? und daß ihm allen selbstgeleisteten guten Werken zum Trotz Gott strafend, richtend und verurteilend ferne blieb. Über dem neuen Verständnis der biblischen Botschaft (Röm. 1,17) ging ihm dann überwältigend auf, daß Gottes eigentliches Wort nicht Gericht sondern Gnade enthält, daß das Evangelium Gottes Gerechtigkeit nicht so sehr als richtende, sondern als rechtfertigende Gerechtigkeit bezeugt, die den Sünder um Christi willen gerecht spricht und so das richtende Gesetz in den Gnadenerweis des Evangeliums wandelt. In dieser Heil und Rettung zusprechenden Gerechtigkeit offenbart sich der lebendige Gott als deus pro nobis, als der Gott für uns, der den Menschen Vergebung und Erlösung zuspricht und Gnade vor Recht ergehen läßt. So vollzieht sich Gottes Offenbarung in dem seine Gnade zusprechenden Wort.

Wie es um Gott an sich bestellt ist, die spekulative Frage der Philosophen wird von Luther ausdrücklich als abwegig und gefährlich abgewiesen. In der Schrift „Vom unfreien Willen" und der Auseinandersetzung mit Erasmus hat er sich darüber ausführlich geäußert. Seine Entdeckung geht dahin, daß nicht das An-sich, sondern das Für-mich Gottes das Besondere seiner Offenbarung ist. Diese Zuwendung Gottes aber vollzieht sich in seinem Wort. Sein uns in Jesus Christus zugesprochenes Wort hat nichts anderes als Heil und Rettung, Vergebung der Sünde und Sieg über Tod und Teufel zum Inhalt.

So hat die Predigt als Bezeugung von Gottes heil-schaffendem Wort in ihm selber ihren Ursprung. Von ihm geht sie aus. Zugleich ist sein Verhalten zu Welt und Mensch ihr entscheidender Inhalt. Ob es sich um Schöpfung, Erlösung oder Vollendung handelt, immer handelt Gott durch sein vollmächtiges Wort. Auf den weiten Wegen der erwählenden Gnade ist es sein Wort, welches den Fortgang der Heilsgeschichte bestimmt. In der Mitte der Zeit wird es in Jesus Christus Fleisch. Daß es sich durch ihn den Menschen bezeugt, geschieht in der weiterwirkenden Gegenwart des heiligen Geistes, welcher zu Pfingsten seiner Gemeinde geschenkt wird und sie auf ihrem Weg durch die Zeit begleitet.

Dementsprechend kann nach Martin Luther von Gottes lebendigem Wort auf dreifache Weise gesprochen werden: (1.) Gottes Wort ist das ewige Wort. Gott lebt und wirkt in seinem Wort. „Im Anfang war das Wort ..." (2.) Gottes Wort ist das in Jesus Christus fleischgewordene Wort in der Mitte der Zeit. (3.) Gottes Wort wirkt im Zeugnis seiner Boten und Zeugen unter dem Auftrag und der Verheißung des Auferstandenen und in der Kraft seines Geistes.

Darum können es die Jünger nicht lassen, daß sie nicht reden sollen von dem, was sie gehört und gesehen haben. Darum hat ihre Predigt als Weitergabe des einen und ewigen Wortes Gottes unersetzliche Vollmacht und Würde, ist freilich nach Auftrag, Inhalt und Zielsetzung damit auch eindeutig und ausschließlich festgelegt. Sie geschieht in Gottes Namen und an Gottes Statt. Derjenige, der sie ausrichtet, kann sich in all seiner Schuld und Schwachheit dessen getrösten, daß dennoch Gott durch ihn am Werke ist. Die Theologie des Wortes Gottes erweist die Predigt als Grundlage und Mitte der Gemeinde, ja als Kampfplatz und Entscheidungszentrum alles Weltgeschehens.

These 3: Gottes Wort ist das in Jesus Christus f l e i s c h g e w o r - d e n e W o r t. *Es ist in die Geschichte der Menschen eingegangen und wirkt wie in der Heilsgeschichte des Alten Bundes so unter der Verheißung des Neuen Bundes in seiner Gemeinde bis auf den Jüngsten Tag (Incarnatio).*

Aus der „Freiheit eines Christenmenschen":
„Zum Fünften hat die Seele kein ander Ding, weder im Himmel noch auf Erden, darinnen sie lebe, fromm, frei und Christ sei, denn das heilige Evangelium, das Wort Gottes, von Christo gepredigt.
Zum Sechsten: Fragest du aber: welches ist denn das Wort, das solche große Gnade gibt, und wie soll ichs gebrauchen? Antwort: Es ist nichts anderes denn die Predigt, von Christo geschehen, wie das Evangelium sie enthält, welche sein soll und ist also getan, daß du hörest deinen Gott zu dir reden, wie alle dein Leben und Werk nichts sei vor Gott, sondern du müßtest mit allen dem, das in dir ist, ewiglich verderben. Wenn du solches recht glaubst, wie du schuldig bist, so mußt du an dir selber verzweifeln und bekennen, daß wahr sei der Spruch Hosea (13,9): „O Israel, in dir ist nichts, denn dein Verderben, allein aber in mir steht deine Hilfe." Daß du aber aus dir und von dir, das heißt aus deinem Verderben kommen mögest, so setzt er dir vor seinen lieben Sohn Jesum Christum und läßt dir durch sein lebendiges, tröstliches Wort sagen: Du sollst in denselben mit festem Glauben dich ergeben und frisch in ihn vertrauen. So sollen dir um desselben Glaubens willen alle deine Sünden vergeben, all dein Verderben überwunden sein und du gerecht, wahrhaftig, befriedet, fromm, und alle Gebote erfüllet sein und sollst von allen Dingen frei sein, wie St. Paulus sagt: Römer 1,17: „Ein rechtfertiger Christ lebt nur von seinem Glauben" und Röm. 10,4: „Christus ist das Ende und Fülle aller Gebote denen, die an ihn glauben." (WA 7, 22).

29

„Das Wort ward Fleisch und wohnte unter uns", dies ist die Mitte der biblischen Botschaft. In Jesus Christus nimmt Gottes ewiges Wort leibhafte Gestalt an, tritt in die Geschichte der Menschen ein, wird selber Mensch und bleibt den Menschen nahe, wie immer sie sich ihm gegenüber verhalten. Diese Fleischgestalt des Wortes ist es, die Luther nicht müde wird zu rühmen und hervorzuheben. Eben dadurch ergibt sich der Umgang mit Gott und göttlichen Dingen nicht in der Weise der hohen Philosophen mit ihren Spekulationen und Theorien. Dadurch gewinnen die Hirten auf dem Felde und die Kinder auf den Gassen Zugang zu ihm. In der Leibhaftigkeit dieses Wortes ist Gott nicht nur über der Welt, sondern in der Welt, nicht nur der ferne, sondern der nahe, nicht nur der verborgene, sondern der offenbare Gott. Darum ist das eine Wort „Jesus Christus" der Schlüssel aller Offenbarung, der Generalskopus der ganzen biblischen Botschaft, der Spiegel des väterlichen Herzens und aller Gotteswirklichkeit überhaupt. Wenn zu Recht als das reformatorische Schlüsselerlebnis herausgestellt wird, daß das neue Verständnis der Gerechtigkeit Gottes als der nicht nur richtenden sondern rettenden Gerechtigkeit die ganze Bibel neu verstehen ließ, so läßt sich dem klärend und verdeutlichend hinzufügen, daß eben diese Gerechtigkeit in Jesus Christus nicht richtende, sondern rettende Gerechtigkeit ist. Jesus Christus ist unsere Gerechtigkeit. Er tut der Gerechtigkeit Gottes Genüge durch sein sühnendes Opfer am Kreuz und wirkt dadurch stellvertretend leidend unsere Versöhnung. So ist Jesus Christus das Wort, unter dem und durch das Gott uns das von Ewigkeit her zugedachte Heil zuspricht und zuteil werden läßt. Er ist die Mitte alles Heilshandelns Gottes. Er ist darum auch die Mitte der dies bezeugenden Heiligen Schrift. Von dieser ihrer Mitte her ergibt sich die Auslegung der ganzen Heiligen Schrift.

Dem „solus Christus", dem „Christus allein" aber entspricht der „totus Christus", der „Christus ganz". „Ich glaube, daß Jesus Christus, wahrhaftiger Gott vom Vater in Ewigkeit geboren und auch wahrhaftiger Mensch von der Jungfrau Maria geboren, sei mein Herr", heißt es in Luthers Erklärung zum zweiten Glaubensartikel. Jesus Christus verbindet Gottheit und Menschheit in einer Person, wie sehr auch immer die Gottheit unter seiner Menschheit verborgen sein mag. Daß er den Menschen als Mensch nahe kommt, schließt ein, daß er ihnen in seiner Gottmenschheit auch verborgen bleibt. Sei es, daß sich ihr Umgang mit ihm in seinem Menschsein erschöpft – Jesus ist nur Mensch, nichts als Mensch unter Menschen, sagen sie dann –, sei es, daß sie hinter ihm allerlei selbsterdachte Ideale und Mythen suchen. Jesu Inkarnation ist zugleich Offenbarung und Verhüllung. Wo Petrus Jesu Verborgenheit mit dem Bekenntnis durchbricht: Du bist Christus, der Sohn des lebendigen Gottes, erfolgt die Feststellung: Fleisch und Blut hat dir dies nicht offenbart, sondern mein Vater im Himmel. Nach dem Zeugnis Martin Luthers ist es stets und immer wieder und nur allein der heilige Geist, welcher im Fleischgewordenen Gottes Ebenbild und in der Verborgenheit der niedrigen irdischen Gestalt Gottes Offenbarung erkennen läßt und dadurch den seligmachenden Glauben weckt. Der Kleine Katechismus Martin Luthers erklärt: „Ich glaube, daß ich nicht aus eigener Vernunft noch Kraft an Jesum Christum meinen Herrn glauben oder zu ihm kommen kann. Sondern der heilige Geist hat mich durch das Evangelium berufen ..." Freilich gilt auch die Umkehrung. In der Auseinandersetzung mit den Schwärmern ist Luther nicht müde geworden, darauf hinzuweisen, daß der heilige Geist auf Jesus Christus weist und daß er darin als heiliger Geist sein Erkennungszeichen und seine Legitimation hat. So sind alle drei Artikel des christlichen Glaubens ineinander verzahnt. Sie sind nicht losgelöst voneinander zu haben. Es ist der dreieinige Gott in seiner ganzen Fülle, der im Geheimnis der Inkarnation seine Offenbarung vollzieht, der uns im Worte begegnet und durch das lebendige Wort des Evangeliums im heiligen Geist weiter bezeugt sein will.

These 4: Die Bibel Alten und Neuen Testaments *ist im Zuge der Fleischwerdung des lebendigen Wortes das Buch, welches die Geschichte Gottes mit den Menschen beschreibt und als ihr einziges und zentrales Thema das Heil in Jesus Christus bezeugt (Scriptura).*

Aus der Vorrede auf das Alte Testament 1523:
    „Das Alte Testament halten etliche gering, als das dem jüdischen Volk alleine gegeben und nun fort aus sei, und nur von vergangenen Geschichten schreibe, meinen, sie haben genug am Neuen Testament. Aber Christus spricht: „Forschet in der Schrift, denn dieselbige gibt Zeugnis von mir"

und Sankt Paulus gebietet dem Timotheus, er soll anhalten mit Lesen der Schrift; und rühmt, wie das Evangelium sei von Gott in der Schrift verheißen; und sagt, Christus sei, nach der Schrift, von Davids Geblüte gekommen, gestorben und vom Tod auferstanden. So weist uns auch Sankt Petrus mehr denn einmal rückwärts in die Schrift. Damit lehren sie uns doch, wie die Schrift des Alten Testaments nicht zu verachten, sondern mit allem Fleiß zu lesen sei, weil sie selbst das Neue Testament so mächtig gründen und bewähren durchs Alte Testament und sich darauf berufen; wie auch Sankt Lukas schreibt, ob sich's so verhielte, wie Paulus lehrte. So wenig nun des Neuen Testaments Grund und Beweisung zu verachten ist, so teuer ist auch das Alte Testament zu achten. Und was ist das Neue Testament anders, denn eine öffentliche Predigt und Verkündigung von Christo, durch die Sprüche im Alten Testament gesetzt und durch Christum erfüllt?

Daß aber diejenigen, so es nicht besser wissen, eine Anleitung und Unterrichtung haben, nützlich darin zu lesen, habe ich diese Vorrede nach meinem Vermögen, so viel mir Gott gegeben hat, gestellt. Ich bitte und warne treulich einen jeden frommen Christen, daß er sich nicht stoße an der einfältigen Rede und Geschichte, so ihm oft begegnen wird, sondern zweifle nicht daran, wie schlecht es sich immer ansehen läßt, es seien eitel Worte, Werke, Gerichte und Geschichten der hohen göttlichen Majestät, Macht und Weisheit. Denn dies ist die Schrift, die alle Weisen und Klugen zu Narren macht und allein den Kleinen und Albernen offensteht, wie Christus sagt. Darum laß deinen Dünkel und Fühlen fahren, und halte von dieser Schrift, als von dem allerhöchsten, edelsten Heiligtum, als von der allerreichsten Fundgrube, die nimmermehr genug ausgegraben werden kann, auf daß du die göttliche Weisheit finden mögest, welche Gott hier so albern und schlecht vorlegt, daß er allen Hochmut dämpfe. Hier wirst du die Windeln und die Krippen finden, da Christus innen liegt, dahin auch der Engel die Hirten weiset. Schlechte und geringe Windeln sind es, aber teuer ist der Schatz, Christus, der drinnen liegt." (WA 8, 10 ff.).

Aus einer Predigt am Ostermontag 1534:

„Darum ist die Schrift ein solches Buch, dazu nicht allein das Lesen gehört, sondern auch der rechte Ausleger und Offenbarer, nämlich der heilige Geist. Wo der die Schrift nicht öffnet, da bleibt sie wohl unverstanden, ob sie schon gelesen wird. Die Bibel und Schrift ist nicht ein solches Buch, so aus der Vernunft oder aus Menschenweisheit herfließt. Der Juristen und Poeten Künste kommen aus der Vernunft und mögen wiederum von der Vernunft verstanden und gefaßt werden. Aber Moses und der Propheten Lehre kommt nicht aus der Vernunft und Menschenweisheit. Darum wer sich untersteht, Moses und die Propheten mit der Vernunft zu begreifen und die Schrift zu bemessen und rechnen, wie sich's mit der Vernunft reime, der kommt gar davon. Denn auch alle Ketzer von Anfang her entstanden sind daher, daß sie gemeint haben, was sie in der Schrift lesen, das möchten sie so deuten, wie die Vernunft lehrt. Sankt Paulus spricht: „Wir predigen den gekreuzigten Christum, den Juden ein Ärgernis und den Griechen eine Torheit. Denen aber, die berufen sind, beide Juden und Griechen, predigen wir Christum, göttliche Kraft und göttliche Weisheit." Den Juden, spricht er, predigen wir eitel Anlaufen, daran sie sich stoßen und darüber sie toll und töricht werden; sie können es weder hören noch sehen. Den klugen Heiden predigen wir eitel Torheit, darüber sie zu Narren werden, weil es wider ihre Vernunft geht, die es nicht leiden kann. Welche aber einfältig sind unter Juden und Heiden, die sprechen: Gott hat es geredet, darum glaube ich's; die können's fassen und verstehen.

Christus selbst dankt seinem himmlischen Vater mit fröhlichem Herzen, daß er solches den Weisen und Verständigen verborgen und den unmündigen, albernen Narren und Kindern offenbart hat. Ich lobe unsern Herrn Gott darum, daß er's tun darf. Wo er's nicht getan hätte, so wollte ich ihn bitten, daß er's noch tun wollte. Denn man kann die weisen Leute und die hohe Vernunft nicht unterweisen noch bedeuten in göttlichen Sachen. Es ist unsers Herrn Gottes Wohlgefallen, solche Dinge der Vernunft vor Augen zu stellen, daran sie sich stößt und ärgert. Und wenn die Vernunft nicht gottesfürchtig wird, sich fangen läßt und schlicht glaubt, so wird sie zur Närrin und kann der Dinge keines begreifen." (EA 5, 29-45).

Die Bibel des Alten und Neuen Testaments hat am Geheimnis der Inkarnation Jesu Christi Anteil. In ihren von Menschen niedergelegten Buchstaben hat die Geschichte Gottes mit den Menschen bleibende verbindliche Gestalt gefunden. Insofern enthält die Bibel Gottes Wort, wennschon in Gestalt menschlicher Sprache und Schrift. In ihr und durch sie hindurch spricht Gott in der Vermittlung des heiligen Geistes den Glauben der Menschen an.

Andererseits sind es Gottes große Taten, die, durch Menschen berichtet, den alleinigen Inhalt der Bibel bilden. Das ist der Grund, warum alle christliche Verkündigung der Bibel nicht entraten kann. Indem diese selber nichts anderes als Verkündigung ist, setzt sie für alle Zukunft deren Inhalt, Maß und Richtschnur. Insofern gehören für Martin Luther Bibelübersetzung und Bibelauslegung unmittelbar miteinander zusammen. In der Übersetzung selbst ist immer auch schon Auslegung enthalten. Die Auslegung aber ist immer neu auf möglichst genaue und sorgfältige Übersetzung angewiesen. Darum ist Verkündigung immer wieder auf sorgfältige Exegese, auf exaktes Sprachstudium und wissenschaftliche Forschung angewiesen. Die Sprache ist die Scheide des Geistes, heißt es im Sendbrief vom Dolmetschen. Wem es um den Geist geht, der kommt am Buchstaben nicht vorbei.

Aus diesem Grunde hat sich Martin Luther in der Auslegung der Heiligen Schrift in zunehmendem Maße von der im Mittelalter üblichen allegorischen Auslegung, der Unterscheidung des vierfachen Schriftsinnes getrennt und entscheidenden Wert auf die klaren Aussagen des wörtlich genommenen Textes gelegt. Dieser wörtlich verstandene Text ist für ihn freilich gerade der, welcher „Christum treibet", welcher sich von dieser seiner Mitte her versteht und so den Glauben bezeugt. Suchte man den Text losgelöst von diesem seinem eigentlichen Bezugspunkt zu verstehen, so bliebe man bei einer unverbindlichen und letztlich belanglosen Berichterstattung vergangener Ereignisse und landete bei einer bloßen „fides historica". Das Eigentliche der biblischen Botschaft aber brächte sich damit nicht zu Gehör. Die Schrift bliebe letzten Endes stumm und leer. Insofern wird die spätere Unterscheidung einer „historischen" und einer „pneumatischen" Exegese dem Anliegen und der Praxis Luthers schlechterdings nicht gerecht. Für ihn fällt im gläubigen Hören und Weitergeben des Wortlauts der biblischen Botschaft beides, der Text und die Botschaft, zusammen.

Andererseits kann er vom gleichen Ansatz her mit dem Buchstaben und Wortlaut der Heiligen Schrift sehr souverän und großzügig umgehen. Von der richtenden Mitte dessen her, was Christum treibet, ergeben sich ihm durchaus wertende Unterschiede zwischen den einzelnen biblischen Büchern. Bekannt ist seine Zurückhaltung gegenüber dem Jakobusbrief im Verhältnis zu den Briefen des Apostels Paulus, gegenüber der Offenbarung des Johannes im Verhältnis zu dem

Evangelium des Johannes. Eine extreme Äußerung ist aus den Disputationen berichtet: Wenn jene die Schrift gegen Christus ausspielen, so erklärte Luther, so setze ich ihnen Christus gegen die ganze Schrift. Das darf zwar nicht im schwärmerischen Sinne gedeutet werden, ist auch wirklich eine provokativ übertriebene Aussage, macht aber deutlich, daß seine jeden einzelnen Buchstaben ernstnehmende Bibeltreue etwas anderes als formaler Biblizismus ist. Bindung und Freiheit gegenüber dem Buchstaben haben ihren gemeinsamen Grundbezug darin, daß Christus und er allein derjenige ist, der durch die Schrift den Glauben anspricht. Insofern gehören das „solus Christus" und das „sola Scriptura" vom Ursprung her und wesenhaft miteinander zusammen.

These 5: Predigt vollzieht sich dementsprechend als W e i t e r - g a b e , Übersetzung und Anwendung der biblischen B o t s c h a f t *von ihrer Mitte her und bezogen auf die Menschen in den je wechselnden Verhältnissen der sich wandelnden Welt (Praedicatio verbi).*

Aus den Invocavitpredigten, Wittenberg 1522:
„Summa summarum: Predigen will ich's, sagen will ich's, schreiben will ich's, aber zwingen und dringen mit Gewalt will ich niemand, der Glaube will willig und ungenötigt sein, und ohne Zwang angenommen werden. Wenn ich auch mit Gewalt und Ungemach hereingefahren hätte, ich wollte wohl ein solches Spiel angefangen haben, daß Deutschland dadurch in großes Blutvergießen gekommen wäre. Aber was wäre es? Ein Narrenspiel wäre es gewesen und ein Verderbnis an Leib und Seele. Ich bin stille gesessen und hab das Wort handeln lassen. Was meint ihr wohl, daß der Teufel gedenke, wenn man solche Dinge mit Rumor ausrichten will? Er sitzet hinter der Hölle und gedenkt also: „O, wie sollen mir die Narren ein so feines Spiel zurichten! Also wollte ich's haben, mir wird ja ein Teil dieser Beute wohl werden. Laß sie also fortfahren. Das ist eben ein Spiel für mich, an dem ich meine Lust habe." Mit solchen Stürmen geschieht dem Teufel kein größer Leid, sondern dann macht man ihm bange, wenn wir das Wort treiben und dasselbe allein wirken lassen. Wenn das Herz gefangen ist, so muß das Werk von selbst abfallen und zu Trümmern gehen. Ich kann keinen gen Himmel treiben oder mit Knütteln zuschlagen. Das ist, meine ich, grob genug gesagt; ich halte

auch, ihr habt's zu guter Maße wohl verstanden, hoffe auch, ihr werdet darnach tun." (WA 10, III, 8ff.).

Es war ein weiter Anweg, auf dem wir nun zur Behandlung der Predigt im engeren Sinne kommen. Dabei mag aber auch deutlich geworden sein, daß Predigen im Sinne lutherischer Reformation nicht nur eine Verrichtung unter anderen kirchlichen Diensten ist, keineswegs auch nur eine Angelegenheit kirchlicher Selbstdarstellung oder gar Werbung darstellt, daß sie vielmehr nach Grund, Inhalt und Gestaltung in der Mitte dessen wurzelt, was den ganzen Glauben und das Leben der Kirche ausmacht. Von da her hat sie ihre Würde und ihren Wert, ihre Verheißung und ihren Auftrag.

Zugleich freilich hat sie damit auch Anteil an der Niedrigkeit, in der sich alle Offenbarung Gottes vollzieht, und an dem Widerspruch, der ihr zuteil wird. Recht verstanden also liegt die Predigt, das „mündliche Wort", wie Luther immer wieder sagt, in der Linie der viva vox evangelii, die sich von Gottes Schöpfungswort her und im Heilandswort Jesu Christi über die Zeiten hinweg immer neu durch Menschen und auf menschliche Weise zur Sprache meldet. Sie hat immer ein und denselben Inhalt und ein und denselben Autor. Aber indem sie sich wechselnden Menschen in sich verändernden Zeiten zuwendet, ist vom Autor wie vom Adressaten her jeweils auch ihre Sprache, ihr Schwerpunkt, ihr Akzent, ihr Kontext verschieden. Die in der Ökumene oft gebrauchte Redewendung: „to preach the gospel in the world's agenda" könnte auch von Luther her formuliert sein, sofern jedenfalls deutlich bleibt, daß es immer nur um ein und dasselbe „gospel", das Evangelium geht, das im Blick auf die Verhältnisse je neu appliziert, unter keinen Umständen aber variiert oder gar pervertiert werden darf.

Luthers Predigt erhielt ihre ungeheure Stoßkraft, obschon sie doch nichts anderes als schlichte gründliche Schriftauslegung war, eben dadurch, daß der Hörer sich unmittelbar in ihr angesprochen, herausgefordert und getröstet fühlte. Durch den Mund des Predigers hörte er Gott selbst zu sich reden. Es wäre kurzschlüssig und vordergründig, dies nur in der charismatischen Predigtweise und der Sprachgewalt Martin Luthers, so gewiß davon die Rede sein darf, erklärt zu finden. Luther war gewiß ein begnadeter Redner und ein ungewöhnlich schöpferischer Schriftsteller. Das Wort stand ihm in allen Variationen des Ausdrucks und der Bildhaftigkeit zu Gebote. Aber das Entscheidende war, daß die reformatorische Entdeckung des „Deus dixit" (Hier spricht Gott) in ihm einen vollmächtigen Interpreten und Zeugen fand. Luther glaubte an die Gegenwart Gottes in seinem Wort. Er wußte sich in Christi Namen und an Christi Statt reden. Jesu Verheißung: Wer euch hört, hört mich, gab seinem Worte Vollmacht und Gewicht.

Bevor dies im Blick auf das, was über die Person des Predigers weiter zu sagen ist, vertieft wird, ist hier zunächst am Platze, andeutungsweise etwas vom inneren Zusammenhang von Wort und Sakrament hervorzuheben. Sofern Realpräsenz die geistliche Besonderheit des Sakramentes im Sinne lutherischer Reformation ausmacht, ist es berechtigt, Predigt und Sakramentsausteilung ganz nahe zueinander zu rücken. In beiden nämlich handelt der Herr unter der Zusage seines Wortes und unter sichtbaren Zeichen. In beiden ist er selbst Geber und Gabe.

Taufe und Abendmahl haben darum gegenüber der Verkündigung des Wortes keine höhere Dignität. Ja, Luther kann angesichts des Mißbrauchs insbesondere des Meßsakraments zu seiner Zeit geradezu sagen, daß dem Worte höhere Qualität zukomme und daß er lieber auf den Sakramentsgenuß als auf den Zuspruch der Predigt verzichten möchte (so theoretisch ein solches Entweder-Oder auch sein mag).

Inzwischen haben sich die Zeiten geändert. Unter den heutigen Umständen und angesichts der Entwertung, des Mißbrauchs und der Beliebigkeit des Wortes kann durchaus im Sinne des gleichen Luthers Anlaß zu einer größeren Hochschätzung des Sakramentes gegeben sein. Entscheidend bleibt vom lutherischen Ansatz her, daß Wort und Sakrament je auf ihre Weise dem Menschen auf menschliche Weise zugeeignete gleichwertige Mittel der Heilszuwendung sind, derer er sich unter der Hilfe des heiligen Geistes im Glauben trösten darf.

These 6: Sofern es in der Predigt um Gottes Gegenwart *in der Bezeugung seines Wortes geht, vollzieht sie sich unter Gebet und Lobgesang. Dies schließt Prediger und Gemeinde in der Gegenwart des lebendigen Gottes zusammen und ist, auch wenn Taufe und Abendmahl nicht im gleichen Zusammenhang gefeiert werden, ein sakramentaler Vorgang (Sacramentum).*

Aus den Predigten über Matth. 18-24 (1537/40):
„Wir haben allhier zu Wittenberg auch unseren Tempel, da
wir zusammenkommen, Christi Wort hören, die Taufe,
Abendmahl und Absolution empfangen. Und da ist Christus selbst auch, wie er im 18. Kapitel Matthäi sagt: Wo
Zwei oder Drei versammelt sind in meinem Namen, da bin
Ich mitten unter ihnen. Und der Herr Christus soll nirgends
gesucht werden, denn wo ein solches Völklein zusammen-
kommt, da das Evangelium rein gepredigt wird, und da man
im rechten Verstand und Brauch hat die Sakramente und
die Gewalt der Schlüssel; da ist dann Christus gewiß. Sonst
hat er jetzt keinen gewissen Ort und Stätte, das ist wahr;
denn der Tempel ist jetzt also weit als die Welt. Denn man
predigt auch allenthalben das Wort und nicht die Sakramente; und wo diese Stücke recht gehen, es geschehe im
Schiffe auf dem Meer oder im Hause auf dem Lande, da ist
Gottes Haus oder die Kirche, daselbst soll Gott gesucht und
auch gewiß gefunden werden. Siehe nur aufs Wort Gottes,
auf die Taufe und Absolution, da wird Christus gewiß ange-
troffen, denn wenn er nicht da wäre, so könnte die Taufe
und Abendmahl nicht bestehen; aber dieweil sie bleiben,
so ist's eine gewisse Anzeigung, daß er gegenwärtig sei.''
(WA 45, 190 ff.).

Die berühmte Predigt zur Einweihung der Schloßkirche in
Torgau begann Martin Luther 1544 mit folgenden Worten:
„Meine lieben Freunde, wir sollen jetzt dies neue Haus ein-
segnen und weihen unserem Herrn Jesu Christo, welches ihm
nicht allein gebührt und zustehet, sondern Ihr sollt auch zugleich zu dem Sprengel und Räucherfaß greifen, auf daß das
neue Haus dahin gerichtet werde, daß nichts anderes darin geschehe, denn daß unser lieber Herr selbst mit uns rede durch
sein heiliges Wort und wir wiederum mit ihm reden durch Gebet und Lobgesang. Darum damit es recht und christlich ein-
geweiht und gesegnet werde, nach Gottes Befehl und Willen,
wollen wir anfangen, Gottes Wort zu hören und zu handeln
und daß solches sonderlich geschehe auf sein Gebot und gnädige Zusage miteinander ihn anrufen und ein Vaterunser
sprechen.'' Darauf folgte dann die Predigt über das Sonntags-
evangelium Luk. 14,1-11.
Dieser oft zitierte Predigtabschnitt macht unter anderem
deutlich, daß die Predigt nicht im luftleeren Raum geschieht.
Man kann nie und nirgends davon absehen, daß Gott es ist,
der in ihr durch Menschen Mund und Menschen Ohren reden

und zu Gehör kommen will. Das schließt Prediger und Hörer in der Gemeinschaft vor ihm zusammen, macht sie seiner Gegenwart in Demut und Dankbarkeit gewärtig und läßt sie auf seine Anrede antworten mit der Anrufung seines Namens. Insofern ist Predigt ein dialogisches Geschehen in dem doppelten Sinne, daß Gott den Prediger und die Gemeinde unter sein Wort ruft und zugleich den Prediger mit der Weitergabe dieses Wortes gegenüber der Gemeinde beauftragt. Dazu aber sind Prediger und Gemeinde vor Gott in Gebet und Lobgesang vereint, und dabei ist es wiederum der Prediger, der jetzt stellvertretend für die Gemeinde ihr Gebet vor Gott bringt, dann aber in Gottes Namen der Gemeinde den Segen zuspricht. Dies Gesamtgeschehen ist nicht etwa nur ein beliebiger Rahmen, innerhalb dessen die Predigt dann ihren Ort hat, nicht nur eine „Liturgie", die zusätzlich zur Predigt hinzukommt. Vielmehr bildet das Ganze ein in sich gefügtes Wortgeschehen, innerhalb dessen sich der Einzelablauf mit geradezu innerer Zwangsläufigkeit ergibt.

In diesem Zusammenhang ist es dann auch nicht von ungefähr, wenn Luther in der Torgauer Predigt ausdrücklich sagt: Nach Gottes Befehl wollen wir anfangen, Gottes Wort zu hören *und zu handeln*. Tatsächlich ist Gottesdienst Rede und Handlung zugleich, schließt Gottes Wort und des Menschen Antwort, sein und der Menschen Handeln zur Einheit zusammen. Jeder Gottesdienst ist darum, wie auch immer im einzelnen möglicherweise angereichert und ausgeweitet, letzten Endes durch diese unersetzlichen Grundelemente gekennzeichnet. Auch das Abendmahl im Sinne des vollen Sakramentsgottesdienstes fügt dem nichts Wesentliches hinzu, bringt aber als gestiftetes Zeichen sichtbarer und spürbarer Gegenwart die Gottesgabe der Predigtbotschaft auf seine Weise erneut sinnfällig zum Ausdruck.

These 7: D e r P r e d i g e r *ist Gottes Sprachrohr in der Weitergabe Seines Wortes. Gott ist es, der ihn beruft, bevollmächtigt und sendet. In diesem seinem gottgesetzten Amt ist der Prediger frei von aller Menschen Gunst und Mißgunst, zugleich strikt gebunden an die Weitergabe der ihm in der Schrift anvertrauten Botschaft (Minister verbi divini).*

Aus: Das 5., 6. und 7. Kapitel Sankt Matthäi, gepredigt und ausgelegt:

„Drei Stücke sind's, wie man sagt, die zu einem guten Prediger gehören: zum ersten, daß er auftrete; zum andern, daß er das Maul auftue und etwas sage; zum dritten, daß er auch könne aufhören.

Auftreten heißt, daß er komme dazu als berufen, nicht nach eignem Gutdünken, sondern aus Pflicht und Gehorsam, öffentlich vor der Welt und nicht im Winkel. Denn das Predigtamt und Gottes Wort soll daherleuchten wie die Sonne, nicht im Dunkeln schleichen und meuchlings, wie man Blindekuh spielt, sondern frei am Tage handeln und sich wohl lassen unter die Augen sehen, daß beide, Prediger und Zuhörer, des gewiß seien und es kein Hehl zu haben brauchen. Das Evangelium soll hoch empor auf dem Berg und frei öffentlich am Licht sich lassen hören.

Das andre gehört auch dazu, daß er seinen Mund frisch und getrost auftue, das ist, die Wahrheit ohne Scheu und unerschrocken bekenne und dürr heraussage, es treff wen oder was es wolle, daß er weder gnädige noch zornige Herren, weder Geld, Reichtum, Ehr, Gewalt noch Schand, Armut, Schaden ansehe und nicht weiter denke, denn daß er rede, was sein Amt fordert und darum er dasteht. Christus hat das Predigtamt nicht dazu gestiftet, daß es diene Geld, Gut, Gunst, Freundschaft zu erwerben, sondern daß es die Wahrheit frei öffentlich an den Tag stelle und sage, was zu der Seelen Nutz und Heil und Seligkeit gehört. Denn Gottes Wort ist nicht darum da, daß es lehre, wie Knecht und Magd im Haus arbeiten und ihr Brot verdienen oder ein Bürgermeister regieren, ein Ackermann pflügen oder Heu machen soll (das alles hat die Vernunft schon einen jeglichen gelehrt). Sondern das will es lehren, wie wir sollen kommen zu jenem Leben; und heißt dich dieses Leben brauchen und den Bauch hier nähren, solange es währt – doch, daß du wissest, wo du bleiben und leben sollst, wenn solches aufhören muß. Wo nun einem der Bauch und zeitlich Gut lieber ist, der steht wohl und wäschet auf der Kanzel, aber er predigt nicht die Wahrheit und tut das Maul nicht auf. Wo es will übel gehen, da hält er ein und beißt den Fuchs nicht …

Ein Prediger soll Zähne im Maul haben, beißen und salzen und jedermann die Wahrheit sagen. Denn also tut Gottes Wort, daß es die ganze Welt antastet, greift Herrn und Fürsten und jedermann ins Maul, donnert und blitzt und stürmt wider große, mächtige Berge, schlägt drein, daß es raucht, und zerschmettert alles, was groß, stolz und ungehorsam ist. Darum für meine Person soll ich keinem Menschen auf Erden Böses wünschen noch sagen. Denn, so feind bin ich dem Papst, den Bischöfen und allen Feinden nicht, die uns verfolgen und alle Plage antun; was ihnen Gott gibt von zeitlichen Gütern, Gewalt und Ehre, gönne ich ihnen herzlich wohl, wollts ihnen auch gern helfen erhalten, ja sie noch viel lieber auch noch dazu in geistlichen Gütern reich machen, und wäre unsere herzliche Freude, wenn wir sie könnten mit unserm Leib und Leben aus ihrer Blindheit und des Teufels Gewalt reißen und retten. Aber was Gottes Wort anbelangt, da sollst du keiner Freundschaft noch Liebe gewärtig sein, ob du auch mein nächster, bester Freund wärst; sondern weil du es nicht leiden willst, so will ich solch Gebet und Segen über dich sprechen, daß dich Gott zerschmettere in die Erden. Niemand kann recht ein Vaterunser beten, er muß dazu fluchen und sagen: ,Verflucht, vermaledeit, geschändet müssen werden alle andern Namen und Reiche, die wider den Namen Gottes und sein Reich sind, zerstört und zerrissen alle Anschläge, Weisheit und Willen, die gegen Gottes Willen sind!' Denn seinen Feind hassen gehört zum Amt von Gottes wegen; aber das Gebot: ,Du sollst deinen Nächsten lieben wie dich selbst' geht einem jeglichen durch und durch." (WA 32, 299 ff.).

Indem Martin Luther das Wort der Predigt immer wieder ausdrücklich als „mündlich Wort" bezeichnet, bringt er schon damit dessen personale Besonderheit zum Ausdruck. Dieses Wort ist kein Neutrum, kein verfügbarer Gegenstand beliebiger Behandlung. Wie Gott selber sich im Worte offenbart, wie sein Wort in Jesus Christus lebendiges Fleisch wird, wie der Herr es seinen Jüngern zur persönlichen Weitergabe anvertraut, so reicht die Kette des lebendigen Wortes von einer Generation zur anderen und will von Mensch zu Mensch leibhaft und persönlich weitergegeben werden. Insofern kommt dem Prediger des Wortes als Gottes beauftragten und bevollmächtigten Boten eine besondere Bedeutung zu. Zwar ist er keineswegs Herr des Wortes, kann nicht selbstherrlich oder nach dem Belieben seiner Hörer darüber verfügen. Er ist Sprachrohr, mit allen seinen Kräften und Möglichkeiten ganz und gar in den Dienst des Gehorsams genommen. Gott allein ist der Herr seines Wortes. Jesus Christus ist es, der durch seine Boten zu Worte kommen will. Der heilige Geist öffnet dem Prediger den Mund und dem Hörer das Ohr. Und dennoch ist der Prediger, was seinen eigenen Geist und Willen angeht, nicht unbeteiligt, sondern mit seiner ganzen Existenz in die Ausrichtung des ihm anvertrauten Wortes hineingenommen. Was er persönlich an Geist und Gaben einbringt, bewirkt nicht die Glaubwürdigkeit seiner Predigt und tut ihr gegebenenfalls auch keinen Abbruch. Aber indem der Prediger selbst der erste Hörer seiner Predigt ist, wird er zu Recht an dem, was er sagt, in seinem Leben und Verhalten gemessen. Dies hat entscheidende pastoraltheologische Bedeutung für die Person des Predigers, für seine Zurüstung und Beauftragung zum Predigtdienst wie auch für sein Verhalten in der Ausrichtung des Dienstes.

Einerseits macht es ihm stets neu und demütigend deutlich, daß er unwürdig und ungeschickt für den ihm anvertrauten göttlichen Dienst ist. Andererseits gibt es eine Vollmacht und Freiheit, die ihn unabhängig von allen Menschen und auch von der Sorge ums eigene Ungenügen macht.

Einerseits ist ihm bewußt, daß er dem ihm anvertrauten Wort nichts hinzufügen und nichts abstreichen darf. Andererseits nimmt es ihn ganz in Beschlag und läßt ihn mit seiner ganzen Person und seinem ganzen Leben in der Botschaft aufgehen. Die Voraussetzung dafür besteht darin, daß ihm das Amt, in Gottes Namen sein Wort zu verkündigen, ohn all Verdienst und Würdigkeit gewissermaßen von außen her zugeteilt wird. Dessen kann er sich als berufener Diener am Wort mit gewisser Zuversicht trösten. Dazu gehört dann aber auch, daß er sich diesem seinem Auftrag ganz zur Verfügung stellt, eifrig und beständig in der Schrift forscht und in Offenheit für das Wirken des heiligen Geistes dem Worte Raum im eigenen Leben gibt. Insofern ist der Prediger mit seiner ganzen Person in die „viva vox evangelii" einbezogen. Im Sinne Luthers predigt der Prediger gewissermaßen nicht über das Wort, sondern aus dem Wort, nicht am Wort vorbei und über das Wort hinweg, sondern mit dem Wort und in der Kraft des Wortes, von dessen Mitte aus und in der Stoßrichtung, die dem eigen ist.

Luthers Abwehr betrifft daher ebenso diejenigen, die am Worte vorbei ihre eigenen Gedanken interessant zu machen suchen, wie auch solche, die aus vermeintlicher Geisterfülltheit schwärmerischen Radikalismus oder neue Gesetzlichkeit verkünden. Die Ausrichtung am Wort und der dem eigenen Mitte und Zuspitzung bewahrt den Prediger vor dem Abgleiten zur Rechten oder zur Linken. Gerade darum ist es für Luther auch von entscheidender Bedeutung, daß der Prediger, um vor Eigenmächtigkeit bewahrt zu bleiben, einen klaren Auftrag von der Gemeinde und, durch sie vermittelt, in Gottes Namen hat. Dann kann er seines Amtes am Wort auch äußerlich gewiß sein.

Zwar ist das allgemeine Priestertum allen Gliedern der gläubigen Gemeinde anvertraut, jeder Christ könnte ein Prediger und Priester sein und ist es auch. Dazu hat die Gemeinde als ganze Recht und Pflicht, die Lehre zu treiben und zu urteilen. Aber um der Ordnung des Gemeindelebens sowie um der inneren und äußeren Legitimation des Predigers willen ist es nötig und unerläßlich, daß der Prediger eine äußere Berufung erfährt, damit darin seine innere Berufung ihre Bestätigung findet.

These 8: Über die jeweils im Gottesdienst versammelte Gemeinde hinaus vollzieht sich in jeder Predigt die Bezeugung Jesu Christi als des lebendigen Heilandes und Herrn für alle Welt und wider alle ihm in ihr widerstrebenden Mächte und Gewalten. Auferbauung der Gemeinde, missionarisches Zeugnis für alle Welt und Polemik wider die Feinde des Evangeliums gehören daher zu jeder Predigt (Creatura verbi).

„Das gehört auch zu einem Prediger, daß er nicht das Maul zuhalte und nicht allein öffentlich das Amt führe, daß jedermann schweigen müsse und ihn auftreten lasse als den, der göttlich Recht und Befehl hat, sondern auch das Maul frisch und getrost auftue, das ist: die Wahrheit und was ihm befohlen ist, zu predigen; nicht schweige noch mummele, sondern ohn Scheu und unerschrocken bekenne und dürr heraussage, Niemand angesehen noch geschont, es treffe, wen oder was es wolle. Denn das hindert einen Prediger gar sehr, wenn er sich will umsehen und sich damit bekümmern, was man gern hört oder nicht oder was ihm Ungunst, Schaden oder Gefahr bringen möchte, sondern wie er hoch auf dem Berg an einem öffentlichen Ort steht und frei um sich sieht, so soll er auch frei reden und Niemand scheuen, ob er gleich mancherlei Leute und Köpfe sieht, und kein Blatt vors Maul nehmen, weder gnädige noch zornige Herrn und Junker, weder Geld, Reichtum, Ehre, Gewalt noch Schande, Armut, Schaden ansehen und weiter denken, denn daß er rede, was sein Amt fordert, darum er da steht." (E. 43, 9 f.)

„Ob sie wollten vorgeben: wir Pfaffen wollen Herrn sein,

mit Gewalt über sie fahren, wie jetzt etliche Scharrhansen, auch wohl bauerkundige Bürger und reiche Dorfrülzen schreien, wenn der Pfarrherr nicht predigt, was sie gern hören, so muß es flugs heißen, sie wollen unsere Herrn sein, und haben die groben, unadeligen Lüntrosse (unnütze Menschen), die Stadtschlingel und die Dorffilze noch nicht so viel gelernt, daß sie unter dem Gotteswort, das gepredigt wird, und der Person des Predigers könnten Unterschied machen; sondern, wo sie Gottes Wort und ihr eigen Gewissen straft, das muß der arme Pfaffe getan haben; damit sie sähen, daß man Gottes Wort ja nicht solle predigen, wollen gleichwohl das Evangelium gefressen haben. Was zürnst du Narr wider den Pfarrherr? Zürne wider deine eigene Bosheit oder mit Gott, des Wort dich Buben schult, der kann dir Zürnens genug geben." (E. 23, 305).

Gottes Wort ist gerichtetes Wort. Es verhallt nicht im Leeren. Es geschieht auch nicht um seiner selbst willen. Es ist als Aussage zugleich Ansage, Zuspruch und Anspruch zugleich, konkret auf den Adressaten bezogen und mit seiner Spitze (Skopus) auf dessen Personmitte gerichtet. Insofern gehört wie der Prediger so auch der Angeredete stets in den Vollzug der Predigt mit herein. Aber wie der Prediger darum keineswegs den Inhalt und die Abzweckung des ihm anvertrauten Wortes bestimmt, so läßt sich auch in bezug auf den Empfänger Inhalt und Zielsetzung der Predigt nicht manipulieren, so groß die Versuchung im einen oder im anderen Fall dazu auch sein mag.
Gottes Wort in Menschenmund, Gottes Wort in der Auslieferung an hörende Menschen mit ihren wechselnden Ansprüchen, Erwartungen, Wünschen und Meinungen, das weist auf die Gefahren der Anpassung und der Entartung im Vollzug der Predigt. Doch wird damit keineswegs aufgehoben oder auch nur in Frage gestellt, daß die Ausrichtung der Predigt ganz konkret auf die Gemeinde und deren je besondere Lage zielt. Der Per-Du-Charakter der Predigt, den später unter Bezugnahme auf Luther insbesondere Klaus Harms unterstrichen hat, ist nicht etwa nur ein didaktischer Kunstgriff und eine praktische Regel aus der Werkstatt der Homiletik, sondern Grundelement aller Predigt. Das Evangelium will nun einmal von Person zu Person, direkt, aktuell und in jeder Beziehung ansprechend ausgerichtet sein. Dabei ist dieser personale Bezug keineswegs nur auf das Private beschränkt. Im Gegenteil,

wie Jesus selbst im Umgang mit dem Einzelnen immer zugleich ein Zeichen und Zeugnis für die Gesamtheit setzt, so ist in der Predigt mit dem angesprochenen Einzelnen immer zugleich die ganze Gemeinde und in der angesprochenen Gemeinde immer zugleich auch der Einzelne gemeint. Ja, mehr als das! Weil Gottes Wort und Werk immer die Welt als ganze betrifft, darum ist auch die Predigt seines Evangeliums niemals nur eine esoterische, auf den inneren Raum des Gemeindelebens beschränkte Rede, sondern dringt durch alle Mauern und Abgrenzungen in die weite Welt hinaus. Von ihrem weltumfassenden Ansatz her ist die Verkündigung des Wortes Gottes nicht eine auf den Kirchenraum beschränkte Angelegenheit, sondern bei aller personalen Zuspitzung evangelistisch in die Weite der Welt gerichtet. Erbauung der örtlichen Gemeinde und weltmissionarische Ausrichtung in ein und derselben Predigt schließen sich nicht aus, sondern gehören, wenn auch möglicherweise akzentmäßig unterschieden, inhaltlich immer miteinander zusammen.

Einer besonderen Beachtung ist dabei wert, was Luther in diesem Zusammenhang über die unausweichliche Polemik sagt. „Ein Prediger soll Zähne im Maul haben, beißen und salzen und jedermann die Wahrheit sagen." Ebeling bezeichnet Martin Luther als „den wohl größten Polemiker aller Zeiten" (S. 408). Seiner Predigt ist ein geradezu dramatischer aktueller Zeitbezug eigen. Deren derbe Grobheit entsprach dem weitverbreiteten Stil der damaligen Zeit und kann gewiß nicht ohne weiteres auf heute übertragen werden. Aber es wird darin deutlich, daß tatsächlich zu dem Ja auch ein Nein gehört. Auch in Jesu Verkündigung stehen ja die Seligpreisungen und die Wehereden nebeneinander. Die Barmer Theologische Erklärung von 1934 trägt dem in der Weise Rechnung, daß jedem einzelnen Bekennen ein besonderer Abschnitt: „Wir verwerfen ..." entspricht.

Deutlich freilich bleibt allemal bei Martin Luther und muß es stets bleiben, daß auch die negative Abgrenzung im Dienste des positiven Zeugnisses steht. Polemik muß um der Sache willen geschehen und darf nicht in persönliche Diskriminierung ausarten. Es mag sein, daß Luthers Temperament gelegentlich gebotene Grenzen überschritten hat. Behält man aber vor Augen, wie er sich unter den Anfeindungen der Menschen und der Ungunst der Verhältnisse dem Teufel selbst konfrontiert sah, dann wirkt der heilige Ernst seines kämpferischen Zeugnisses selbst in der Übersteigerung überzeugend. Er hilft zur Klärung der Wahrheitsfrage, ohne daß vergiftende oder aufhetzende Nebenwirkungen einzutreten brauchen.

These 9: Der Predigt ist wesenhaft und unverwechselbar der je besondere Gegenwartsbezug *eigen. Daher ergeben sich vom gleichen Text her in wechselnden Zeiten höchst verschiedene jeweils neue Predigten. Immer jedoch ist die Situation nicht Thema, sondern Bezugsfeld der Predigt (Publice).*

„Ein rechtschaffener, frommer, treuer Prediger, der Gottes Wort rein, lauter und klar lehrt, soll sehen auf die Kinder, Knechte und Mägde und auf den armen, gemeinen, einfältigen Haufen, die Unterrichts bedürfen. Nach denen soll er sich richten." (E. 59, 273).
„Wenn ich predige, laß ich mich aufs Tiefste herunter, sehe nicht an die Doktores und Magister, deren in die vierzig drin sind, sondern auf den Haufen junger Leute, Kinder und Gesinde, deren in die hundert oder tausend da sind; denen predige ich, nach denselbigen richte ich mich, die bedürfens; wollens die Andern nicht hören, so steht die Tür offen." (E. 59, 272 f).
„Alle deine Predigten sollen aufs Einfältigste sein und siehe nicht auf den Fürsten, sondern auf die einfältigen, albernen, groben und ungelehrten Leute, welches Tuchs auch der Fürst sein wird. Wenn ich in meiner Predigt sollte Philipp Melanchthon und andre Doktores ansehen, so machte ich nichts Gutes, sondern ich predige aufs Einfältigste den Ungelehrten und es gefällt Allen. Kann ich denn Griechisch, Hebräisch, das spare ich, wenn wir Gelehrten zusammenkommen. Da machen wirs so krause, daß sich unser Herrgott drüber verwundert." (E. 59, 205).

„Man muß nicht die Buchstaben in der lateinischen Sprache fragen, wie man soll selbst reden, wie diese Esel tun, sondern man muß die Mutter im Hause, die Kinder auf der Gassen, den gemeinen Mann auf dem Markt darum fragen und denselbigen auf das Maul sehen, wie sie reden, und danach dolmetschen, so verstehen sie es denn und merken, daß man deutsch mit ihnen redet", erklärt Luther im „Sendbrief vom Dolmetschen" im Jahre 1530.
„Den Leuten aufs Maul schauen" bedeutet freilich keineswegs, ihnen nach dem Munde zu reden. Vielmehr bringt es die

Bemühung zum Ausdruck, möglichst schlicht, verständlich, jedermann zugänglich und einfach, nicht aber in falscher Weise vereinfachend, Ecken, Kanten und Widerhaken abschleifend zu reden. So kommt es denn, daß Luthers Predigt im besten Sinne volkstümlich war. Sie erreichte das schlichteste Gemüt und gab zugleich allen Ständen der Macht und der Gelehrsamkeit, was der Trost und die Schärfung des Gewissens erforderte. Immer wieder geschieht es, daß Luthers Predigt einerseits in ihrer Direktheit, ja Grobheit Anstoß erregt und es andererseits an Feinsinnigkeit, Tiefgründigkeit und erleuchtender Schriftauslegung nicht fehlen läßt.

Dadurch daß sich Luther in seinen sonntäglichen Predigten im allgemeinen an die vorgegebenen Perikopen, meistens die Evangelien, hielt, hat er über viele Texte mehrfach gepredigt. Darüber liegen uns vielfältige Nachschriften vor, die zu vergleichen sich lohnt. Natürlich ergeben sich viele Wiederholungen. Das kann gar nicht ausbleiben, wenn anders die Auslegung bei ihrer Sache bleibt. Auffällig ist aber, daß Luther niemals eine schon einmal gehaltene Predigt wiederholt, sondern je neu und besonders mit der Auslegung des Textes und der Anwendung der Botschaft einsetzt. Offensichtlich kommt er gar nicht auf den Gedanken, der viva vox evangelii mit einer schon einmal gehaltenen und inzwischen abgelegten Predigt Ausdruck zu geben. Offensichtlich ist er mit der ihm aufgetragenen Botschaft so unmittelbar einer stets neuen Situation und stets wechselnden Menschen konfrontiert, daß sich schon von daher Sprache und Redeweise, Vergleiche und Anwendungen je neu und anders einstellen.

Natürlich hat das auch etwas mit dem ungewöhnlichen Sprachgenie des Reformators zu tun und ist darum nicht beliebig übertragbar. Im Ansatz aber hat es seinen Grund nicht so sehr in der Individualität dessen, der hier redet, als vielmehr in der Besonderheit dieser applikativen, diakonisch und seelsorglich, missionarisch und erwecklich ausgerichteten Verkündigung. Darum: „Man soll sich akkomodieren zu den Hörern. Das fehlt gemeiniglich allen Predigern. Sie predigen so, daß das gemeine Volk ja wenig daraus lerne … einfältig zu predigen ist eine große Kunst. Christus tut's selber. Er redet von Ackerwerk, von Senfkorn und gebraucht alte grobe bäuerische Gleichnisse" (Tischreden WA 4719).

These 10: Indem die Predigt das Evangelium von Jesus Christus vermittelt und darin ihr einziges Thema, ihren Skopus, hat, ergibt sich in der konkreten Situation, in welcher Weise gerade in dieser Predigt Gericht und Gnade, Buße und Vergebung, Gesetz und Evangelium *in ihrer unscheidbaren Zusammengehörigkeit und dennoch stets notwendigen Unterscheidung verbunden sind (Gesetz und Evangelium).*

Aus: Ein klein Unterricht, was man in den Evangelien suchen und gewarten solle (1522):

> „Das Hauptstück und Grund des Evangelii ist, daß du Christum zuvor, ehe du ihn zum Exempel fassest, aufnehmest und erkennest als eine Gabe und Geschenk, das dir von Gott gegeben und dein eigen sei, also daß, wenn du ihm zusiehest oder hörest, daß er etwas tut oder leidet, daß du nicht zweifelst, er selbst, Christus, mit solchem Tun und Leiden sei dein, darauf du dich nicht weniger verlassen mögest, denn als hättest du es getan, ja als wärst du derselbige Christus. Siehe das heißt das Evangelium recht erkannt, das ist: die überschwängliche Güte Gottes, die kein Prophet, kein Apostel, kein Engel hat je mögen ausreden, kein Herz je genugsam verwundern und begreifen kann. Das ist das große Feuer der Liebe Gottes zu uns, davon das Herz und Gewissen froh, sicher und zufrieden wird; das heißt den christlichen Glauben predigen. Davon heißt solche Predigt Evangelium, das lautet auf deutsch so viel als eine fröhliche, gute, tröstliche Botschaft, von welcher Botschaft die Apostel Zwölfboten genannt werden."
>
> „Siehe, wenn du also Christum fassest als deine Gabe dir zu eigen gegeben und zweifelst nicht dran, so bist du ein Christ. Der Glaube erlöst dich von Sünden, Tod und Hölle, macht, daß du alle Dinge überwindest. Ach, davon kann niemand genug reden, da ist die Klage, daß solche Predigt in der Welt verschwiegen ist und alle Tage das Evangelium gerühmt ist.
>
> Wenn du nun Christum also hast zum Grund und Hauptgut deiner Seligkeit, dann folgt das andre Stück, daß du auch ihn zum Exempel fassest, ergebest dich auch also deinem Nächsten zu dienen, wie du siehst, daß er sich dir ergeben hat. Siehe da geht denn Glaube und Liebe im Schwang, ist Gottes Gebot erfüllt, der Mensch fröhlich und unerschrocken zu tun und zu leiden alle Ding. Darum siehe eben drauf: Christus als eine Gabe nährt deinen Glauben und macht dich zum Christen. Aber Christus als ein Exempel übt deine Werke. Die machen dich nicht zu einem Christen, son-

dern sie gehen von dir, schon zuvor zu einem Christen gemacht."

„Darum siehst du: Evangelium ist eigentlich nicht ein Buch der Gesetze und Gebote, das von uns fordere unser Tun, sondern ein Buch der göttlichen Verheißungen, darin er uns verheißt, anbietet und gibt alle seine Güter und Wohltaten in Christus. Daß aber Christus und die Apostel viel guter Lehr geben und das Gesetz auslegen, ist zu rechnen unter die Wohltat wie ein ander Werk Christi; denn recht lehren ist nicht die geringste Wohltat.

Darum sehen wir auch, daß er nicht greulich dringt und treibt, wie Moses tut in seinem Buch und des Gebots Art ist, sondern lieblich und freundlich lehrt, sagt nur, was zu tun und zu lassen sei, was den Übeltätern und Wohltätern begegnen wird, treibt und zwinget niemand. Ja er lehrt auch so sanft, daß er mehr reizt, denn gebietet, hebt an und sagt: Selig sind die Armen, selig sind die Sanftmütigen (Matth. 5,3 ff.) usw. Und die Apostel brauchen auch gemeiniglich die Worte: Ich vermahne, ich bitte, ich flehe usw." (WA 10, I, 11 ff.).

Aus der 2. Disputation gegen die Antinomer 1538:

„Das Predigtamt ist verordnet, daß wir beides lehren, das Gesetz und das Evangelium. Das eine kann ohne das andere nicht mit Gewinn, vielmehr nur mit Gefahr gepredigt werden. – Ein Arzt kann sich nicht immer nur mit der Diagnose und niemals mit der Therapie der Krankheit befassen; er muß sich um beides kümmern. So muß man auch in der Predigt recht teilen (2. Tim. 2,15); es darf in der Gemeindepredigt nicht nur das eine Teil getrieben werden, entweder Erschrecken und Reue über die Sünde – oder Trost und Freude, vielmehr beides zugleich. Denn wenn es bei der Verzweiflung bleibt, so ist sie heillos, ja tödlich. Wenn aber das Evangelium dazu kommt, so wird daraus eine ‚evangelische Verzweiflung‘, die ist gut, denn sie führt uns zu Christus, wie geschrieben steht (Matth. 11,5): Den Armen, das ist den erschrockenen und angefochtenen Herzen wird das Evangelium gepredigt." (WA 39, I, 419 ff.).

In unseren letzten Ausführungen hatte es den Anschein, als bewegten wir uns mehr und mehr von inhaltlichen zu methodischen Fragen und ließen hinter den Überlegungen, wie und wem Martin Luther seine Predigten hält, den eigentlichen Inhalt seiner Botschaft mehr zurücktreten. Vielleicht aber ist doch deutlich geblieben, daß eine solche Unterscheidung von Inhalt und Methode angesichts der Predigt Martin Luthers nicht angemessen ist. Auch die Methodenfrage bestimmt sich bei ihm vom Inhaltlichen her, und vom Inhalt her ergeben sich die entsprechenden Folgerungen für die Art und Weise der Darbietung. Die spätere Kurzformel von Johann Albrecht Bengel: Tene ad rem et verba sequentur (Halt dich an die Sache, dann folgen die Worte von selbst) findet in Luthers Predigt ihre volle Bestätigung. Ja, das läßt sich noch weiter vertiefen, indem jetzt erörtert wird, um welche besondere „Sache" es sich in diesem Falle handelt. Die Mitte der Heiligen Schrift, vom Alten Testament angefangen bis zur Offenbarung des Johannes, ist dadurch bestimmt, daß sie „Christum treibet". Eben diese Mitte als Botschaft der Rechtfertigung und Erlösung in Jesus Christus ist Inhalt und Zielpunkt jeder Predigt. Das zielt von Herz und Mund des Predigers in Ohr und Herz des Hörers. Was aber heißt, Christus recht zu verkündigen? Nun gilt es, die für die ganze Glaubensbotschaft und Lehre Martin Luthers schlechterdings entscheidende Unterscheidung von Gesetz und Evangelium in die Überlegung einzubringen. Wird nämlich diese Unterscheidung nicht beachtet und Christus gar als Gesetzeslehrer, als Vorbild im Sinne der Imitationschristologie, als, wie Luther sagt, zweiter Moses verkündet, dann bleibt für den Trost der Gewissen und die Ausrichtung des Glaubens nichts übrig. Dann kommt es im Gegenteil unter der Drohgebärde des richtenden Herrn vom Jüngsten Gericht dazu: „Die Angst mich zu verzweifeln trieb, daß nichts denn Sterben in mir blieb, zur Hölle mußt ich sinken." Daß Christus nicht Richter, sondern Retter, nicht Aufdecker, sondern Zudecker der Sünde ist, daß er in fröhlichem Wechsel das Gericht auf sich nimmt, damit dem Sünder die Gnade zuteil werde, dies ist der eigentliche Inhalt des Evangeliums. Dies darf um Gottes willen nicht in ein neues Gesetz verkehrt werden.

Freilich hat eben dieser Jesus Christus es nun doch auch mit dem Gesetz zu tun. Dies aber richtig anzubringen, sorgsam zu unterscheiden, aber auch nicht auseinanderzureißen ist das eigentliche, nie auszulernende Geheimnis evangelischer Predigt. Solange er lebe, werde er daran stets weiter zu lernen und zu üben haben, sagt Martin Luther. Denn freilich kann und soll das Vorbild Jesu Christi als des einzig Vollkommenen unter allen Menschenkindern, versucht gleich wie wir, doch ohne Sünde, den unbußfertigen und leichtfertigen Spötter zur Besinnung und Buße rufen. Und freilich ist der unter die Vergebung des Kreuzes gerufene gerechtfertigte Sünder nun dazu befreit und berufen, in einem neuen Leben der Nachfolge und der Heiligung seinen Glauben in Gehorsam und Nächstenliebe umzusetzen. Das, was in diesem Zusammenhang unter den viel diskutierten Leitsätzen vom dreifachen Gebrauch des Gesetzes zu den Kernstücken der lutherischen Glaubens- und Sittenlehre gehört, hat im Vollzug jeder Predigt seine Bewährungsprobe zu bestehen. In der konkreten Situation der Predigt kommt die vom Prediger je neu wahrzunehmende Aufgabe hinzu, zu entscheiden, wie unter den je besonderen Verhältnissen die Akzente zu setzen sind. Niemals kann und darf eine evangelische Predigt nur Gesetzespredigt sein. Niemals aber kann sie, wenn sie nicht zur billigen Gnade entarten will, den Bezug des Gesetzes entbehren. Beides gehört zusammen und muß doch unterschieden und verschieden eingesetzt werden. Der heilige Geist ist der rechte Lehrmeister, und niemals lernt der Prediger aus.

In die selbe Richtung weist die von Augustin herkommende und ebenfalls oft von Luther gebrauchte Redeweise, daß Jesus Christus für die Gläubigen sacramentum und exemplum, Gabe und Aufgabe, Geschenk und Berufung zur Nachfolge sei. Auch dies auf die konkrete Predigt und ihre je besondere Situation anzuwenden, ist ein geistlicher Vorgang. Mit planender Überlegung und gekonnter Rhetorik allein kann er nicht gemeistert werden. Aber gerade darin liegt das eigentlich Besondere evangelischer Predigt. Geschieht sie recht, dann läßt sich auch etwa über die Zehn Gebote oder andere Gesetzestexte des Alten oder Neuen Testaments evangelisch predigen. Geschieht sie nicht recht, dann bewahrt auch die noch so ausführliche Christuspredigt nicht vor der Gefahr, daß in ihr nichts anderes als eine „nova lex", eine neue Gesetzlichkeit zum Ausdruck kommt.

These 11: Luther hat im Unterschied zu der seine Zeit bestimmenden Tradition und in ausdrücklichem Gegensatz zu ihr keine besondere Predigtlehre und Methodik entwickelt. Ihm war es darum zu tun, die biblische Botschaft von ihrer Christusmitte her unverfälscht und einfach, verständlich für jedermann, praktisch anwendbar und eindringlich zur Sprache zu bringen.

Aus den Tischreden:

„Wenn einer zum ersten Mal auf den Predigtstuhl kömmt, niemand gläubet, wie bange einem dabei wird; er siehet so viel Köpfe vor sich! Wenn ich auf den Predigtstuhl steige, so sehe ich keinen Menschen an, sondern denke, es seien eitel Klötzer, die da vor mir stehen, und rede meines Gottes Wort dahin."

Aus dem Vorwort zum 1. Bande der deutschen Schriften (1539) WA 50, 660 f.:

„Fühlest du dich aber und lässest dich dünken, du habest es gewiß, und kitzelst dich mit deinem eigenen Büchlein, Lehren oder Schreiben, als habest du es sehr köstlich gemacht und trefflich gepredigt, gefällt dir auch sehr, daß man dich vor anderen lobe, willst auch vielleicht gelobt sein, sonst würdest du trauern oder ablassen ... Lieber, bist du der Art, so greif dir selber an deine Ohren ... und greifest du recht, so wirst du finden ein schön Paar großer langer rauher Eselsohren. So wage vollends die Kost daran und schmücke sie mit güldenen Schellen, auf daß, wo du gehst, man dich hören könne, mit Fingern auf dich weisen und sagen: Sehet, sehet, da geht das feine Tier, das so köstliche Bücher schreiben und trefflich wohl predigen kann. Alsdann bist du selig und überselig im Himmelreich. – Ja, da dem Teufel samt seinen Engeln das höllische Feuer bereitet ist. – Summa, laßt uns Ehre suchen und hochmütig sein, wo wir mögen. In diesem Buch (scil. der Bibel) ist Gottes Ehre allein, und heißt: Deus superbis resistit, humilibus dat gratiam." (Gott widersteht den Hoffärtigen, aber den Demütigen gibt er Gnade. 1. Petr. 5,5).

Aus Luthers Schrift „Wider Hans Worst":

„Wohl ist's wahr: nach dem Leben ... ist die heilige Kirche nicht ohne Sünde, wie sie im Vaterunser bekennt: Vergib uns unsere Schuld ... Aber die Lehre muß nicht Sünde noch sträflich sein; denn sie nicht unseres Tuns, sondern Gottes selbsteigenes Wort ist ... Denn ein Prediger muß nicht das Vaterunser beten noch Vergebung der Sünden suchen, wenn er gepredigt hat (wo er ein rechter Prediger ist), sondern muß mit Jeremia (Jer. 17,16) sagen und rühmen: Herr, du weißt, was aus meinem Munde gegangen ist, das ist recht und dir gefällig ... ja mit St. Paulo und allen Aposteln trötzlich sagen: Haec dixit Dominus. Das hat Gott selbst gesagt. Et iterum: Ich bin ein Apostel und Prophet Jesu Christi gewesen in dieser Predigt. Hic ist nicht not, ja nicht gut, Vergebung der Sünde zu bitten, als wäre es unrecht gelehret. Denn es ist Gottes und nicht mein Wort, das mir Gott nicht vergeben soll noch kann, sondern bestätigen, loben, krönen und sagen: Du hast recht gelehrt; denn ich hab durch dich geredet, und das Wort ist mein. Wer solches nicht rühmen kann von seiner Predigt, der lasse das Predigen anstehen. Denn er lügt gewißlich und lästert Gott." (WA 51, 516 ff.).

Gerhard Ebeling hat in seinem großen Erstlingswerk: „Evangelische Evangelienauslegung" ausführlich behandelt, wie sich Martin Luther als Professor und Doktor der biblischen Theologie in einer Jahrzehnte währenden leidenschaftlichen Auseinandersetzung zunehmend von der seine Zeit beherrschenden Auslegungsmethode des vierfachen Schriftsinnes frei machte und je länger je ausschließlicher dem einfachen Wortsinn der Heiligen Schrift, dem „sensus literalis" in seiner Auslegung und Verkündigung Raum gab.
Aber auch dieser Vorgang einer unter Gewissensnöten geschehenden Ablösung von der damaligen kirchlichen Tradition war nicht nur eine Methodenfrage, betraf nicht nur eine äußere Angelegenheit, sondern hing zutiefst mit seiner reformatorischen Neuentdeckung des Evangeliums zusammen. Als Heils- und Gnadenwort, eben als Evangelium, ist Gottes Wort unverfügbar und kann nur so, wie es gegeben ist und geschrieben steht, dankbar und demütig angenommen und ohne Abstriche und Hinzufügungen geradezu gegessen werden. Was auch immer eine tiefsinnige Allegorese sonst noch in das biblische Wort hineindeuten mag, was auch immer der Mystiker als geheimen Sinn aus ihm erschließen mag, was auch immer an moralischer Nutzanwendung daraus abgeleitet wird, für Luther ist das alles je länger je mehr Vermessenheit und Willkür. Für ihn gilt der einfache Schriftsinn, der biblische Buchstabe, der Wortlaut dessen, was da steht. Das gilt es aufzunehmen und mit aller Sorgfalt auszulegen und anzuwenden. Was darüber ist, das ist vom Übel.
Eben dieser biblische Wortsinn ist es, in dem nach Luthers reformatorischer Entdeckung das ganze süße Evangelium enthalten ist. Die Heilige Schrift Alten und Neuen Testaments hat darin ihre Heiligkeit, ist darin vom heiligen Geist geprägt und durchdrungen, daß in ihr Gott selber zu Worte kommt und in Jesus Christus dem verlorenen Sünder seine Gnade zuspricht.
Freilich sind es Menschen, welche die heiligen Schriften überliefert haben. Freilich sind sie fehlsam und sündig. Auch das

kommt in ihrem Reden und Schreiben zum Ausdruck. Aber Gott ist es, der sie als Werkzeug und Sprachrohr benutzt. Sein Wort kommt in ihrem Menschenwort für den, der hören und in der Erleuchtung des heiligen Geistes annehmen kann, vollgültig und wirksam zum Ausdruck. Dieser lutherische Ansatz der Schriftauslegung hat im Zeitalter der Orthodoxie zur Lehre von der Inspiration der Heiligen Schrift in ihren verschiedenen Abwandlungen und zur Hervorhebung der vier besonderen Merkmale der Heiligen Schrift (Autorität, Wirksamkeit, Vollkommenheit, Durchsichtigkeit) geführt. Luther selbst hat eine solche detaillierte Lehre der Heiligen Schrift und ihrer Auslegung nicht entwickelt. Ihm genügte es, aus ihr und mit ihr in ihrem Wortlaut zu leben.

Gänzlich fremd freilich wäre ihm der Umgang mit der Bibel als einer nur literarischen, auf nur historische Tatbestände der Vergangenheit verweisenden Urkunde gewesen. Zwar hat er mit seiner Festlegung auf den einfachen Wortsinn der Heiligen Schrift der späteren historisch-kritischen Methode in gewisser Weise den Weg eröffnet. Aber für ihn war gerade im Wortsinn der Heiligen Schrift entscheidend mehr als eine nur literarische und historische Berichterstattung enthalten. Ihm war die Auslegung der Heiligen Schrift nie eine nur akademische Angelegenheit. In seinem Umgang mit der Heiligen Schrift bildeten Geist und Buchstabe eine unlösliche Einheit. Wissenschaft und Glaube waren nicht voneinander zu trennen. Nur unter dieser Voraussetzung gab er den Umgang mit der Heiligen Schrift allen Gliedern der Gemeinde ausdrücklich frei.

Nach der jahrhundertelangen auf Luther zurückgeführten Auslegungsgeschichte mag es gerade im Jahr des Reformationsjubiläums an der Zeit sein, sich auf diese Anfänge zu besinnen, Fehlentwicklungen aufzuarbeiten, Neuansätze zu beachten und die geist-leibliche Einheit der Heiligen Schrift ins Blickfeld wie der Forschung so der Verkündigung zu rücken. Das mag dann auch entsprechende Folgerungen für die Homiletik und überhaupt für die evangelische Predigt unserer Tage haben und wird sich keineswegs nur in Methodenfragen erschöpfen.

These 12: Die Predigt hat im heutigen evangelischen Kirchentum formal ihre Sonderstellung behalten, den reformatorischen

Ansatz aber nicht in gleichem Maße beibehalten. Für einen
Neubeginn *genügen methodische Überlegungen im Bereich
der praktischen Theologie und der Homiletik nicht. Nur aus
neuer Begegnung mit Gott in Jesus Christus unter dem Zeugnis
seines Wortes kann mit einer Erneuerung der Kirche auch eine
Erneuerung der Predigt bzw. umgekehrt mit einer Erneuerung
der Predigt auch eine Erneuerung der Kirche erfolgen.*

Diese Abschlußthese sollte keines ausführlichen Kommen-
tars bedürfen. Sie faßt schlußfolgernd nur noch einmal zusammen, was unausgesprochen die Zielsetzung des ganzen
Referates war. Freilich ging es dem Thema entsprechend um
Luther als Prediger, um den Rückblick auf seine die Kirche
und die Welt in gleicher Weise bewegende Verkündigung, um
die erstaunliche Geschlossenheit seiner Theologie und ihre
praktischen, alle Bereiche des kirchlichen Lebens umfassenden Konsequenzen. Die Darstellung aber erfolgte nicht pri-
mär aus Gründen historischer Erinnerung oder um einem
Heros der Vergangenheit zu seinem Jubiläum den schuldigen
Tribut zu erweisen. Nein, zugleich und vor allem ging es im
Rückspiegel des reformatorischen Neuaufbruchs und der Predigt der Reformationszeit darum, was das für unser heutiges
Kirchentum und für die heutige Predigt in unseren Kirchen zu
bedeuten hat. Wie könnte man überhaupt ein Lutherjubiläum
anders als mit der Bereitschaft zu solcher Selbstbesinnung begehen? Die Reformation ist ja doch nicht nur ein Geschehen
einmaliger Vergangenheit, sondern eine Wirklichkeit der
ecclesia semper reformanda, das heißt einer gegenwärtigen
Kirche, die ständig weiter auf ihre Erneuerung bedacht sein
soll.
Es darf hier nicht darum gehen, die Wirkungslosigkeit und
Leerheit der Predigt, welche den heutigen Predigern ebenso
wie den heutigen Gemeinden Not macht, anzuprangern. Das
hülfe wenig und würde dem auch nicht gerecht, was an aufop-
ferungsvoller Predigtbemühung und verborgene Hingabe und
Treue an den Auftrag der Verkündigung vielerorts nach wie
vor vorhanden ist. Auch gilt es anzuerkennen, daß, nachdem
wir nun einmal in das Zeitalter des Historismus eingetreten
sind, der „garstige Graben" der Geschichte im Blick auf die
Aktualisierung der Christusbotschaft nur schwer zu über-
schreiten ist. Auch ist im Zeitalter des Säkularismus und der
Gott-ist-tot-Theologie die Versuchung allzu groß, an Stelle

der Gottesbotschaft die Herausforderungen des Diesseits und die Existenznöte des Menschen zum primären Thema der Predigt zu machen. Wer kann hier urteilen und verurteilen, ohne kritisch bei sich selber zu beginnen und darüber dann sein Haupt zu verhüllen!

In dieser Situation dem Prediger Luther nachzuspüren, kann auf der einen Seite die Resignation und Ratlosigkeit auf die Spitze treiben. Denn erst im Ernstnehmen des in seinem Auftreten geschehenden ungeheuren Neuaufbruchs erkennen evangelische Prediger, woher sie kommen und wie weit sie sich von da entfernt haben. Aber solch Verzagen muß nicht die einzige Folgerung sein. Denn es kann auch eine große Ermutigung und ein starker Ansporn davon ausgehen, im Bilde des armseligen Mönchleins von Wittenberg und im Ereignis der Reformation Gott selbst so gewaltig am Werk zu erkennen. Das gibt es also im Lauf der viva vox evangelii und unter dem Wirken des der Gemeinde Gottes für alle Zeiten verheißenen heiligen Geistes, daß Gottes Wort seine Boten findet, bevollmächtigt und zu überwältigender Wirksamkeit treibt. Das wirkt offene Ohren und offene Herzen.

Gott ist derselbe zu Luthers und zu unseren Zeiten. Das Heil in Christus gilt von Karfreitag und Ostern her ein für allemal. Der heilige Geist ist allezeit am Werk und begleitet den Zeugendienst der Prediger mit wirksamen Zeichen über alle Tiefpunkte hinweg.

Der Aufbruch zu neuem Predigtmut erwächst aus der Tiefe und Fülle neuer Gotteserfahrung im Umgang mit der Botschaft der Bibel. Indem die Predigt darin ihre Erneuerung erfährt, erneuert sich in ständiger Wechselwirkung auch die Gemeinde. Die auf diese Mitte hin ausgerichtet und darin fest vor Anker liegende Auslegung der Heiligen Schrift findet stets aktuell dann auch ihre Anwendung auf das Leben der Gemeinde und der Welt.

Gerhard Schittko

Martin Luther als Beter

Einleitung

In der Kirche, in der Luther oft gepredigt hat, fand am Reformationstag ein Gemeindetag statt. Die Gemeindeglieder wurden gefragt: Wenn Luther heute lebte, was würde er an unserer Stelle ändern, sagen oder tun? Die verschiedensten Meinungen und Vorschläge wurden laut. Ist es typisch für unsere Zeit, daß keine Gesprächsgruppe auf den Gedanken kam: Luther würde mehr beten als wir!?

Die neuen geistlichen Erkenntnisse Luthers, die das Werk der Reformation einleiteten, strömten ihm im Wesentlichen aus zwei Quellen zu: aus der Heiligen Schrift und aus dem Gebet. Melanchthon, der Mitarbeiter, Freund und besondere Kenner Martin Luthers sagte 1546 bei der Trauerfeier in der Schloßkirche: „Er lebte und lehrte das rechte Gebet."

Die Bedeutung Luthers als betender Christ und als Lehrer des Gebets für uns zeigt seine Auslegung zu Joh. 14,13ff: „Man kann keinen Christen finden ohn Beten, so wenig als einen lebendigen Menschen ohn den Puls, welcher stehet nimmer still, reget und schlägt immerdar für sich, obgleich der Mensch schläft oder anders tut, daß er sein nicht gewahr wird" (1537).

Bei einem kürzlich erschienenen Buch mit dem Titel „Impulse Luthers für die heutige Gemeindepraxis" werden zwar Gemeinde-Aufbau, Diakonie, Seelsorge, Unterweisung, Predigt und Gottesdienst ausführlich behandelt, aber das Gebet wird nicht erwähnt.

Beten will gelernt sein, aber nicht, wie ein Handwerker eine gewisse Fertigkeit erlernt. Beten ist so einfach und oft so schwer, so selbstverständlich für einen Christen und doch so problematisch.

Die Beschäftigung mit dem Beter Luther hat mich stark beeindruckt und zugleich persönlich hinterfragt. Über Luther als Beter ist leicht ein ganzes Buch zu schreiben. Wieviele Seiten könnte man über uns als Beter schreiben?

I. Luthers Gebet und seine Gebetshilfe

1. Zwei hilfreiche Ratschläge

Die Hetze und Hast unserer Tage, die Überfülle der Arbeit nimmt uns oft voll in Beschlag. Wir nehmen uns kaum eine ruhige Viertelstunde, in der wir Herz und Gedanken sammeln können zum Gespräch mit Gott. Und wenn wir äußerlich Zeit finden, kommen wir innerlich nicht recht zur Ruhe. Die Gedanken schweifen ab zu den Geschäften des Tages, und die Sorgen umstricken uns, so daß für ein wirkliches Zwiegespräch mit Gott kein Raum bleibt.

In seiner Schrift „Eine einfältige Weise zu beten" von 1535 geht Luther von dieser Situation aus und gibt uns zwei hilfreiche Ratschläge.

Der *erste Rat:* Er hält sich an das ihm bekannte und vertraute religiöse Gut und sagt: „So nehme ich mein Psälterlein, laufe in die Kammer und hebe an die 10 Gebot, den Glauben ... etliche Sprüche Christi, Pauli oder Psalmen mündlich bei mir selbst zu sprechen ..." Warum gibt Luther uns diesen Rat weiter? Weil er erfahren hat, daß dadurch eine neue Verbindung mit Gott entstehen kann, weil die Vergegenwärtigung des Glaubensgrundes die Gedanken an die vielen anderen Dinge zurückdrängt, die uns sonst nicht leicht loslassen. Das Fundament eines Bibelverses, einer Liedzeile oder einer Bitte des Vaterunsers kann uns wieder festen Boden unter die Füße geben. Indem die Worte auf uns wirken, kann das Herz frei werden zum wirklichen Beten.

Der *zweite Rat:* Das Gebet sei morgens das erste und abends das letzte Werk. Nichts ist für Luther gefährlicher als der Gedanke: „Beten, ach, das kann ich später auch noch! Flugs umfangen einen die Geschäfte so, daß aus dem Gebet den ganzen Tag nichts mehr wird" (WA 38, 359). „In ihm sei's begonnen" gilt aber nicht nur für den Beginn des Tages, sondern auch für jeden Anfang, in der Woche, im Studium, in der Ehe – aufgeschoben ist hier nur zu oft aufgehoben!

Und abends der letzte Gedanke? Wenn Sorgen uns erfassen, wie soll dann ein erquickender Schlaf möglich sein? Luther meint: Mit einem vertrauensvollen Sichbefehlen in Gottes Hände läßt sein Friede das Herz still werden.

2. Beten setzt Vertrauen voraus

Vertrauen wächst nur dort, wo es zu einer Begegnung gekommen ist. Luther hat diese Begegnung mit Gott von ganzem Herzen gesucht. Im Gebet hat er um Klarheit gerungen; in der Heiligen Schrift hat er mit Eifer geforscht; mit Staupitz und anderen hat er debattiert. Bis ihm – wie er selbst schreibt – im Turmzimmer des Wittenberger Klosters aufgegangen sei, was die Bibel unter „Gerechtigkeit Gottes" versteht. Es sei keine strafende, schreckende Gerechtigkeit, sondern Gott schenkt dem Sünder wieder Lebensrecht, er vergibt dem Sünder und nimmt ihn in Dienst für sein Reich. Diese Wiederentdeckung des Evangeliums hat Millionen Menschen bewegt und Europa verändert.

Die Beziehung zu Gott soll auch für uns immer wieder neu lebendig werden. Im Vertrauen dürfen wir vor allem im Gebet die Begegnung mit Gott suchen.

Luther gehört unbestreitbar zu den großen Betern der Kirchengeschichte. Er hatte ein inniges und ganz persönliches Verhältnis zu Gott, das aus dem ständigen Umgang mit der Heiligen Schrift erwuchs. Für Luther war das Gebet Antwort auf das an den Menschen ergangene Wort Gottes. Er nahm das Wort ganz ernst und konnte deshalb auch Gott beim Wort nehmen. Seine Gebete zeigen das in vielerlei Hinsicht.

3. Die Gebete Luthers

Die vielen überlieferten Gebete Luthers hat Frieder Schulz zusammengestellt. Luther wollte die Gebetbücher aus der spätmittelalterlichen Tradition durch evangelische ersetzen. Sein erstes „Betbüchelein" hat keine Gebetsformeln, sondern biblische Texte und Katechismus-Erläuterungen. Luther lehrt damit nicht nur beten, sondern will in den Glauben einführen. Es erschienen insgesamt allein zehn verschiedene Gebetserklärungen des Vaterunsers. Alle entstanden sie aus Luthers Predigten über das Vaterunser.

Luther hat aber auch Gebete in geprägter Form und Sprache für den Gottesdienst geschaffen. Die Aufnahme dieser Gebete in Gesangbuch, Katechismus oder liturgische Ordnungen zeigt, „daß Luther für das gemeinsame Beten der Gemeinde und für das tägliche Beten des einzelnen formulierte Gebete für notwendig hielt ..." (Frieder Schulz).

So kann man gerade bei Luther feststellen, wie das Beten nach formulierten Texten und dem Vaterunser sich auf das freie, persönliche Beten auswirkt. Es hält in Zucht und bei der Sache. Andererseits belebt das geistgewirkte freie Beten die Gebetsformeln neu und bewahrt sie davor, zum „Plappern der Heiden" zu entarten.

Neben Gebeten, die aus bestimmtem Anlaß entstanden sind (Worms 1521, die Pest, Sterben), finden sich solche aus wiederkehrenden Situationen (wie Krankheit und Beichte). Allein 43 Tischreden-Gebete finden sich im Gesamtbestand der 84 authentischen Gebete Luthers. Schon 1522 kam ein Betbüchlein Luthers heraus, und bis zum Jahr 1600 erschienen die Luthergebetbücher von Otto und Treuer in dreizehn Ausgaben. Die in Straßburg von Treuer herausgegebenen 500 Luthergebete mußten nun systematisch geordnet werden.

Einleitung: Vorbereitung zum Gebet

Betrachtung des Vaterunsers

Hauptteil:

I. Gottes heiliges Wort lernen

II. Christlich leben

III. Selig sterben

Fast alle Bereiche des Lebens sind in diesen Gebeten erfaßt. Immer wieder findet sich der Dank für Christi Gabe, daneben Bitten für das christliche Leben, für den Ehestand, wie Prediger und Hörer beten sollen, für Anfechtung und Todeskampf. Interessant wäre es, die Vielfalt der Gebetsinhalte und die prägnante Kürze der Luthergebete zu verfolgen oder auch die Freiheit und den Mut der Bitten und zugleich die Gottgelassenheit, die hinter solchem Beten steht. Hier einige Kostproben:

> „Lieber Gott, in meinem *Beruf* ist dein Wort und Befehl (alles), darauf gehe ich hin und werfe mein Netz aus und laß dich sorgen, wie es geraten werde."
>
> „Ich befehl mein allerliebste *Käthe* ..."
>
> „Ich danke dir, Herr Christe, du Sohn Gottes, daß du mich würdig geachtet hast, in so heiliger, guter Sache etwas zu *leiden.*"
>
> „Item, ich glaube nicht an meinen *Pfarrherrn,* sondern er sagt mir von einem andern Herrn, der heißt *Christus,* den zeigt er mir, auf des Mund will ich sehen ..."
>
> „Ach Gott, gib uns deinen Geist, daß wir nicht allein äußer-

lich *fromm* werden für die Welt, sondern *auch* für Gott *im Herzen.*"

In Althochdeutsch: „Lieber Gott ... wie komm ich armer stinckender *Madensack zu* den großen *Ehren*? welche auch den Engeln im Himmel nicht widerfahren ist, daß sich die ewige Maiestet so gar tief herunter lasset? ... Aber weil du es so haben wilt, so sei dir Lob und danck in ewigkeit."

Luthers letztes Gebet 1546 auf dem Sterbebett:

„O mein himmlischer Vater, ein Gott und Vater unseres Herrn Jesus Christus, du Gott alles Trostes, ich danke dir, daß du mir deinen lieben Sohn Jesus Christus offenbaret hast, an den ich glaube, den ich gepredigt und bekannt habe, welchen der leidige Papst und alle Gottlosen schänden, verfolgen und lästern, ich bitte dich, mein Herr Jesu Christe, laß dir mein Selichen befohlen sein. O himmlischer Vater, ob ich schon diesen Leib lassen und aus diesem Leben hinweggerissen werden muß, so weiß ich doch gewiß, daß ich bei dir ewig bleibe und aus deinen Händen mich niemand reißen kann."

4. Das Verhältnis von Rechtfertigung und Gebet

Der Reichtum der Gedanken Luthers entfaltet sich gerade in seiner Exegese (vgl. die Auslegung von Römer 3). Besonders in den frühen Vorlesungen kann sich Luther noch unbelastet von der Fülle späterer Aufgaben der gedanklichen Durchdringung der Erkenntnisse widmen, die seine reformatorische Glaubenserfahrung in sich trägt. Für Luthers Sicht der Rechtfertigung ist das Gebet von entscheidender Bedeutung. Dabei haben in seiner Entwicklung Bibelworte eine wesentliche Rolle gespielt. Zwei der bekanntesten sind Gebetsworte. So z.B. Psalm 51,6: „An dir allein habe ich gesündigt ... auf daß du gerechtfertigt werdest (recht behaltest) in deinen Worten und rein dastehst, wenn du richtest."

Aufgrund dieser Gebetsanrede an Gott entwickelt Luther sowohl in seinem ersten Psalm-Colleg wie auch in der Vorlesung über den Römerbrief (1515/16) seine Gedanken über Rechtfertigung.

Unsere positive Stellungnahme zu Gottes Urteil über uns bekräftigt Gottes Gerechtigkeit, bzw. unser Nein dazu lehnt Gott mit seinem Verhalten ab. Für Luther war es völlig klar, daß Rechtfertigung erbeten werden muß, so daß er die inneren Gründe dafür oft gar nicht angibt. Luther lehrt, das bloße Bitten, Klagen und Bekennen der Sünde vor Gott macht's noch nicht. Christus will uns nicht nur Vergebung gewähren, er will auch unser Gott und Herr sein, der unser Leben prägt und bestimmt.

Gottes Gerechtigkeit ist auf das Verhältnis von Geber und Bittsteller aufgebaut. Bis heute können wir auf die Frage, warum so wenig Menschen die Frohe Botschaft annehmen, mit Luther antworten: „Wer aber nicht erkennt, bittet nicht; *wer* aber *nicht bittet, empfängt nicht,* daher wird er nicht gerechtfertigt, weil er seine Sünde nicht erkennt."

Für Luther ist das bloße Gott-recht-Geben nicht ausreichend. Es muß zu einem „Du hast recht!" – also zu einem Gebet werden. Die Gerechtfertigten bleiben nach Luther immer Menschen, die ihre Sünden bekennen und „um deswillen zu rechter Zeit" zu Gott beten (Psalm 32,6).

Luther vergleicht uns Menschen und Gott gern mit einem Kranken und einem Arzt. Nun kommt die Gesundheit noch lange nicht aus dem Gefühl des Krankseins. Ich muß um die Krankheit wissen und den Arzt aufsuchen. Erst das Gebet – die Hinwendung zu Gott – unterscheidet die Buße von skeptischer Selbstanklage und fruchtloser Selbstkritik.

„Stillstand = Rückgang" ist eine im Pietismus bekannte Formel. Luther sagte bereits: „Wer nicht fortschreitet auf dem Wege Gottes, schreitet zurück ... Das ganze Leben des neuen Volkes ist ... ein niemals Stillestehen, niemals ergriffen haben, keine Werke als Endpunkt erreichter Gerechtigkeit ansetzen, sondern sie immer noch erwarten."

Paulus, mit seinem Sich-Ausstrecken nach dem, was vor ihm liegt, ist natürlich Vorbild für Luther. Besonders das Bittgebet ist für ihn zukunftsgerichtet. Was noch nicht ist, wird erhofft und erbeten. Deshalb gilt: echtes *Beten ist ein Erwarten.* Luther versichert unbeirrbar, daß „niemand, solange er am Leben ist, vor Gott gerecht dasteht, weil sein Herz immer schwach zum Guten und zum Bösen geneigt ist." Wir haben die Bitte um Vergebung der Schuld bleibend nötig. Und die Bitte um die Heiligung des Namens Gottes darf sich nicht von der Bitte „Dein Reich komme" lösen, denn erst in Gottes Reich wird unsere vollkommene Heiligung von Sünde und Übel eintreten.

5. Luthers „Zugleich" und das Gebet

Der scheinbar paradoxe Ausdruck „gerecht und Sünder *zugleich*" enthält das Ganze der Theologie Luthers. Von seiner bekannten Formel „simul justus et peccator" führen geradlinige Wege zu allen Hauptpunkten seiner Theologie. Das „Zugleich" entthront jede Art von Verdienst vor Gott. Deshalb bleibt es ständig unsere Aufgabe, gegen die Versuchung anzugehen, sich im guten Werk zu gefallen. Luther möchte verdeutlichen, wie gerade im Gebet eine feine Abwendung erfolgen kann. Das „Zugleich" läßt nicht zu, daß man Gott etwas entgegenstellt als nur sein eigenes Wort („Aber auf dein Wort ...").

Wir können uns als Christen und Gemeinschaftsleute nur dazu bekennen, daß unser Tun immer noch gesetzliche Züge trägt. Wollen wir mit Luther in aller Demut Sünder sein, die allein in Gottes Barmherzigkeit ihre Rechtfertigung suchen? Luther: „Wer zu glauben und allen Glauben vollkommen zu haben meint ... vermag die Stimme Gottes *nicht* zu vernehmen ... Er widersteht ihr als einer falschen, weil sie seiner Meinung entgegen ist, als wäre die (eigene) wahr." Umgekehrt darf dieses Wissen nicht als Ratlosigkeit verstanden werden, sondern eher als Anlaß zum Gebet. Luther betont: *„Wer nicht bittet, ist nicht gerecht"*! Unsere Gerechtigkeit hängt von Gottes Gerechtigkeit ab. Die Verbindung zwischen Gott und Mensch ist das Gebet. Auch P. Gerhardt gibt diese Erfahrung weiter: „Sooft ich ruf und bete, weicht alles hinter sich."

Luther tadelt an den Selbstgerechten, daß sie „eine Zeit kennen, wo sie Sünder zu sein nicht glauben." Pietisten und Gemeinschaftsleute, die von Vollkommenheit oder Sündlosigkeit träumten oder lehrten, haben nicht die ganze Schrift – wie Luther – studiert! Die wirklich Gerechten aber „wissen sich immer als Sünder ... Sie wissen nicht, wann sie gerecht sind, weil sie aus Gottes Anrechnung gerecht sind, dessen Anrechnung niemand kennt, sondern die man *allein erbitten und hoffen* muß."

Luther spricht in einem Atemzug von der Ungewißheit dieser Menschen und erklärt, daß sie Heilige und Gerechte bei Gott sind. Gewißheit um unsere Gerechtigkeit haben wir nur im Blick auf Christus. Indem wir beten, sehen wir weg von uns und auf Christus und setzen nur auf ihn!

Noch in einer anderen Beziehung wirkt sich das „Zugleich" auf das Gebet aus. Durch solches Gebet erweist sich der christliche Glaube im scharfen Unterschied stehend zu allem Sich-Gott-Nahen in den Religionen.

Wir müßten noch fragen: Ist das Sich-immer-wieder-Regen der Sünde nicht eine starke Gebetshemmung? Luther deckt diese Hemmung als Vorwand auf. Gerade der Grund für diese Hemmung ist für ihn der rechte Anlaß zum Beten. Er kennt aus eigener Erfahrung die Stimmen, die das Beten verwehren wollen. Für ihn ist es der Teufel, durch dessen Gewalt er hindurchdringen muß. Diese Kunst des Hindurchdringens hat Luther oft selbst nicht verstanden: „Ich habe 100mal angefangen zu beten und davonlaufen müssen. Ego sum peccator, ergo so muß (darf) ich nicht beten." Weil das Gegenteil richtig ist, folgert Luther: Bist du Sünder, so mußt du *gerade* beten! Aller Aufschub des Gebets ist für Luther ein Mittel des Satans, der das uns von Gott Scheidende befestigen will. Gerade in Versuchungen, wenn man sich für das Gebet ganz ungeeignet hält, ist es gut zu beten! Petrus z.B. erkannte sich als Sünder, floh aber nicht vor dem Herrn, sondern fiel bittend vor ihm nieder (Lukas 5). In den Vorlesungen von 1532 betont Luther: Der Sünden los und ledig zu sein, ist nicht das Ziel, das unser Leben gestalten kann. Das „Zugleich gerecht und Sünder" bleibt Sieg in sich selbst, wenn es in unserem Gebetsleben einen Ausdruck gefunden hat.

II. Luther und die Schwierigkeiten mit dem Beten

1. Gebetshindernis: Engagement statt Gebet

Unsere Zeit ist stark vom Leistungsdenken bestimmt. Als das am häufigsten wirksame Gebetshindernis kann der Gedanke auftreten: Ist tatkräftiges *Helfen* nicht viel *wirksamer* als noch so eifriges Beten? Sind Arbeit und Dienst für Gottes Sache nicht besser als beten? Es gibt Situationen, die ein praktisches Zupacken erfordern. Statt einem stillen Gebet kann auch das öffentliche Bekenntnis zu Christus nötig sein. Luther kennt sogar das Sprichwort: „Wer treulich arbeitet, der betet zwiefältig", aber er versteht es nur so: „Ein gläubiger Mensch fürchtet und ehrt in seiner Arbeit Gott und denkt an sein Gebot, damit er niemandem Unrecht tue, bestehle, übervorteile oder veruntreue. Solche Gedanken machen ohne Zweifel aus seinem Werk ein Gebet und Lobopfer dazu."

Luther läßt also gelten, daß Arbeit unter bestimmten Voraussetzungen Gebet sein kann. Aber er warnt eindrücklich davor, daß man durch solche Gedanken sich nicht des eigentlichen Betens entwöhne und schließlich faul, laß und überdrüssig zum Gebet werde. „Es gibt keinen größeren *Feind des Betens* als die *Entwöhnung*. Bete *und* arbeite, das ist die rechte Losung" (K.D. Schmidt).

2. Gebetsentmutigung: Abstand von Gott

Was heißt eigentlich beten? Vor den allmächtigen, heiligen und ewigen Gott hintreten, dessen Gebote wir oft nicht gehalten haben, und bitten. Das kann zu einem Erschrecken über den gewaltigen Abstand führen, den wir von Gott haben. Selten geht es uns wie Mose oder Israel, die sich entsetzen über den „schrecklichen" Gott. Wir sind es von Kindheit an gewohnt, mit Gott zu reden. Ist unser Gottesbild verharmlost worden?

Luther kennt die echte, tiefe Gebetsnot: Wie kann ein Mensch fröhlich und unverzagt vor Gott hintreten, wenn er nur um seine Unwürdigkeit weiß? „Wie denn das menschliche Herz von Natur so verzweifelt ist, daß es immer vor Gott flieht und denkt, er wolle und möge unsere Gebete nicht, weil wir Sünder sind und nichts denn Zorn verdienet haben" (Großer Katechismus).

Luther weist den in solcher Anfechtung stehenden Christen zunächst auf die 5. Bitte des Vaterunsers hin. Sie hat die Bedeutung, daß sie uns das fröhliche, unverzagte Gewissen wiedergibt, das die Sünde uns geraubt hat. Gottes Erbarmen will uns neue Gewißheit der Sündenvergebung schenken. Wer darum weiß, kann Zuversicht haben, daß er mit Gott recht stehe, und kann fröhlichen Herzens vor Gott treten. Das heißt auch, daß wir vor Gott gerechtfertigt werden müssen, ehe wir recht beten können. Wir werden gerecht ohne des Gesetzes Werke; Gott ist uns gnädig aus lauter Güte und Barmherzigkeit. Diese Botschaft der Reformation wirkt erst befreiend und frohmachend, wenn wir sie persönlich für uns nehmen und den freien Zugang freudig nutzen. Deshalb wird jedes echte Gebet zum Anlaß, uns unseres Glaubensgrundes neu bewußt zu werden und neu darauf zu bauen.

Ferner weist Luther auf Gottes Gebot hin. Im 2. Gebot *verbietet* Gott den Mißbrauch seines Namens, zugleich *gebietet* er den rechten Gebrauch: ihn anrufen in allen Nöten!

„Das will er von uns haben und soll nicht in unserer Willkür stehen, sondern wir sollen und müssen beten, wollen wir Christen sein ... bei Gottes Zorn und Ungnade!" (Großer Katechismus). Durch unsere Sünde will der Satan uns von Gott forttreiben. Gerade umgekehrt soll es sein, sagt Luther, die Sünde soll uns zu Gott hintreiben, daß wir seinem Zorn durch Erfüllung des Gebotes, das uns beten heißt, entrinnen und fröhlich werden.

Luther bringt solche Gedanken in seiner Schrift an Meister Peter, den Balbierer, und meint, einfältige Menschen können sie anwenden. Aber gerade, wenn wir auf Gottes Gebot hin zu beten beginnen, stehen wir in einer Gefahr, vor der Luther eindringlich warnt. Man kann mit dem Munde ein Gebet sprechen, aber mit dem Herzen nicht dabei sein. Bei formulierten Gebeten, die wir auswendig können, droht diese Gefahr besonders. Luther warnt auch hier vor einem gesetzlichen Verständnis dieses Gebetsvorschlages, sonst würde „ein Geplapper und eitel leidiges Gewäsch daraus, aus dem Buch ... dahergelesen."

3. Gebetsnot: Nichterhörte Gebete

Gibt es für uns volle Gewißheit der Erhörung? Luther meint dazu: Hier erweist sich, ob wir wirklich an Gott glauben oder nur an ein Schicksal, das über uns waltet. Gerade wenn es hart wird, zeigt sich die Kraft unseres Gottesglaubens. Es ist klar, daß hier keine theoretische Erwägung hilft, sondern nur die praktische Erfahrung. Wer im Vertrauen Gottes Hand nicht losläßt, wer sie – wie ein Kind die Hand des Vaters – nur fester faßt, der erfährt gerade im dunklen Tal: „Du bist bei mir, dein Stecken und Stab trösten mich"! Wer dies noch nicht erfahren hat, darf es darauf wagen, daß Gott solche Erhörung verheißen hat.

Gottes Gebot und Verheißung sind die offene Tür für den Beter, darauf weist Luther immer wieder ermunternd und ermahnend hin: „Solches kannst du ihm aufrücken und sprechen: hier komme ich, lieber Vater, und bitte, nicht aus meinem Vornehmen und Würdigkeit, sondern auf dein Gebot und Verheißung, so mir nicht fehlen noch lügen kann! Deshalb können wir auch getrost Amen sagen, das ist, nicht zweifeln, daß es gewißlich erhört sei und geschehen werde." Wir beten nicht auf „Abenteuer", sondern wissen, daß „Gott uns nicht lügt, weil er's verheißen hat zu geben".

Luther folgert daraus: „Wo nun solcher Glaube nicht ist, da kann auch kein recht Gebet sein ... Darum ist es ein schädlicher Wahn derer, die also beten, daß sie nicht dürften von Herzen Ja dazu sagen und gewißlich schließen, daß Gott erhört, sondern bleiben in dem Zweifel und sagen: ,wie sollte ich doch so kühn sein und rühmen, daß Gott mein Gebet erhöre? bin ich doch ein armer Sünder?' Das macht, daß sie nicht auf Gottes Verheißung, sondern auf ihre Werke und eigene Würdigkeit sehen, damit sie Gott verachten und Lügen strafen; derhalben sie auch nichts empfangen ... ,Wer da betet, der bete im Glauben und zweifle nicht!' ... Siehe, soviel ist Gott daran gelegen, daß wir nicht umsonst bitten (sondern) gewiß sein."

Gottes Verheißungen stehen fest! Ehren wir ihn durch vertrauensvolles Gebet? Oder verunehren wir ihn durch unsere Zweifel? Natürlich ist es Gottes Sache, wie er unser Gebet erhört. Mancher Beter wird darüber in anbetendes Staunen versetzt.

III. Luthers positive Gebetsanleitungen

1. Die Grundlagen des Gebets

Zusammengefaßt beruht das Gebet auf drei Grundlagen:
a) auf Gottes Gebot. Sein Gebot bleibt die Grundlage all unseres Betens. Gott sieht dabei nicht unsere Person an, sondern eben dies sein eigenes Gebot. Das können wir Gott sogar vorhalten, wie wir hörten.
b) auf Gottes Verheißung: „Zum andern soll uns desto mehr treiben und reizen, daß Gott auch eine Verheißung dazugetan hat, das soll Ja und gewiß sein, was wir bitten, wie er spricht im 50. Psalm, ,rufe mich an in der Not, so will ich dich erretten' und Christus in Mt. 7 ,Bittet, so wird euch gegeben'."

c) Not will uns zum Gebet drängen. Für Luther ist dies ein besonderes und wichtiges Anliegen. Rechtes Gebet ist ein Ernstfall; die Not „drückt und treibet, zu rufen und zu schreien ...", so geht das Gebet von selbst richtig. Luther weiß auch, daß wir eigene und fremde Not oft nicht fühlen, deshalb ergänzt er: „Die Not aber, so uns beide, für uns und jedermann, anliegen soll, wirst du reichlich genug im Vaterunser finden ... Denn wir haben alle genug, das uns mangelt; es fehlt aber daran, daß wir's nicht fühlen noch sehen." Gott weiß unsere Not, aber er will haben, daß wir sie ihm klagen, daß unser Herz sich entzündet, stärker und mehr zu begehren, daß du „nur den Mantel weit ausbreitest und auftust, viel zu empfangen."

Wie hier, weist Luther ständig auf das *Vaterunser als Gebetshilfe* hin. Einzelne Bitten können gesondert betrachtet und mit eigenen Worten bittend vor Gott gebracht werden.

Auch die *Zehn Gebote* und das *Glaubensbekenntnis* werden Luther zur Gebetshilfe. Er betrachtet jedes Gebot in vierfacher Form („vierfach gewundenes Kränzchen") als ein Lehrbüchlein, Dankbüchlein, Beicht- und Betbüchlein (WA 38, 372). Jedes Gebot will uns lehren, zu Dank und Lob, zu Beichte und Bekenntnis, zu Bitte und Gebet zu führen. Luther blieb oft bei einer Bitte hängen und kam in reiche Gedanken. Da soll man die anderen Gebete fahren lassen und mit Stille hören, denn da predigt der Heilige Geist selber. „Und von seiner Predigt ein Wort ist weit besser, denn unsrer Gebet 1000. Und ich habe ... oft mehr gelernt in einem Gebete, als ich aus viel Lesen und Dichten (= Nachdenken) hätte bringen können."

Luther hat am Katechismus nie ausgelernt und sich über die lustig gemacht, die glaubten, mit ihm fertig zu sein. Nüchtern warnt Luther: „Siehe zu, daß du nicht ... zuviel vor dich nehmest, damit der Geist nicht müde werde. Ein gutes Gebet soll nicht lang sein, ... sondern oft und hitzig sein!"

Zugleich mahnt er: je weniger wir beten, desto ungeschickter werden wir. „Darum sollen wir uns von Jugend auf gewöhnen, ein jeglicher für alle seine Not ... und auch für andere Leute täglich zu bitten."

2. Die Macht des Gebets

„Das sollen wir wissen, daß all unser Schutz und Schirm allein im Gebet steht! Denn wir sind dem Teufel viel zu schwach ... Daran müssen wir denken und zu den Waffen greifen, damit ... zu bestehen. Denn was meinst du, das bisher so große Dinge ausgerichtet habe, unser Feinde Ratschlagen ... und Aufruhr gewehret ... wo nicht etlicher Frommer Gebet als eine eiserne Mauer auf unserer Seite dazwischen wäre gekommen? ... Denn wo irgendein frommer Christ bittet: ‚Lieber Vater, laß doch deinen Willen geschehen‘, so spricht er droben: ‚Ja, liebes Kind, es soll ja sein und geschehen dem Teufel und aller Welt zum Trotz‘ ... Wir sind wohl arme Bettler, aber doch, die viele reich machen ... Was Fürsten, Herren, Bürger, Bauern in dieser Welt haben, das haben sie alle um Christi und seiner Christen willen."

Beten ist Macht! Wie wollen wir im Blick auf unser persönliches Gebet die Verantwortung für Christenheit, Volk und Welt tragen? Ohne Ermüden wollen wir Gott um seinen Heiligen Geist bitten, der lehrt recht beten.

Für Luther war *Gottes Ehre* Ausgangspunkt und Ziel jedes Gebets. Selbst wenn er ganz praktisch und dringlich um Regen bat (wie in der großen Dürre 1532), stand dahinter die Sorge, die Gottlosen könnten Gott und Christus „Lügen strafen", weil beide nicht zu ihren Verheißungen ständen, alle zu erhören, die von Herzen zu ihm schreien. Wenn Gott nicht in allen irdischen Dingen angerufen wird, ist das für Luther eine Gotteslästerung. Denn nicht unsere Gedanken und Berechnungen führen zum Ziel, sondern Gott spricht das entscheidende Wort.

Luther wagt es nicht, Gottes Souveränität in irgendeiner Weise zu beschneiden. Auch durch unser Gebet wird Gott nicht gefangen. „Er verfolgt seine eigenen Pläne und geht seine eigenen Wege" (Ingetraut Ludolphy). Gott kann Besseres und Größeres geben, als wir erbeten haben. So bekannte Luther im Mai 1540 bei Tische: „Unser Herrgott gibt allemal mehr, als wir bitten. Wenn wir recht um ein Stück Brot bitten, so gibt er einen ganzen Acker. Ich bat, Gott sollte meine Käthe leben lassen, so gibt er ihr ein gutes Jahr dazu." (Durch seine große Gastfreundschaft geriet Luther oft in Geldnot. Nun hatte er das Gut Zülsdorf kaufen können und Käthe war Anfang Februar nach schwerster Krankheit genesen.)

3. „Gott um Erhörung bedrängen"

Luther konnte (ähnlich Abraham und Mose) in kühnster Weise Gott um Erhörung bedrängen, wenn er gewiß war, daß seine Bitten mit Gottes Zielen im Einklang standen. Die Aufregungen und Sorgen um die Doppelehe des Landgrafen Philipp von Hessen ließen Melanchthon 1540 in Weimar schwerkrank werden. Dieser Mann war Luther für das Werk der Reformation unentbehrlich. Mit seinem Gebet riß ihn Luther gleichsam aus den Armen des Todes: „Allda mußte mir unser Herrgott herhalten; denn ich warf ihm den Sack vor die Füße und rieb ihm die Ohren mit all seinen Verheißungen, die ich in der Schrift aufzuzählen wußte ... daß er mich müßte erhören, wo ich anders seiner Verheißung trauen sollte."
In seinen Tischreden wendet Luther gewagte Vergleiche an. Zum Gleichnis vom ungerechten Richter führt er aus: „Gott verkriecht sich oft irgends hin und will nicht hören, ja er will sich nicht lassen finden. So muß man ihn denn suchen, das ist, mit Beten anhalten ... Darum will dieser Spruch ‚Bittet ...' nichts anderes denn: bittet, rufet, schreiet, klopfet, poltert. Und das muß man für und für treiben ohne Aufhören."

4. Die gemeinsame Fürbitte

Eine besondere Verheißung für die Erhörung der Gebete hat das Einswerden von Menschen in ihren Gebetsanliegen (Matthäus 18,19). Luther betont, daß es im Vaterunser nie um „mein und mich" geht, sondern immer um „uns und unser". „Das Vaterunser bindet die Leute zusammen und ineinander, daß einer für den andern und mit dem andern betet." Hinter dem Satz „in der Kirche unter dem Haufen ist das Beten herzlicher und dringet auch durch" steht die Erfahrung des Getragenwerdens durch die Gemeinde. „Darum laßt uns doch bitten, da die andern lästern."
Luther bezeugt, daß die Gebete der evangelischen Christen ihn 1537 in Schmalkalden von seinem Steinleiden befreit haben. Auch die Fürbitte seines Lenchens und Hänschens waren ihm ein großer Trost. Fürbitte bewirkt nach Luthers Meinung die Bekehrung von Menschen, wie Paulus durch die Fürbitte des Stephanus bekehrt worden sei.
Luther schloß in seine Fürbitte ein: seine Familie, das deut-

sche Heer im Feldzug gegen die Türken, die Bauern, die Theologen auf dem Reichstag zu Worms, die Staatsmänner, Kranke und Sterbende. Er gedachte auch der Feinde und lehrte uns: „... wenn man Gott anrufen will, muß das Herz von allem Hasse frei sein; obgleich wir Sünder und Laster der Menschen verabscheuen und hassen müssen."

Kaum verstehen können wir sein Wort über Herzog Georg von Sachsen: „... ich habe ihn zu Tode gebetet"! Schlägt hier sein Temperament oder die Kampfstimmung durch? Auch hier ging es um Gottes Ehre und Reich. Er bittet deshalb um das Verderben von Menschen, die Gottes Reich aufhalten wollen. Luther wurde 1533 gefragt, ob der, der da betet, auch flucht? Seine Antwort: „Ja ... denn wenn ich bete: Geheiligt werde dein Name, so fluche ich Erasmo und allen Ketzern, die Gott lästern und schänden" (WTi III, 3028). Obwohl Luther damit das Anliegen der Rachepsalmen richtig erfaßt hat, werden wir ihm in diesem Stück schwer folgen können.

Luther vertraute felsenfest auf die Macht des Gebets, sowohl beim Fluchen, als auch beim Segnen. „Warum lassen wir uns nicht gefallen, daß unser lieber Herr Christus spricht: Lieber, knie vor mir nieder, hebe deine Hände auf, bitte, was du willst, ich will dir's geben? Habe nur keinen Zweifel dran."

Vor allen um die *geistlichen Güter* soll man Gott bitten, das sind der Glaube, Gottes Wort, der Heilige Geist, der hilft, das Leid zu ertragen und Gottes Willen zu tun, Weisheit, Bewahrung vor Irrtum und ein seliges letztes Stündlein.

Dringend ist das Gebet nötig für die Hilfe Gottes in *leiblicher Not*. Als Urheber solcher Nöte ist oft der Teufel anzusehen. Nur die Arznei des Glaubens und Gebets kann da helfen. Christus selber hat gezeigt, wie er mit Gottes Wort und Gebet überwunden wird. Auch die *Ehe* wird nur mit Gebet recht geraten, sonst gewinnt der Teufel.

Schließlich ist das Gebet so stark, daß es auch den Tod vertreibt und den Jüngsten Tag herbeizwingen wird (WTi I, 886). Nur wer es wagt, kann ermessen, wie kräftig und stark das Gebet ist. „Es ist ein groß Ding", daß einer, der in schwere Not kommt, seine Zuflucht zum Gebet nehmen kann.

5. Beten „mit rechtem Ernst"

Luther war dessen gewiß: „So oft ich mit Ernst gebetet habe,

... so bin ich ja reichlich erhört worden und habe mehr erlangt, denn ich gebeten habe! Wohl hat Gott bisweilen verzogen, aber er ist dennoch kommen."

Daß Beten mit rechtem Ernst zu geschehen hat, ist am Gegenstück gut zu erkennen. Luther wendet sich scharf gegen das Stundengebet, das er als Mönch selbst geübt hatte. Noch 1520, als Luther durch sein vieles Schreiben nicht mehr regelmäßig seine Stundengebete verrichten konnte, sparte er sie zusammen. An einem Samstag zahlte er sie alle nacheinander ab und aß und trank dabei nichts. Wir können uns nicht vorstellen, wo er die Konzentration dazu hernahm. Solche Gewaltkuren kosteten ihn auch den Nachtschlaf, so daß er dadurch todkrank wurde. Als die Gebete ein Vierteljahr anstanden, ließ er das Horenbeten fallen.

Luther übernahm auch altbekannte Gebete, wie die beiden Tischgebete und das Morgen- und Abendgebet im Kleinen Katechismus. Aber die Stundengebete der „Papisten" lehnte er später als eine „Arbeit der Zunge" radikal ab. Die unverstandenen lateinischen Texte konnten leicht ein „Geheule und Geplärr" werden.

Aber auch sachliche Kritik konnte Luther der katholischen Gebetsform entgegenstellen, wenn er meint, daß darüber die Liebe zum Nächsten zu kurz kommen kann. Er wußte, daß geistliche Worte keine Garantie für wirkliche Frömmigkeit darstellen. Wer täglich betet, daß Gott die Liebe sei, kann trotzdem weit entfernt von der Liebe sein.

6. Beten in „geistlicher Andacht"

Rechtes Beten geschieht nach Luther in „geistlicher Andacht und Meinung" (und nicht im Erzählen von Worten oder in formalem Gerede). Solches Beten muß nicht immer zu hören oder zu sehen sein. Wer glaubt, daß Gott ihm um Jesu willen gnädig ist und etwas anderes tut, kann doch ohne Unterlaß beten. Luther will verhindern, daß jemand meint, mit bestimmten Gebeten genug getan zu haben. Er schildert dieses ununterbrochene Gebet als ein unaussprechliches Seufzen, das den ganzen Erdkreis Tag und Nacht erfüllt, so daß es auch im Himmel gehört wird.

„Eine derartige Arbeit ist nicht leicht. Sie ist ... schwerer als die Predigt des Wortes oder andere Kirchenämter. Deshalb ist sie so selten, obgleich sie das Handwerk eines Christen sein sollte." Luther war ein solcher unablässiger Beter. Sein stummes Beten verdichtete sich öfter zu Worten, das sich in seinen Briefen, sogar in polemischen Schriften und mitten in seinen Vorlesungen findet.

Für Luther war der Tag verdorben, an dem er an seinem dreimaligen Gebet (Morgens, mittags und abends) gehindert wurde. Besonders in schweren Zeiten betete er manchmal stundenlang und gerade in den am besten zur Arbeit geeigneten Zeiten. Ludwig Richter zeigt in einem Holzschnitt „Luther als Beter" Luther vor dem Tisch am Schreibpult. Das entsprach der Wittenberger Realität. Luther stand auch gern beim Beten, besonders abends am offenen Fenster seiner im ersten Stock gelegenen Wohnung und sah zum Himmel. Er betete häufig laut, in deutscher oder lateinischer Sprache, und war innerlich oft so beteiligt, daß ihm die Tränen kamen.

Eine Gebetsliste oder einen Plan hatte er nicht. Häufig blieb er an einer Stelle hängen und ließ sich vom Heiligen Geist „predigen".

7. Das Gebet als Werkzeug für Gottes Wirken

Gott will unser Gebet haben. Er will uns nicht nur daran gewöhnen, mit unseren Nöten und Anliegen zu ihm zu kommen. Dadurch gestehen wir ein, daß wir uns nicht selbst helfen können, und geben ihm die Ehre. Zugleich will der Schöpfer uns die unverdiente Ehre erweisen, teilhaben zu dürfen an seinem Wirken. „So wie wir Handlanger Gottes werden, der uns ernähren will, wenn wir auf dem Felde arbeiten, säen und ernten, so wirken wir an seiner Weltregierung mit, wenn wir beten. Unser Gebet ist das Werkzeug, das Gott zur Ausführung seiner Pläne gebraucht, so wie er Vater und Mutter mithelfen läßt, wenn er neues Leben schafft" (WA 43,81-83).

Unser Beten wird damit zu einer gewaltig-großen Aufgabe: Gott will sich lenken lassen durch das Gebet. Er handelt nach dem Willen derer, die ihn fürchten (Psalm 145,19). Wir werden durch das Beten zu Mitarbeitern in seinem Reich.

Diese Ehre und die unerhörten Möglichkeiten durch das Gebet werden uns geboten, wenn wir beim rechten Beten Gott die Ehre geben und alle Möglichkeiten seinen Händen anvertraut haben.

IV. Luther und das gottesdienstliche Gebet

Wir haben gesehen, wie Luther das Gebet des Einzelnen wieder neu zur Bedeutung gebracht hat. Aber auch das gottesdienstliche Gebet erachtet er für notwendig. In grundsätzlichen Erwägungen und zahlreichen konkreten Vorschlägen zur Liturgie kommt dies zum Ausdruck. Luther versteht das Gebet im Gottesdienst auch als ein Dankopfer des Menschen. „Denn gegen Gott können wir nicht mehr handeln, denn auf zwo Weise, nämlich, mit Danken und Bitten: Mit Dank ehren wir ihn um der Güter und Gnaden, die wir schon bereits empfangen haben, mit dem Beten ehren wir ihn um der Güter und Gnaden willen, die wir hinfort gern hätten."
„Der Glaube allein macht das Gebet zu einem rechten Gebet, weil wir nur glaubend nicht werkgerecht beten, sondern so, wie Gott es will." Nur der glaubende Beter wird nicht nur auf seine eigene Seligkeit blicken, sondern auf das Handeln Gottes. So bedauert Luther, daß „die Allerbesten meinen, es sei wohlgetan, wenn sie für sich selbst fromm sind und bitten" (Bruno Jordahn).
Luther zählt das Gebet zu den Kennzeichen der Kirche überhaupt. Neben dem äußeren Erkennungsmerkmal ist es die Macht der Kirche. „Denn fürwahr, die christliche Kirche auf Erden hat keine größere Macht noch Werk denn solch gemeinsames Gebet, wider alles, was sie anstoßen mag." „Dieses *gemeinsame Gebet ist köstlich und das allerkräftigste.* Um seinetwillen kommen wir auch zusammen. Davon heißt auch die Kirche ein Bethaus."
Dabei betont Luther, daß konkrete Gebetsanliegen zum Ausdruck kommen sollen: „Man soll beten, nicht wie die Gewohnheit ist, viel Blätter oder Körnlein zu zählen, sondern man soll etliche anliegende Not vornehmen, dieselben mit ganzem Ernst begehren …"
Luther wendet sich gegen die „eigennützigen Gebete, der für dies, jener für das, … denen Gott feind ist … Gottes Gebote dringen uns zu unserem Nächsten, daß wir dadurch andern zur Seligkeit nützlich seien, gleichwie Christus am Kreuz nicht für sich selbst allein, sondern mehr für uns bat." Das *echte Gebet* ist deshalb das Gebet *im Namen Jesu*. Wir beten mit Worten und in der Art Jesu und zugleich mit der Kirche Christi.
Als zweites betont Luther das *„Amen", das am Ende des Ge-*

bets gesprochen wird. Der Beter stellt sich damit in die Verheißung Gottes: „Das ich soll gewiß sein, solche Bitten sind dem Vater im Himmel angenehm und erhöret. Denn er selbst hat uns geboten, also zu beten, und verheißen, daß er uns will erhören. Amen, Amen, d.h. Ja, Ja, es soll also geschehen" (Kleiner Katechismus).

Nach Luther ist gottesdienstliches Gebet *äußerliches und geordnetes Gebet.* In der „Deutschen Messe" (auf die sich die Pietisten und „die mit Ernst Christen sein wollen" gern beziehen) wendet sich Luther gegen das freie Gebet: „Ich will aber gebeten haben, daß man dieselben Paraphrasis (Umschreibungen, Wendungen) ... stelle um des Volkes willen, daß nicht heute einer also, der andere morgen anders ... seine Kunst beweise, das Volk irre zu machen, daß es nicht lernen noch behalten kann."

Luther verachtete weder das äußerliche Gebet noch die Gebärde (wie das Knien), aber er kannte die Gefahren eines veräußerlichten Gebetes, die bei der Messe damals, wie bei der Gebets- oder Bibelstunde heute bestehen. „... lauter äußerlich Gebärde, Gemurre oder Geplärre ... im Chor geheulet und getönet, das heißet freilich nicht gebetet, denn es ist gar ohn Herz und Seele ..."

Weil Luther das menschliche Herz als „ein so jämmerlich zerrissen Ding" kennt, daß „kein Kind noch Wasser so beweglich und unbeständig ist", weist er immer auf den Halt am Wort Gottes hin. Damit kann man Herz und Gedanken zusammenhalten, „wie man sich mit der Faust an einen Baum halten muß, auf daß wir nicht gleiten oder zu weit flattern oder irre fahren mit eignen Gedanken."

Aus eigener Erfahrung sagt er: „Wenn ich ohne das Wort bin, nicht daran denke, so ist kein Christus daheim, ja keine Lust und kein Geist" (WA 28, 74 f).

Luther bindet deshalb auch Predigt und gottesdienstliches Gebet zusammen. „Auf eine gute Predigt gehört ein gut Gebet." Wenn der Prediger und auch die Hörer der Predigt nicht beten, so zeigen sie damit, daß sie vermessen und sicher sind und der Gnade Gottes (anscheinend) nicht bedürfen!!

Für Luther bleibt das Vaterunser von fundamentaler Bedeutung für das gottesdienstliche Gebet. Er hält es für das höchste und beste Gebet, aber „das soll man nicht also verstehen, daß alle anderen Gebete böse sind, die diese Worte nicht haben ... sondern daß alle anderen Gebete verdächtig sein sollen, die nicht dieses Gebetes Inhalt und Meinung zuvor haben und begreifen."

Das gottesdienstliche Gebet kann und soll der Praxis der alten Kirche sehr nahe kommen und zugleich dem gerecht werden, was der Mensch unserer Tage braucht. Er muß herausgeführt werden aus der tödlichen Isolierung des Einzelnen und hingeführt werden zur Ekklesia, der Gemeinde.

Zum Schluß dieses Punktes ein Gebet Luthers zu Markus 9:
„Siehe, Herr, hie ist ein leer Faß,
das bedarf wohl, daß man es fülle.
Mein, Herr, fülle es,
ich bin schwach im Glauben, *stärke* mich,
ich bin kalt in der Liebe, *wärme mich*
und mache mich hitzig,
daß meine Liebe herausfließe auf meinen Nächsten."

Schluß: Unser Leben braucht das Gebet!

Mit allen seinen Ermahnungen, drastischen Worten und freundlichem Werben wollte Luther das Evangelium auf den Leuchter stellen. Wir dürfen im Vertrauen die Einladung Gottes annehmen und in unserem Leben neu *mit dem Gebet* beginnen.

Ich habe versucht, die Anliegen des Beters Luther gebündelt weiterzugeben: „Ich wollte gerne, daß man solches wieder in die Leute brächte, daß sie *lerneten recht beten* und nicht so roh und kalt hingehen, davon sie täglich ungeschickter werden zu beten."

Ich möchte noch auf zweierlei hinweisen: *Beten ist gefährlich!* Wer faul Aufgaben im Gebet an Gott delegieren will, kann erleben, daß Gott zurückschlägt. Er erhört Gebet manchmal so, daß er einen Beter bestimmt, das Erbetene auszuführen. Gott zeigt uns im Gebet unsere Verantwortung. Wenn jemand heute betet: „Herr, sende Arbeiter, berufe durch deinen Geist Prediger, Evangelisten und Missionare!" kann Gott antworten: „*Gehe du hin* und verkündige das Reich Gottes!"

Zweiter Hinweis: „Im Gebet versuche ich, Gottes Willen zu erfahren und mein Leben daraufhin zu ändern ... Gott weiß längst, was ich nötig habe ... *Gott braucht mein Gebet nicht, aber mein Leben braucht das Gebet*"!

Mit einem der schönsten Sätze Luthers, die ihn als Beter und Ermunterer zu vertrauensvollem Gebet in köstlicher Weise zeigen, möchte ich schließen. Es ist eine Erklärung zu Psalm 62,6 und 9:

„Schüttet euer Herz vor ihm aus ... liebe Leute ... als wenn ihr euer Herz einem guten Freunde ganz und gar eröffnet. Er hört's gerne, will auch gerne helfen und raten. Getrost ... alles heraus, er ist größer und vermag und will auch mehr tun, denn unsere Gebrechen sind. Stückelt's ihm nur nicht, er ist nicht ein Mensch, dem man könnte zuviel Betteln und Bitten vortragen. *Je mehr du bittest, je lieber er dich höret.* Schütte nur rein alles heraus, tröpfle und zipple nicht. Denn er wird auch nicht tröpfeln und zippeln, sondern mit einer Sündflut dich überschütten."

Siegfried Kettling

Die Rechtfertigung des Gottlosen

Einleitung

In seinem großen Galaterkommentar[1] von 1531 („in gewisser Hinsicht ... ein theologisches Testament", Iwand[2]) berichtet Luther gleich zweimal von dem Eremiten Arsenius[3], der überall in dem Ruf stand, ein besonders geheiligtes Leben zu führen, und seinen Zeitgenossen als leuchtendes Vorbild galt.

„Kurz bevor er starb, stand er traurig und unbewegt drei Tage mit zum Himmel gerichteten Augen. Gefragt, warum er das mache, sagte er, *er fürchte den Tod*. Als die Schüler ihn trösteten, es gäbe keinen Grund, warum er den Tod fürchten müßte, da er völlig heilig gelebt habe, antwortete er: Ich habe zwar heilig gelebt und die Gebote Gottes gehalten, aber *es sind die Gerichte Gottes bei weitem anders als der Menschen Gerichte*. – Und so verlor er das Vertrauen in alle seine guten Werke und Verdienste, und wenn er nicht durch die Verheißung Christi aufgerichtet worden ist, ist er verzweifelt. Daher, das Gesetz kann nichts anderes bewirken, als uns nackt und als Schuldner hinzustellen; da ist dann nicht Rat noch Hilfe, sondern alles ist verloren" (S. 99 f). „Si salvus, hat er kriechen müssen ad Christum mortuum" (Wenn er doch gerettet wurde, so hat er zum für uns gestorbenen Christus kriechen müssen).

Worauf kann ich sterben? Was macht mich getrost und gewiß, wenn ich vor Gottes Gericht gefordert werde? Denn wer ich bin und wie es um mich steht, das kommt allein im Urteil Gottes heraus, nirgends sonst!
Indem Luther so nach dem *Sterbetrost* fragt, fragt er in Wahrheit nach dem *Lebensmut*. Denn was sich im Sterben als feuerfest erweist, lohnt als Basis für das Leben. Was jedoch im Tod nicht standhält, taugt auch im Leben nicht.
Fragt man Luther nach dem Fundament seines Lebensmuts und seiner Lebensfreude, dann hat er nur eine Antwort: *„Gott macht den Gottlosen gerecht!"* Diese „justificatio impii" ist „der erste und Hauptartikel":

„Von diesem Artikel kann man nicht weichen oder nachgeben, es falle Himmel und Erde oder was nicht bleiben
will."[4]

Die Rechtfertigung des Gottlosen als Basis unserer Existenz –
das ist unser Thema. Wir wollen zunächst fragen, was es heißt,
ein *Gottloser* zu sein, und dann, was es bedeutet, daß Gott solche Gottlosen *gerecht macht.*

I. Der gottlose Mensch (Gesetz und Sünde)

1. Geist wider Fleisch (Gesetz und gefallener Mensch)

Ich las von einem Jungen, der alles, was er fand, in seine Ho-
sentasche steckte, so auch eines Tages einen merkwürdigen
weißen Steinbrocken, den er auf einer Baustelle entdeckte.
Anschließend watet er mit seinen Freunden in den nahen
Dorfteich. Plötzlich beginnt er mörderisch zu schreien: „Es
brennt, es brennt! Mein Bein brennt!" Die Kameraden halten
ihn für verrückt: Wie kann es mitten im kühlen Wasser bren-
nen? Doch der Kleine setzt sein verzweifeltes Geschrei fort:
„Hilfe, mein Bein brennt!" Tatsächlich zeigt sich dann am
Oberschenkel eine so tiefe Brandwunde, daß sofort ärztliche
Hilfe nötig ist.

Bei dem seltsamen Steinbrocken handelte es sich um gebrann-
ten, ungelöschten Kalk. Wir wissen: Wenn solcher ungelösch-
ter Kalk mit Wasser in Berührung kommt, setzt ein intensiver
chemischer Prozeß ein, der von Zischen und Sieden und
mächtiger Wärmeentwicklung begleitet ist.

Das mag ein schwaches Bild sein für das, was geschieht, wenn
Gottes *Gesetz* mit dem gefallenen, Gott entfremdeten Menschen in Kontakt kommt, wenn „*Geist*" auf „*Fleisch*" stößt.

Gottes Gesetz, das ist die Summe des guten göttlichen Willens,
der auf Leben aus ist (Röm. 7,10 „zum Leben gegeben"). Es
ist – wie Paulus sagt – „heilig, gerecht und gut" (Röm. 7,12), ja
„geistlich" (7,14). Es trägt also Gottes Art an sich, kommt von
ihm, ist sein heilsames Gebot, seine helfende Weisung (Tora).
Aber dieses göttliche Gesetz stößt nun auf den *Sünder,* auf
den von Gott abgesonderten Menschen. „*Fleisch*" ist dieser
Mensch (Röm. 7,18). „Fleisch" – das hat nichts mit Biologie
zu tun und dem Metzgerladen, auch nichts mit der idealisti-

schen Unterscheidung zwischen dem Materiell-Triebhaften und dem Vernüftig-Geistigem im Menschen. „Fleisch" meint nicht etwas, eine niedere Schicht im Menschen, sondern ist ein Ganzheitsurteil: „Fleisch" ist der Mensch in seinem Widerstand gegen Gott, in seinem Wahn, wie Gott sein zu wollen. Dieses „Fleisch-Sein" des Menschen äußert sich in doppelter Weise: als *Selbst-Sucht* und als *Welt-Sucht*. Beide Dimensionen hat Luther sehr plastisch beschrieben.

2. „Selbst-Sucht" („Eingekrümmt-Sein in sich selbst")

Von Gott her – auf Gott hin, das ist die schöpfungsmäßige Bestimmung des Menschen. Aber eben dagegen rebelliert der Sünder. Er will selber Herr sein; seine Sünde ist „Selbst-*herr*-lich-keit". Er will kein (Ober-)Haupt über sich dulden; seine Sünde ist „Selbst-be-*haupt*-ung". Luther sagt: Er ist *„incurvatus in se ipsum"*, ist in sich selbst „eingekurvt" und eingekrümmt, dreht sich wie ein Karussell stets um die eigene Achse, wobei ständig ein schrilles „Ich – Meiner – Mir – Mich" ertönt als Ausdruck der Anmaßung, daß alles und alle, die ganze Welt und selbst Gott um ihn rotieren sollten. Dieser „in sich eingekurvte" Mensch gleicht – in einem anderen Bild – einem Menschen im Boot, der nur auf einer Seite das Ruder zu betätigen vermag. Auch der größte Eifer, die stärkste Anstrengung bringen ihn nicht vom Fleck; er rotiert unablässig um sich selbst. Als *„Mittelpunktshaltung"* hat der Theologe W. Elert diese Selbst-Sucht charakterisiert. Auf sich selbst ist dieser „Süchtige" fixiert: Er kann nicht wollen, daß Gott GOTT sei (Luther).

3. „Welt-Sucht" („Festhängen im Geschaffenen")

Von Gott getrennt, ist dieser Mensch zugleich von Gottes Schöpfung entfremdet. Der „Ichverkrümmte" empfindet das als tiefe Leere, erfährt sich als Vakuum, spürt einen wilden Durst, eine heiße Gier: alles möchte er in sich hineinsaugen, alles in sich hineinfressen, und bleibt doch durstig. Es geht ihm wie einem Schiffbrüchigen, der seinen Durst mit Meerwasser zu stillen sucht und ihn dadurch schier zum Wahnsinn steigert. *Süchtig* ist dieser Mensch; zur *Selbst-Sucht* („incurvatus") kommt die *Welt-Sucht,* das gierige Haben-, Ergreifen-, Besitzen-Wollen. Er beginnt, die Welt zu verzehren, ohne doch satt zu werden.

Gestalten aus Geschichte und Dichtung lassen die verschiedenen Ausrichtungen, die Betätigungsfelder dieser Gier modellhaft erfassen (Kierkegaard): Im *Don Giovanni* ist der sexuelle Trieb verdichtet: Allein in Spanien hat er „mille e tre" (1003) Frauen als Objekte seiner Sucht benutzt und ist doch keiner wahrhaft begegnet. Der sexuelle Virtuose ist in wahrer Liebe impotent!

Im *Modell Faust* giert der Mensch nach *Wissen,* begehrt zu erkennen, „was die Welt im Innersten zusammenhält", und bleibt ein „armer Tor".

Im *Modell Nero* will er sich an der *Macht* berauschen, zündet Rom an, um Stoff für ein Gedicht zu finden, und stirbt mit leeren Händen.

Die Gier nach *Geld* schließlich, die banalste und doch so dämonisch mächtige, hat kein großes Modell hervorgebracht. Neben dem König Midas, dem alles zu Gold wird, was er berührt, so daß er nicht einmal mehr Nahrung findet, steht allenfalls ein Comic-Star: Donald Ducks geiziger Onkel Dagobert! Im Haben und Besitzen will dieser leere Mensch sich stillen und wird stets Gefangener seines Verlangens. Die Mächte, deren er sich bedienen möchte, spielen sich als Diktatoren auf, die ihn versklaven. Sex und Wissen, Macht und Geld, Alkohol und LSD, – nicht er hat sie, sie haben ihn. Luther spricht vom *„haerere in creaturis",* vom *„Festhängen im Geschaffenen":* Der Mensch, der das Geschaffene vergötzt, von ihm Heil, Erlösung, Freiheit erwartet, wird zum Sklaven der Dämonen, hängt im Geschaffenen fest wie ein Insekt im Spinnennetz.

„Incurvatum esse in se", rotieren ums eigene Ich, und *„haerere in creaturis",* der geschaffenen Welt verfallen sein, mit diesen beiden sehr plastischen Aussagen hat Luther die Wirklichkeit „Fleisch" beschrieben: süchtig ist der Mensch; *Selbst- und Welt-Sucht* haben ihn gefangen, machen ihn zum Besessenen.

4. Die eine Sünde – drei Variationen

Auf diesen „fleischlichen" Menschen stößt Gottes geistliches Gesetz – wie das Wasser auf den ungelöschten Kalk. Jetzt beginnt ein Prozeß von ungeheurer Dynamik, ein Brodeln, Zischen, Sieden: *Sünde, nichts als Sünde treibt und gärt da.* „Die Kraft der Sünde" (der chemische Katalysator) „ist das Gesetz" (1. Kor. 15,56).

Was will dieses heilige Gesetz? Alle Forderungen lassen sich bündeln im ersten Gebot: Es gilt Gott über alle Dinge zu fürchten, Gott zu lieben, Gott zu vertrauen. Gott will die Mitte sein, allein an ihm soll der Mensch hängen. Gott will beim Menschen wahrhaft GOTT werden! Das geistliche Gesetz fordert also Geistliches, das, was Gott ehrt, Ihn groß macht. Aber eben dies Geistliche kann und will das „Fleisch" nicht produzieren (so wie man einen Esel weder durch Prügeln noch durch Streicheln dazu bringen kann, Goldstücke zu spucken; das ist bei ihm „nicht drin"!). *„Vom Fleisch wollt' nicht heraus der Geist, vom G'setz erfordert allermeist",* so hat Luthers Mitstreiter Paul Speratus höchst präzis formuliert (EKG 242,2). Das heilige Gesetz Gottes versetzt das Fleisch in Aufruhr: die bisher schwelende Rebellion wird ans Tageslicht gefördert, die Inkubationszeit der Krankheit kommt abrupt zum Ende, jetzt bricht sie voll aus, jetzt erreicht die Sünde Siedetemperatur, zeigt ganz ihr Gesicht („auf daß die Sünde recht als Sünde erscheine", wörtlich „damit sie zum Phänomen werde", Röm. 7,13).

Allerdings kann diese Rebellion gegen Gott ganz unterschiedliche Strategien anwenden, kann die eine Krankheit ganz verschiedene Symptome hervorbringen. Drei Variationen der Sünde, drei Typen, drei Modelle möchte ich aufzeigen, das eine Gesicht der Sünde in drei Masken.

a) *„Modell Zöllner Zachäus"*

Fragt man den erfolgreichen Zolldirektor, wie er zu seiner prächtigen Villa und dem gefüllten Safe kam, so wird er grinsend sein „todsicheres (!) Erfolgsrezept" präsentieren: „Seit ich endlich das völlig antiquierte Gebot ‚Du sollst nicht stehlen!' zum alten Eisen warf, häuft sich bei mir das Gold."

Die Weisung Gottes war diesem ich- und weltsüchtigen Mann ein lästiger *Zaun;* mutwillig setzte er darüber hinweg. Sünde erscheint hier in der uns wohl geläufigsten Gestalt – als *Übertretung.* Das ist der eine Trick Satans: Er schildert uns das von Gott umfriedete Gelände innerhalb des Zaunes als stickiges

Gefängnis, malt uns jenseits der Begrenzung den Traum der großen Freiheit: „Da bist du wer, da hast du was!" „Nicht ehebrechen!?", so höhnt er, „weg mit dieser bürgerlichen Moral! Gebote Gottes? Nichts als Freudenverbote sind sie! Brich durch, steig hinüber; das Leben wartet auf dich!"
„Modell Zachäus" – *Sünde als Übertretung, Sünde als Übermut!*

b) „Modell Pharisäer Saulus"

Voller Stolz steht der hochbegabte junge Theologe, der fromme Eiferer vor uns, die Zierde seiner Generation! Wie der reiche Jüngling spricht er: „Das habe ich alles gehalten von meiner Jugend an. Pfui den Übertretern, die Gottes Tora als Zaun ansehen, wehe ihnen! Nicht Zaun ist Gottes Weisung; man muß sie nur um 90 Grad nach oben drehen, und aus dem Zaun wird die *Leiter zum Himmelreich.*"
Imponierend, wie hoch der Mann schon geklettert ist (vgl. Phil. 3,4ff.)! Doch dieser Eiferer meint im Tiefsten nicht Gott, um sich selbst eifert er. Später wird er die „eigene Gerechtigkeit", das „Sich-Rühmen" vor Gott, scharf verurteilen. Es ist die andere List des Satans, dem Menschen, dem alten Adam „erbaulich" zu kommen, ihm einzureden, durch die eigene Leistung könne er sich vor Gott aufbauen, könne sich vor Gott Ansprüche, Verdienste erwerben. Als Engel des Lichts erscheint der Satan hier, äfft Gottes Stimme nach, empfiehlt dringend Gottes Gebote, appelliert an den „frommen Gernegroß", der aus sich etwas machen möchte. Doch die vermeintliche Himmelsleiter ist nur ein neuer babylonischer Turm! Spüren wir, wie bei dieser selbstherrlichen „Erfüllung" der Gebote gerade das erste Gebot, das „Soli Deo Gloria", radikal verneint wird?
„Modell Saulus" – *Sünde als selbstherrliche Erfüllung, als Hochmut!*
Luther beurteilt dieses Modell so:
    „Das Gesetz ... kann nur im Geist erfüllt werden. Aus den Gesetzeswerken die Rechtfertigung suchen, heißt die Glaubensgerechtigkeit verleugnen ... Die Werkheiligen ... verfehlen sich gegen das erste, zweite und dritte Gebot und gegen das ganze Gesetz ... Darum handeln sie gerade darin, daß sie das Gesetz halten, am allermeisten gegen das Gesetz" (Gal., S. 153).

c) „Modell Mönch Luther"

Der von Wachen, Fasten, Geißelhieben, unerbittlicher Selbsterforschung Gezeichnete sieht fast jenem büßenden Fürsten von Anhalt ähnlich, der ihm als Schüler in Magdeburg so mächtig imponiert hatte, „der in der Barfüßerkappe auf der Breiten Straße nach Brot ging und den Sack trug wie ein Esel, er hatte so sehr gefastet und sich kasteit, daß er aussah wie der Tod, lauter Bein und Haut ... Wer ihn ansah, der schmatzte vor Andacht."[5]
Warum diese Selbstquälerei? Dem Mönch erscheint das Gesetz als steil aufragende, ja überhängende und zudem völlig vereiste *Felswand*. Hinauf muß er, muß die „vollkommene Reue" (contritio cordis) in sich erzeugen, den ganzen Gehorsam, gerade gegenüber dem 1. Gebot! Aber der Absturz ist eine tägliche Erfahrung. Verzweifelnd ruft er: Ich *muß* hinauf, aber ich *kann* es nicht! Gott soll ich lieben, aber ich beginne, ihn zu hassen wie einen sadistischen Sklavenhalter. Das ist der dritte Trick des Satans: Er isoliert das Gesetz Gottes von der Gnade, will den Menschen in das Dunkel der Depression treiben, ja bis zum Selbstmord (Judas!): „Sage Gott ab und stirb!"
„Modell Luther" – *Sünde als Verzweiflung, als Gotteshaß.*

Der Zöllner, der Pharisäer, der Mönch! Auf den ersten Blick möchte man nicht glauben, daß diese so gegensätzlichen Figuren nur drei Variationen des einen Themas sind: Sünde als Selbst-Sucht und Welt-Sucht.
Doch dies ist allen gemeinsam: Sie wollen ihr Leben selbst in den Griff nehmen, aus sich selbst etwas machen, wollen vom Werk her ihre Person qualifizieren. So unterschiedlich auch die Wege erscheinen – offene Rebellion (Zachäus), Werkheiligkeit und Stolz (Saulus), Gotteshaß und Verzweiflung (Luther) – gemeinsam ist das Motiv, gemeinsam das letzte Ziel, das ICH!
Begegnet Gottes geistliches Gesetz dem fleischlichen Menschen, dann kommt nichts als Sünde heraus. Luther hat später über diesen Selbermacher Mensch, der sich an Gottes Gesetz vergreift, scharf geurteilt: „Wie es lästerlich ist zu sagen, daß einer selbst sein eigener Gott sei, sein Schöpfer oder Erzeuger, so ist es auch lästerlich, gerecht zu werden durch seine eigenen Werke."[6]

5. Rettung für den Gottlosen?

„Eingekrümmt-Sein in sich selbst", „Festhängen im Geschaffenen", „Mittelpunktshaltung", „Weltverfallenheit", Gotteslästerung, – mit all dem haben wir versucht, das Wort *„der Gottlose"* (das eine Leitwort unseres Themas!) zu umschreiben.

Nach all dem bedeutet „gott-*los*" mehr als ein bloßes Defizit. Sagen wir „ein Mittel-loser", „ein Fried-loser", „ein Hoffnungs-loser", „ein Freud-loser", dann bezeichnet das Wörtchen „los", diese negative Nachsilbe, stets einen Hohlraum, der nach Ausfüllung verlangt, einen schmerzhaften Mangel, dessen Beseitigung heiß ersehnt wird. Welcher Hoffnungslose möchte nicht Hoffnung finden? Was wünscht sich ein Freudloser mehr als Freude? Aber der Gottlose ist der aktive Feind Gottes; Gottlosigkeit bedeutet Widerstand gegen Gott: Der Sünder *haßt* Gott, statt ihn zu lieben, er verachtet Gott, statt ihn zu fürchten, er reckt sich hochmütig empor oder verkrampft sich verzweifelt, statt Gott zu vertrauen. Der „Gottlose" (lat. „impius", griech. „asebes") ist der, dessen Leben (bewußt oder unbewußt) im leidenschaftlichen *Nein gegen Gott* gipfelt.[7]

Unsere Frage heißt nun: Wie kann diesem Gottlosen geholfen werden? Gibt es Rettung für ihn, Rettung für uns alle, die wir ausnahmslos hier oder dort in den drei Typen der Sünde eingefangen sind?

Eins ist deutlich: Vom *Gesetz* kann die Rettung nicht kommen. Wohl ist es in der Konfrontation mit der dunklen Macht „Fleisch" *Gottes* Gesetz geblieben, heilig, gerecht und gut. Aber es ist seinem eigentlichen Wollen, seiner Intention, Heil, Leben zu schaffen, entfremdet. Denn wo es mit seinem kompromißlosen „Du sollst!" auf den selbst- und welt-süchtigen Menschen trifft, entsteht nichts als Sünde. Nun ist das Gesetz Ankläger, Richter, Henker geworden: „Der Buchstabe tötet" (2. Kor. 3,6). Dieses Töten ist nun der dunkle Glanz des Gesetzes. Es vermag Gottes heiliges Nein zur Sünde zu demonstrieren, beweist, daß Gott sich nicht spotten läßt. Es erstrahlt in der blutigen Herrlichkeit des unerbittlichen Richters. Aber als Heilsweg ist es am Ende: Leben, Rettung, Neuanfang kann es nicht bewirken. Wie soll da Rettung möglich sein? Da müßte Gott schon ganz neu einsetzen, das ganze System aus den Angeln heben. Und dieser Neueinsatz müßte auf einer ganz neuen Ebene geschehen, außerhalb des Gesetzes, besser: *oberhalb.* Daß Gott eben dies tat, ist der Inhalt des *Evangeliums.* In Röm. 3,21 begrüßt Paulus voller Jubel den Sonnenaufgang über dem Todesdunkel, das Juden und Heiden, alle Menschen ohne Ausnahme, einhüllte: „Nun, jetzt ist – abgesehen vom Gesetz – die Gerechtigkeit Gottes offenbart." *Gerechtigkeit Gottes,* diese zwei Worte umschreiben die „süße Wundertat": Gott macht den Gottlosen gerecht!

II. Christus – unsere Gerechtigkeit

Gerechtigkeit Gottes, was bedeutet das? Hier wäre ausführlich von Luthers reformatorischem Durchbruch zu berichten, von seinem „Turmerlebnis". Es wäre zu entfalten, wie er durch dieses Wort „Gerechtigkeit Gottes" aus der Hölle ins Paradies versetzt wurde. Wie er Gottes Gerechtigkeit zunächst als fordernde, strafende, verurteilende Instanz betrachtet hatte („justitia distributiva"), wie er dann entdeckte: Es geht hier um Gottes schenkende Barmherzigkeit, um seine den Sündengraben übergreifende Bundestreue. Nicht um Leistungsgerechtigkeit geht es, die ich vorweisen muß („justitia activa"), sondern um Gnadengerechtigkeit, die ich ganz „passiv" empfange („justitia passiva").[8]

1. ER – für uns

Doch wir wollen uns an Luthers Grundregel halten:
   „Die wahre christliche Theologie fängt ... an ... mit Christus" (S. 37).[9]
Denn Gottes Gerechtigkeit ist nicht etwas, eine Eigenschaft, ein Vorgang, eine Tat; sie ist *Jesus Christus* selbst: „Er ist uns gemacht zur Gerechtigkeit" (1. Kor. 1,30).
   „Der im Glauben ergriffene und im Herzen wohnende Christus ist die christliche Gerechtigkeit, derentwillen Gott uns als gerecht betrachtet und das ewige Leben schenkt" (S. 90).
Dies hat Luther in seinem Galaterkommentar (1531) gewaltig

bezeugt. Einige Aussagen daraus wollen wir im Folgenden bedenken. Da heißt es:

> Er ist „der größte Räuber, Mörder, Ehebrecher, Dieb, Tempelschänder, Lästerer ..., der durch keinen Verbrecher in der Welt je übertroffen wird" (S. 168).

Wen meint Luther? Kaiser Karl V., der ihn ächtete, ihn aus der menschlichen Gemeinschaft ausstieß? Papst Leo X., der ihn durch seinen Bannfluch aus der Christenheit exkommunizieren wollte? Sich selbst, „den verlorenen und verdammten Sünder", den „stinkenden Madensack"? Von wem redet er? Er spricht von *Jesus Christus!* Er ist der größte Räuber, Mörder, Ehebrecher ... Klingt das nicht wie Gotteslästerung? Ja, wenn Luther das erfunden hätte, aber er spricht es ja nur dem Apostel Paulus nach. Ja, wenn Paulus dies aus sich produziert hätte, aber er zeichnet ja nur nach, was Gott, Gott selbst, getan hat: „Gott hat den, der von keiner Sünde wußte, für uns zur Sünde gemacht" (2. Kor. 5,21).

Für sich genommen ist Jesus freilich der Reine, der Unschuldige, der von aller Sünde Geschiedene, ganz mit dem Vater Verbundene. Aber das ist gerade das Wunder der göttlichen Liebe: Gott *will* nicht „für sich genommen" werden; der Immanu-El will er sein, der Gott für uns und mit uns. Das ist gerade das Wunder der Menschwerdung: Der ewige Sohn will nicht für sich selbst bleiben (hält seine Gottheit nicht fest wie ein Raubtier seine Beute, Phil. 2); zu uns drängt es ihn, für uns „schüttet er sich aus". Weil von Gott her dies Ungeheure geschehen ist, darum wagen Paulus und Luther das Ungeheure auszusprechen: „Christus aber hat uns erlöst von dem Fluch des Gesetzes, indem er für uns *ein (von Gott) Verfluchter* wurde" (Gal. 3,13). *„Für uns!"* Luther betont leidenschaftlich:

> „Der ganze Nachdruck liegt auf dem Wörtchen ‚für uns'" (S. 168). „Die ganze Gewalt liegt darin, daß einer die Pronomina gut auf sich bezieht" (S. 40).

Im Wort steckt's, daß wir es ja wortwörtlich nehmen, das kleine Fürwort „Für dich"!

Alles ist verloren, wenn wir an dieser Stelle „Christum von den Sünden und den Sündern scheiden" (S. 169), ihn etwa als Vorbild anpreisen, das wir nachbilden sollen. Das stürzt uns nur wieder in den tödlichen Strudel der Werkerei. Hier haben wir uns dem zu beugen, dürfen uns dem überlassen, sollen das jubelnd anbeten, was Gott tat: Unsere Sünde hat er mit dem reinen Jesus Christus zusammengebunden und gerade so uns von unserer Sünde für ewig getrennt.

„Was immer ich und du und alle an Sünden begangen haben und in Zukunft noch begehen werden, gehört so eigentlich zu Christus, als wenn er selbst diese Sünden begangen hätte. Alles in allem, es muß unsere Sünde Christi eigene Sünde werden, oder wir sind in Ewigkeit verloren ... Das ist unser höchster Trost, Christus ... so einhüllen zu dürfen in meine, deine und der ganzen Welt Sünden, daß wir ihn sehen dürfen als den, der unser aller Sünde trägt" (S. 169). „Gott hat unsere Sünde nicht auf uns, sondern auf Christus, seinen Sohn, gelegt" (S. 169).

2. ER – „aller Menschen Person"

Sünde, was ist das, was nimmt er da auf sich? Ist Sünde nur eine Sache, ein Es, ein Ding, das ich zu schleppen habe wie eine zentnerschwere Last; geht es um Sündenpakete, die ein anderer, ein Starker, mir abnimmt? Ist Sünde so etwas wie eine gewaltige finanzielle Verschuldung, ein Millionendefizit, für das ein anderer, ein Reicher, eintritt? Habe ich Sünden, wie ein Gefangener Fesseln trägt, die ein anderer, ein Befreier, durchschneidet? Nein, so *habe* ich Sünden nicht wie eine häßliche Schmutzschicht, die abzulösen wäre. Alle Sünden, die ich begangen habe – in Gedanken, Worten und Werken –, entspringen meinem abgrundtiefen Sünder-*Sein. In der Person-Sünde wurzeln alle Tat-Sünden.* Weil der Baum kernfaul ist, darum stinken die Früchte. Ich *habe* nicht Sünden, ich *bin* Sünder, Rebell gegen Gott, bis in die Urgründe meiner Motive, Gedanken und Sehnsüchte. Ich bin's! Es ist höchst oberflächlich, von Sündenpaketen, Sündenschulden, Sündenfesseln, Sündenflecken zu reden. Es geht um *mich, die Sünder-Person!* Wer jetzt die Sünde entfernen will, der muß den Sünder selbst aufheben. Wer mir meine Sünde abnehmen will, der muß mir schon mich selbst abnehmen. Der müßte an meinen Platz treten, so daß er ich und ich er würde! So spricht Gott-Vater zum Sohn:

„Du sollst Petrus sein, jener Verleugner, du sollst Paulus sein, jener Verfolger, Lästerer und Gewaltmensch, du sollst David sein, jener Ehebrecher, du sollst jener Sünder sein, der die Frucht im Paradies aß, jener Räuber am

Kreuz, in Summa: du sollst *aller Menschen Person* sein und sollst aller Menschen Sünde getan haben" (169 f.).

Du sollst Petrus sein, du sollst Siegfried Kettling sein, – das ist das rettende Wort. Daß wir ja hier Jesus nicht für sich nehmen. Jesus ist nicht irgendeine Privatperson, ist nicht einfach unter all den Milliarden Menschen, die lebten, leben und leben werden, ein spezielles Exemplar, einer unter anderen. Er ist der Eine, der alle in sich schließt, der „letzte Adam", der die neue Menschheit umfaßt. Aber er ist so der neue Adam, daß alle die „alten Adams" in ihm Platz haben. So – als „aller Menschen Person" – ist er für uns zur Sünde gemacht. Diesen Einen trifft dann das heilige Gericht Gottes, an ihm – und so für uns! – wird der Fluch des Gesetzes vollzogen:

„Da kommt das Gesetz her und spricht: Ich finde jenen Sünder, der aller Menschen Sünde auf sich nimmt, und außer dem sehe ich keine Sünde, außer ihm, darum sterbe er am Kreuz … Durch diese Tat ist die ganze Welt gereinigt und von allen Sünden entsühnt" (S. 170).

Wundersame Logik: „Wir urteilen so: Ist einer (der Eine!) gestorben, so sind alle gestorben" (2. Kor. 5,14). Sein Grab ist das meine, sein Ostern gehört mir!

3. ER und ich – „eine Person"

Auf das Wort kommt's an! Es hängt unser *Leben* daran, daß wir hier die *Lehre* präzis fassen. Luthers beschwörender Ruf lautet:

„Wenn du … *in der Sache der Rechtfertigung die Person Christi und deine Person unterscheidest,* bist du im Gesetz, bleibst drin und lebst in dir; und das heißt tot sein bei Gott und von dem Gesetz verdammt werden" (S. 111).

Erstaunlich genug: Ich darf Christus und mich nicht *unter*scheiden; kann ich mich denn mit ihm identifizieren? Bin ich etwa Jesus?

Ich sage es zunächst theologisch: Was in der *Christologie* verboten ist, eine Lästerung, genau das ist in der *Rechtfertigungslehre* geboten, ist heilsnotwendig. Was meint das?

In der *Christologie* (der Lehre von der Person Jesu) betone ich zunächst den unendlichen Abstand zwischen Ihm und mir, zwischen dem „eingeborenen Sohn Gottes" und mir, dem Adamskind, zwischen dem „Heiligen Gottes" und mir, dem

Sünder. Da werde ich gegen jede „Jesulogie" kämpfen, d.h. gegen jeden Versuch, Jesus von unten, von unserem menschlichen Niveau her zu definieren – etwa als den Gipfel der Menschheit, als das höchste Exemplar, das unsere Gattung „homo sapiens" hervorbrachte. Dabei ist es belanglos, ob man von dem Religionsstifter, dem Genie der Liebe, dem Sozialreformer, dem Lehrer der Humanität oder anderem schwärmt. Nein, Jesus ist nicht der Mount Everest auf dem Plateau der Menschheit. Er ist nicht die am höchsten emporgereckte Hand der Menschheit, sondern die in die äußerste Tiefe hinabgestreckte Hand Gottes (H. Thielicke). Er ist „von oben her", wir von unten. „Am Anfang war das Wort, und das Wort war bei Gott, und Gott war das Wort ... Alle Dinge sind durch dasselbe gemacht" (Joh. 1). Da kann ich nur laut rufen: Ich bin's nicht! Ich bin nicht der ewige Sohn, bin nicht Schöpfer aller Dinge, bin nicht von einer Jungfrau geboren, bin nicht für die Menschheit gestorben und auferstanden, ich sitze nicht zur Rechten Gottes. Fürwahr, ich bin's nicht! ER ist's, einzig ER! So habe ich in der Christologie zu sprechen von dem unvergleichlichen Einen, der mein Herr ist.

Aber nun ist dieser Herr Knecht geworden, das ewige Wort ward Fleisch. Nun hat dieser Eine mein Fleisch und Blut, meine Sünde und meinen Tod, ja meine Person selbst angenommen. Und nun muß ich, was meine Rettung, was die *Rechtfertigung* betrifft, weil Gott es so will, anders reden. Zugespitzt: Was in der Christologie nichts als Lästerung wäre, das ist hier mein einziger Halt und meine ganze Seligkeit. Weil Christus sich mit mir identifizierte („Du sollst Petrus sein, du sollst Siegfried Kettling sein ..."), darum wage ich es, in Gottes Namen zu sagen: *„Ich bin Christus":*

> Durch den Glauben wirst „du so mit Christus zusammengeschweißt ..., daß aus dir und ihm gleichsam *eine Person* wird, die man von ihm nicht losreißen kann, sondern die beständig ihm anhangt und spricht: *Ich bin Christus;* und Christus wiederum spricht: *Ich bin jener Sünder,* der an mir hängt und an dem ich hänge ... Denn wir sind durch den Glauben zu einem Fleisch und Bein verbunden ... So daß dieser Glaube Christus und mich enger verbindet als Gatte und Gattin verbunden sind" (S. 111).

Auch hier hat Luther nicht etwa eine neue Lehre entworfen, er spricht wie Paulus: „Wer dem Herrn anhangt, der ist *ein* Geist mit ihm" (1. Kor. 6,17) oder „Ich lebe, doch nun nicht ich, sondern Christus lebt in mir" (Gal. 2,20). Immer wieder hat Luther das als den „fröhlichen Tausch" beschrieben.

> „Der einzige Weg, dem Fluch zu entgehen, ist zu glauben und im gewissen Vertrauen zu sagen: Du Christe, bist meine Sünde und mein Fluch, ja vielmehr: ich bin deine Sünde, dein Fluch, dein Tod, dein Zorn Gottes, deine Hölle; du dagegen bist meine Gerechtigkeit, Segen, Leben, Gnade Gottes, mein Himmel" (S. 174).

Das darf ich Sünde, Tod und Teufel, der anklagenden Stimme des Gesetzes und dem schlagenden Gewissen entgegenrufen: „Christus ist hier!"

Eine Anekdote erzählt, der Satan habe an Luthers Haustür geklopft: „Wohnt der Doktor Luther hier?" Der Reformator antwortete aus dem Fenster heraus: „Nein, der ist schon lange tot!" – „Aber wer wohnt denn jetzt hier?" – „Der Herr Christus!" Darauf habe der Teufel sich schleunigst davongemacht.

Halten wir fest: „Wenn du in der Sache der Rechtfertigung die Person Christi und deine Person unterscheidest, bist du vom Gesetz verdammt." Darum will ich sprechen:

> „Wenn ich an Christus glaube, stehe ich mit ihm auf und sterbe meinem Grab, das ist dem Gesetz, das mich gefangen hielt: ... ich bin meinem Kerker entronnen und meinem Grab, nämlich dem Gesetz. So hat es kein Recht mehr, mich anzuklagen und zurückzuhalten, *weil ich auferstanden bin*" (S. 105).

4. Der Christenstand

a) Stand der Gewißheit („extra me")

Nun ist aus meinem argen Fall ein fester Stand geworden, das „Haus auf dem Felsen". Ich bin umgesiedelt worden, besser: bin nach Hause gebracht worden. Wir alle kennen den Spruch voller Resignation: „Niemand kann aus seiner Haut heraus." Luther aber sagt:

> Die Tatsache, daß Christus in mir wohnt, macht, „daß ich aus meiner Haut herauskomme und in Christus und in sein Reich versetzt werde ..." (S. 110).

Da findet, so sagt der Reformator wörtlich, eine „Transplantation" statt.[10] Du bist „aus dir und von dir, das ist aus deinem Verderben" in Christus hinein versetzt worden.[11] Das ist meine neue *Existenz*. Dabei will das Wort „Existenz" ganz wörtlich genommen werden: „Ex-sistere" (lat.) heißt nämlich „herausstehen aus": Ich stehe außerhalb meiner, ich stehe „extra me", ich habe meinen Platz in Christus gefunden. Jetzt muß ich mir keine Position mehr schaffen oder erkämpfen, muß mich nicht mehr vor Gott und Menschen aufbauen, brauche mir keinen Namen mehr zu machen. Ich heiße ja „Christ", stehe „extra me", jenseits aller Selbstbeobachtung und Selbstbeurteilung, jenseits aller krampfhaften Tricks, mich selbst zu „verwirklichen". Wer seine Identität außerhalb seiner selbst in Christus fand, darf lächeln über all die Versuche, hinter sich herzulaufen, um sich zu „finden". Weil Er mich fand, mich in sich hinein „transplantierte", stehe ich am Ort der *Gewißheit:* Mit mir bin ich fertig.

„Das ist der Grund, warum unsere Theologie *Gewißheit* hat: Sie reißt uns von selber weg und stellt uns außerhalb unser (extra nos), so daß wir uns nicht auf unsere Kräfte, Gewissen, Sinn, Person, auf unsere Werke stützen, sondern auf das, was außerhalb unser ist, nämlich auf die Verheißung und Wahrheit Gottes, der nicht täuschen kann" (S. 228).

b) Stand auf dem Berge („oberhalb")

Der Philosoph Friedrich Nietzsche war überzeugt: Wenn man das Leben in seiner Vitalität an dem Maßstab der „Moral" mißt (damit meint er die unbedingte Unterscheidung von gut und böse, die rigorose und kompromißlose Forderung etwa nach selbstloser Liebe), dann bekommt vor dieser kritischen Instanz, vor diesem unbestechlichen Richter, das Leben beständig Unrecht, wird stets als böse, als unmoralisch verurteilt, kann in diesem Examen nur ausnahmslos durchfallen. Das Grundbedürfnis des Menschen aber ist: Er möchte nicht verneint, sondern bejaht werden, er verlangt nach Rechtfertigung. „Nach den Kriterien der Moral kann das Leben (jedoch) nur verurteilt werden, und ein Leben, das nur wert ist, verurteilt zu werden, ist nicht wert, gelebt zu werden."[12] Nietzsche holt nun zu einem Gewaltstreich aus: Die Moral, das Gottesgebot, das Gewissen, vor allem aber Gott selbst, muß weg. Gepriesen sei der Antichrist, der uns das neue „moralinfreie" Leben ermöglicht, das Leben in Freiheit, das Leben *„jenseits von gut und böse".*

Martin Luther hätte diesem Philosophen geantwortet: Das, was du suchst, das, was du unter Abschaffung Gottes erstrebst, eben das hat Gott uns in Jesus Christus geschenkt! Er hat uns einen Platz, einen festen Standort geschenkt, der nicht begründet ist durch unsere guten Werke und der nicht unterwühlt und gesprengt wird durch all unsere Bosheiten. Die Gnade gibt uns eine Position jenseits, oberhalb all unserer Taten, jenseits und oberhalb der Forderung und des vernichtenden Urteils des Gesetzes. Jesus Christus nimmt uns in Gnaden an, das ist in der Tat *„eine transmoralische Rechtfertigung des Menschen"* (Rohrmoser). Nicht wegen unserer Werke werden wir gerechtfertigt („Mein guten Werk, die galten nicht, es war mit ihn' verdorben"), sondern allein aus Gnaden, allein in Christus. Stehen wir „in Christus" außerhalb unserer selbst, dann stehen wir in der Tat oberhalb des Gesetzes und in diesem Sinn „jenseits von gut und böse". Auf dieses Hochplateau kann die Sintflut des Gerichts nicht steigen.

„Soferne er ein Christ ist, steht er *über Gesetz und Sünde ...* Wenn ihn das Gesetz anklagt, die Sünde verwirrt, schaut er auf Christus ... So ist der Christ, richtig verstanden, frei von allen Gesetzen und keinem einzigen weder im Inwendigen noch im Äußeren unterworfen" (S. 92).

Damit wir in unserem Gewissen getröstet sind und nicht verzagen müssen, wenn unser Gewissen uns verklagt, wird Luther nicht müde, mit immer neuen Bildern diese *„Position oberhalb"*, diesen Platz, wo wir um Christi willen *Immunität* genießen, zu beschreiben: Das Gesetz, das uns Sünder verurteilt, darf nicht „in den Himmel" aufsteigen. „Sobald das Gesetz und die Sünde in den Himmel kommen, also ins Gewissen, sind sie sofort hinauszuweisen." Das Gesetz gehört in die „irdische Haushaltung", d.h. in unsere alltägliche Lebenspraxis, aber die macht uns vor Gott nicht gerecht! (S. 81). Luther benutzt Abraham als Bild, der mit Isaak den Berg hinaufstieg, während die Knechte und Esel im Tal blieben: „So bleibt das Gesetz mit dem Esel im Tal, und das Evangelium steigt mit Isaak auf den Berg" (S. 82). Oder: „Das Gewissen (d.h. die innerste Christusbeziehung) ist die Königin und Braut und darf nicht durch das Gesetz geschändet werden, diese Braut muß unversehrt dem einen und einzigen Bräutigam Christus behalten werden", und es soll „sein Brautgemach nicht im untersten Tal haben, sondern auf des Berges Höhe" (S. 82). „Mose darf nicht mit seinen Gesetzen in das Brautgemach hinaufsteigen, um da zu liegen, d.h. um im Gewissen zu herrschen, das doch Christus ... vom Gesetz befreit hat" (S. 230). Und noch drastischer: Das Brautbett ist zu schmal, so muß das Gesetz „aus dem Gewissen weichen und das Bett (das enger ist, als daß es zwei aufnehmen könnte, Jes. 28,20) allein Christus überlassen."

> „Er herrsche allein in Gerechtigkeit, Sorglosigkeit, Freude und Leben, so daß das Gewissen fröhlich einschlafen kann in Christus ohne irgendein Gefühl des Gesetzes, der Sünde und des Todes" (S. 214).

Diese „transmoralische Rechtfertigung", diese Position oberhalb, muß – was immer noch über das neue Leben und den neuen Gehorsam des Christen zu sagen ist! – aufs strengste verteidigt werden. Hier geht es um den einzigen Trost im Leben und im Sterben, nämlich: Wir leben nicht von unseren guten Werken, wir sterben nicht an unseren Missetaten; wir sind *oberhalb* davon *in Christus* geborgen, allein aus Gnaden!

c) Stand der Hoffnung

Von diesem Aussichtspunkt oberhalb schaut Luther die Welt und die Menschheit an und gewinnt dabei eine unerhörte Perspektive. Wenn Christus die Sünden aller auf sich genommen hat, ja wenn er „aller Sünder Person" wurde, *wo ist nun die Sünde?* Da gibt es einen lebhaften Streit zwischen der Vernunft und dem Glauben: Die Vernunft sieht, was vor Augen ist, und sagt deshalb: Die Sünde ist da, wo ich sie beobachte, konstatiere, nämlich hier bei mir, in der Welt, in der menschlichen Gesellschaft. Jede „Bildzeitung" beweist und illustriert das! Das sind brutale Fakten, wer könnte daran zweifeln. Der Glaube aber argumentiert: Wende den Blick dorthin, wohin Gott die Sünde gelegt hat. Schau auf Christus. So kommt Luther zu der ungeheuer kühnen Schau:

> „Daher sind die Sünden in Wirklichkeit nicht dort, wo sie gesehen und gefühlt werden. Nach der Theologie des Paulus ist ferner keine Sünde, kein Tod, kein Fluch mehr in der Welt, sie sind *in Christus,* der als Lamm Gottes der Welt Sünde trägt, der zum Fluch gemacht ist, daß er uns vom Fluch befreite. Aber nach der Philosophie und der Vernunft sind Sünde, Tod etc. nirgends anders als in der Welt, im Fleisch, in den Sündern ... Die wahre Theologie aber

lehrt, daß ferner keine Sünde mehr in der Welt sei, weil der Vater alle Sünde auf Christus geworfen hat" (S. 17).

Das hat für Luther keineswegs etwas mit platter, pauschaler Allversöhnung zu tun. Was hier von Christus her universal gesagt wird: „Er hat die Welt versöhnt" (2. Kor. 5,19, d.h. die ganze Menschheit), das wird heilshaft wirksam, existentiell konkret, wo der Glaube diese frohe Botschaft ergreift. Aus diesem Wort, diesem „göttlichen Mutterleib" (S. 232) muß der Mensch neu geboren werden. Durch das Wort wird das Christusgeschehen, sein Sterben und Auferstehen, an mir vollstreckt; durch das Wort werde ich mit Christus eins. Deshalb fährt Luther sogleich fort:

> „Wo also der Glaube an Christus ist, da ist die Sünde in Wahrheit abgetan, tot und begraben, *wo dieser Glaube nicht ist, bleibt die Sünde*" (S. 172). „Sofern also Christus durch seine Gnade in den Herzen der Gläubigen regiert, ist da keine Sünde, kein Tod, kein Fluch. Wo aber Christus nicht erkannt wird, bleiben diese furchtbaren Mächte" (S. 170).

Also nicht einfach chronologisch, „post Christum natum", sondern „heilsgeschichtlich" *in Christus* ist die Sünde vernichtet. Es gilt für die, die an ihm hängen. „Glaubst du, so hast du; glaubst du nicht, so hast du nicht", das betont Luther immer wieder.

Gleichwohl gilt die neue Perspektive, die neue Weltsicht, die umfassende neue Panoramaschau, dieser „Schönblick" von oben, diese „gute Aussicht" in die Weite: Es „ist ferner keine Sünde, kein Tod, kein Fluch mehr in der Welt, sie sind in Christus!" Nun darf ich jeden als Kandidaten des ewigen Lebens ansehen, muß niemand mehr abschreiben, kann in keinem mehr einen verlorenen Fall sehen. Bei dieser Perspektive ist es für niemand „aussichtslos". Jedem darf ich zurufen: „Du bist versöhnt; nun laß dich endlich versöhnen!" Um Jesu willen ist wahr, was Paulus sagt: „Die Liebe hofft alles" (1. Kor. 13,7).

5. Frei zu neuem Gehorsam

Position oben auf dem Berge, Christenstand oberhalb von Sünde und Gesetz, oberhalb der Normen, die den alten Äon beherrschen, Stand geradezu jenseits von gut und böse! Ob das nicht eine gefährliche Position ist? Ob das Oben nicht zum Übermut verführt? Wenn Luther das als höchste Christenkunst und Weisheit preist, „nichts wissen zu wollen von dem Gesetz, nicht kennen zu wollen die Werke", muß das nicht „periculosissima doctrina", eine höchst gefährliche Lehre sein? Ob nicht aus diesem so radikalen „Die Gnade allein" sehr rasch eine „billige Gnade" (Bonhoeffer) werden kann, die Rechtfertigung der Sünde, statt des Sünders? Kann dort oben auf dem Berge nicht ein Höhenrausch entstehen, der den göttlichen Willen verachtet?

Schon Paulus muß am Anfang von Römer 6 (V. 1 f. im Kontext von 5,20 f.) solch perverse Konsequenzen geißeln. Die Logik lautet etwa so: Gottes Gnade ist eine so großartige, so gigantische Müllvernichtungsanlage, daß man durch kräftiges Sündigen ihre Kapazität voll auslasten muß, daß man ihr dadurch geradezu die Chance bietet, ihre unerschöpfliche Energie, ihre grandiose Übermacht zu demonstrieren. Also: Sündigen ad maiorem gloriam Dei, zur Verherrlichung der Gnade Gottes! – Diese teuflische Logik entsteht immer dann (und Luther hat das bei der Visitationspraxis schmerzhaft erfahren), wenn die Lehre von Gottes souveräner Gnade nur den Kopf erfaßt, das Herz jedoch nicht „süß gegen Christum" macht, wenn der Mensch nicht verwandelt wird und in Liebe gegen seinen Retter entbrennt. Dann nimmt der „alte Adam" das Evangelium, pervertiert es zu einer *Gnadenideologie,* zieht sich diese als Deckmantel über, um darunter um so ungestörter – gar „christlich legitimiert"! – sündigen zu können. Wahrer *Glaube* aber ist *Gemeinschaft mit dem lebendigen Jesus Christus,* und der vergibt *und* heilt, deckt das Alte zu *und* schafft Neues. Wahrer Glaube lebt von dem schöpferischen Wort, und dieses Wort spricht den Schuldigen frei und verwandelt ihn zugleich. Wahrer Glaube wird zur eifrigen Liebe, die dem neuen Herrn mit Freuden dient. So kann es nicht anders sein: Rechtfertigung führt hinein in den neuen Gehorsam, der Glaube in die Liebe, die Liebe ins Werk:

> „Wenn wir aber durch den Glauben gerechtfertigt sind, schreiten wir hinaus in das aktive Leben" (S. 172).

Die Unterschiedenheit und Einheit von Glaube und Werk, von Rechtfertigung und Heiligung hat Luther in höchst spannungsvollen Sätzen eingeschärft:

Satz 1: „So der Glaube nicht *ohne* Werke ist, und seien es

auch die geringsten, macht er nicht gerecht, ja, ist er nicht Glaube."

Hier klingt wie ein Trompetenstoß das „Christus allein! Die Gnade allein!" auf.

Satz 2: „Es ist unmöglich, daß der Glaube sei ohne unablässige viele und große Werke."[13]

Mit Freuden nämlich steigt der Christ nun vom Berg hinab ins Tal, unterzieht sich mit Lust dem Dienst, der Gott ehrt und dem Nächsten hilft. Die „Energie der Lage", die der Platz auf der Höhe gibt, setzt sich um in dynamisches Schaffen. Der Glaube gewinnt Fleisch und Blut, er „inkarniert" sich im Tun der Liebe:

„So rechtfertigt der Glaube … und dennoch bleibt er nicht allein, d.h. müßig … er rechtfertigt ganz allein, aber der Glaube wird *leibliche Gestalt* und wird Mensch, d.h. er ist nicht und bleibt nicht müßig und ohne Liebe" (S. 166).

Es ist erregend zu sehen, wie Luther von daher gegen „seine Antinomer" kämpft, gegen jene Gruppe, die das „oberhalb des Gesetzes" aus der strengen Bindung an die Rechtfertigung lösen und zu einer allgemeinen Ideologie ausdehnen, die damit nicht nur die Freiheit von dem tötenden Gesetz, sondern auch von der guten Wegweisung Gottes, von dem zurechtbringenden Gottesgebot lehren. So wie es in unseren Tagen laut wird: „Einen Christen gehen die Gebote Gottes so viel an wie einen Spatzen die Straßenverkehrsordnung."[14]
Hören wir Luther:

„Meine Antinomer … die predigen sehr fein und mit rechtem Ernst von der Gnade Christi, von Vergebung der Sünden und was mehr von dem Artikel der Erlösung zu reden ist. Aber *dies consequens* (= die Konsequenz) *fliehen sie wie der Teufel,* daß sie den Leuten sagen sollten vom dritten Artikel der Heiligung, das ist von dem neuen Leben in Christo; denn sie meinen, man solle die Leute nicht erschrecken noch betrüben, sondern immer tröstlich predigen von der Gnade und Vergebung … und beileibe ja meiden diese oder dergleichen Worte:
‚Hörest du's, du willst ein Christ sein und gleichwohl ein Ehebrecher, Hurenjäger, volle Sau, hoffährtig, geizig, Wucherer, neidisch, rachgierig, boshaft bleiben …'
Sie sind wohl feine Osterprediger, aber schändliche Pfingstprediger, denn sie predigen nichts … von der Heiligung des Geistes Gottes …, so doch Christus darum Christus ist oder Erlösung von Sünden und Tod erworben hat, daß uns der

Heilige Geist soll zu neuen Menschen machen aus dem alten Adam, daß wir den Tod der Sünden und das Leben der Gerechtigkeit hier auf Erden anfangen und zunehmen und dort (in der Ewigkeit) vollbringen. Denn Christus hat uns nicht allein gratiam, die *Gnade,* sondern auch donum, die *Gabe* des Heiligen Geistes verdienet, daß wir nicht allein Vergebung der Sünden, sondern auch *Aufhören von den Sünden* hätten ... Aber unsere Antinomi sehen nicht, daß sie Christum predigen ohn und wider den Heiligen Geist, weil sie die Leute wollen lassen in ihrem alten Wesen bleiben und gleichwohl selig sprechen, so doch die Konsequenz das will, daß ein Christ soll den Heiligen Geist haben und ein neu Leben führen oder wissen, daß er keinen Christum habe."[15]

Wer den lebendigen Jesus Christus hat, der wird in die Heiligung geführt – oder er hat eben Christus nicht! So gewiß die Rechtfertigung zunächst *Gerechterklärung* ist, ein Rechtsakt, ein Freispruch, der mir dem Sünder eine neue Geltung vor Gott schenkt, so ist sie zugleich der schöpferische Beginn einer *Gerechtmachung,* die mir ein neues Sein gibt. Gerecht*sprechung* heißt: Ich, der Aussätzige, werde mitsamt meinem Aussatz für rein erklärt (forensisch, juristisch); Gerecht*machung* heißt: Ich, der Aussätzige, werde Stück um Stück ("magis et magis" mehr und mehr) gesund gemacht, so daß dort und hier die neue, heile Haut sichtbar wird.

Dabei halten wir den Unterschied fest: Das Neuwerden bleibt auf Erden bruchstückhaft, ist ein hier nie abschließbarer Prozeß des Sterbens und Lebendiggemachtwerdens. Ich bleibe ein Sünder. „Im Tal", dort wo ich den Alltag meines Christseins lebe, bleibe ich der Befleckte, trage im Kampf tiefe Wunden davon. Aber – das meint Rechtfertigung als Freispruch – ich darf immer wieder auf den Berg fliehen, in jene feste Burg, die da heißt: *Christus für mich!* Luther sagt:

„Wir haben immer den Rückgang („regressus") zu diesem Artikel frei, daß unsere Sünden bedeckt sind und daß Gott sie uns nicht anrechnen will" (S. 92).

Von diesem stets neuen, von diesem bis in die Sterbestunde hinein immer wiederholten „Regressus", von dieser Zuflucht zu dem ganz und gar vollendeten, dem ewig perfekten Gnadenwerk Christi leben wir. *Heiligung kann darum immer nur von der Rechtfertigung leben:* Vom Berge steigen wir ins Tal, aus dem Tal aber fliehen wir immer wieder zu jener Gnadenfeste, die steil emporragt „jenseits von gut und böse".

Schluß

Als Unannehmbarer angenommen!

Das ist Sterbetrost, und das gibt Lebensmut: Gott macht uns Gottlose gerecht! Nur dies bleibt als Frage, ob ich zu diesem Handeln Gottes Ja sage. Ob ich das Urteil annehme: Ein Gottloser bist du, ein Gottesfeind, ein Aussätziger bis zur letzten Stunde. Und gerade als dieser Gottlose wirst du gerecht, gerade als dieser Aussätzige bist du rein!
Ein Theologe unseres Jahrhunderts hat so formuliert: *„Gott nimmt den an, der unannehmbar ist.“*[16] Gott akzeptiert den Inakzeptablen, einzig ihn! Glauben heißt dann:
(1) Ich akzeptiere, daß ich unannehmbar, inakzeptabel bin und bleibe, ein „verlorener und verdammter Sünder“.
(2) Ich akzeptiere, daß ich als dieser Unannehmbare, als dieser Inakzeptable allein um Christi willen akzeptiert bin.
Hier steckt's: Wir alle möchten als Annehmbare angenommen werden, als ein durchaus Passabler und Akzeptabler möchte ich akzeptiert sein. Daß wir so ganz und gar verloren, sogar mit einem langen Heiligungsleben so ganz ausschließlich auf Gottes Gnade angewiesen sind, erscheint uns fast als Verunglimpfung unserer Menschenwürde, erst recht unseres engagierten Christenlebens. Aber durch dieses Nadelöhr muß das Kamel, soll es ins Reich Gottes gelangen. Luther hat sich und uns auch hier durchschaut:
„Die menschliche Vernunft wollte Gott lieber einen erträumten und gemalten Sünder bringen und zuführen ... Einen Gesunden möchte sie zu Gott bringen, nicht einen, der den Arzt braucht“ (S. 40f).
Es erscheint uns peinlich, daß die Summe eines Christenlebens nur so lauten kann: „Da kommt ein Sünder her, der gern fürs Lösgeld selig wär.“ Und dies nicht als eine fromm-demütige Phrase, sondern als die nackte Wahrheit! Aber wie könnten wir an einem anderen Platz stehen als der Glaubensvater Abraham? Gerade an ihm hat es der Apostel Paulus doch demonstriert: Er glaubte an den, der den Gottlosen gerecht macht (Röm. 4,5), der da lebendig macht die Toten und ruft dem, was nicht ist, daß es sei (V. 17). Und eben dieser Glaube wurde ihm zur Gerechtigkeit gerechnet (V. 3).

So soll es denn gelten, was Luther uns zuruft:

> „Lerne hier aus Paulus glauben, Christus sei nicht für erdichtete oder gemalte Sünden, sondern für wirkliche Sünden dahingegeben, nicht für kleine, sondern für die größten, nicht für die eine oder andere, sondern für alle, nicht für die schon erledigten (weil kein Mensch ... auch nur die mindeste Sünde erledigen kann), sondern für die unerledigten Sünden" (S. 41).

Und das soll mein einziger Trost sein im Leben und im Sterben. Denn was hier Luther lehrt, das ist nicht seine Erfindung, ist nicht ein protestantisches Sonderfündlein, nicht eine konfessionelle Spezialität, sondern *das eine, ewige Evangelium:*

> „Wir lehren nichts Neues, sondern die alten Dinge ... Und daß wir's nur gut einschärfen und festsetzen könnten, so daß wir es nicht nur im Munde hätten, sondern im tiefsten Herzen alles wohlbedacht behalten und hauptsächlich im Todeskampf gebrauchen könnten" (S. 43).

Gott macht den Gottlosen gerecht, das ist Sterbetrost und Lebensfreude!

Helmuth Egelkraut

Der neue Gehorsam

Am Anfang unserer Konferenz hörten wir von einem Mönch, der sich sein Leben lang um ein „heiliges" Wesen gemüht hatte, dann aber zum Erstaunen seiner Mitbrüder angesichts des Todes von Angst und Zittern ergriffen wurde. Damit standen wir vor der Kernfrage der Reformation: „Wie kann ich getrost sterben?"

Sehr leicht könnte nun der Eindruck entstehen, reformatorische Theologie sei „Sterbetheologie". Mit dem Leben und seiner Gestaltung habe sie wenig zu tun. Das Gegenteil ist richtig! Weil die Sterbefrage gelöst ist, kann und soll man sich dem Leben zuwenden.

Normalerweise faßt man den Ertrag der Reformation unter den drei Stichworten zusammen: Sola scriptura (allein die Schrift), sola fide (allein der Glaube), sola gratia (allein die Gnade). Den größten Gewinn sieht man in der neugewonnenen Erkenntnis, daß Gott selbst den Menschen recht macht. Wenn Gott alles schafft, bleibt dann für den Menschen überhaupt noch etwas zu tun? Im Blick auf Gott und sein Heil bleibt dem Menschen nichts mehr zu tun, da ist alles „getan". Aber daraus entstand schnell die falsche Verallgemeinerung: „Der Mensch braucht nichts zu tun." Die Reformation schien ein ethisches Defizit bzw. ein ethisches Vakuum zu hinterlassen.

Schon zu Luthers Zeiten erhob sich dieser Vorwurf. Es wurde die Frage gestellt, ob gute Werke schädlich seien oder gar für den Glauben verboten (Sermon von den guten Werken = WA VI, 205,11; 213,8: „Darumb ist die rede, szo etlich sagenn, es seyen gute werck verboten, wan wir den glauben allein predigen ...").[1] Kaspar von Schwenckfeld und Thomas Müntzer werfen Luther Untätigkeit vor, wenn auch jeweils in einem anderen Sinn. Im Pietismus entsteht der Eindruck, Luther habe den Menschen zwar den gnädigen Gott gezeigt und so den Weg in den Himmel geebnet, die Botschaft der Heiligung, der unerläßlichen rechten Lebensgestaltung, sei aber erst im Pietismus entdeckt worden.

Zu Ausgang des 19. Jahrhunderts vergleicht man die reformierten Kirchen mit Martha, denn sie seien tätigkeitsorientiert, die von Luther herkommenden Kirchen vergleicht man hingegen wegen ihrer quietistischen Frömmigkeit mit Maria. Sie weiß zwar den Weg zur Freiheit von der Schuld der Sünde durch die Rechtfertigung, aber von der Macht der Sünde weiß sie nicht zu erlösen.[2] Die Lutherforschung zu Beginn des Jahrhunderts kommt zu dem Ergebnis, Luthers Lehre von der Sittlichkeit ist „das unvollendet gebliebene Stück seiner Anschauung.“[3] In seiner Darstellung der Geschichte der Gemeinschaftsbewegung übernimmt Hans von Sauberzweig den Vorwurf, daß das biblische Wort von der Heiligung bei Luther zurückgeblieben sei.[4]

Dieser Vorwurf läßt sich weiterverfolgen bis in die Gegenwart. Erinnert sei nur an die Tagung der Kirchlichen Bruderschaften am 14. – 16. Oktober 1957 in Wuppertal, die im Rahmen der damaligen Wiederbewaffnungs- und Atomwaffendebatte zu dem Schluß kommt, die lutherische Ethik sei wesentlich verantwortlich für das Entstehen des Dritten Reiches. Deshalb beschließt man, „die Lehre von den beiden Reichen vorläufig zu suspendieren“, d.h. ein Herzstück reformatorischer Ethik außer Kraft zu setzen.[5]

Wie es zu diesem Eindruck und zu dieser leidigen Geschichte kommen konnte, ist hier nicht zu untersuchen. Sicher haben die lutherische Theologie, die lutherischen Kirchen und der Pietismus daran Anteil. Man könnte freilich auch eine positive Wirkungsgeschichte reformatorischer Ethik aufzeigen, die bis in die Gegenwart reicht. Im Kern geht es aber um etwas anderes: Macht das Evangelium von der Rechtfertigung des Menschen aus Gnaden den Gerechtfertigten aktiv oder passiv? Muß man um der Ethik willen die Rechtfertigung zurückschrauben? Ist Luther in seiner Betonung der Rechtfertigung sola fide und sola gratia nicht doch einer Blickverengung erlegen? Diese Fragen sollen hier nicht aus historischem Interesse verhandelt werden. Es sind Fragen der Gegenwart. Immer wieder meint man, der Kirche könne geholfen werden, wenn man endlich der Frage nach dem gnädigen Gott den Abschied gäbe, sich voll der Lösung der Probleme der Welt und der Frage nach dem gnädigen Nächsten zuwende. Es geht also um die

Gestalt des uns anvertrauten Evangelium, es geht um die Frage nach unserer Botschaft, nach unserem Auftrag.

Zunächst wollen wir fragen, welchen Platz die Ethik in Luthers Leben und Denken einnimmt. Sodann, in welchem Verhältnis bei Luther das Heil und das Handeln, die Rechtfertigung und die Ethik, der Glaube und die Liebe stehen. Schließlich: Wie sieht der neue Gehorsam bzw. das neue Leben nach Luther aus?

I. Der Platz der Ethik in Luthers Leben und Denken

Die ethische Frage nimmt bei Luther keineswegs einen sekundären Platz ein. Luthers Werk beginnt im Bereich der Ethik. Sein weiterer Weg ist nur von daher zu verstehen. Ja, Luthers Weg zur Rechtfertigung führt über die Fragen der Sittlichkeit.[6]

Am 17. Juli 1505 tritt Luther in das Schwarze Kloster der Augustinereremiten in Erfurt ein. Hier begegnet ihm die Werkgerechtigkeit der spätmittelalterlichen Theologie, die davon ausgeht, daß der Mensch im Grunde aus natürlicher Kraft die Fähigkeit hat, den Willen Gottes zu erfüllen. Luther erkannte sehr bald, daß man die Forderung Gottes den Möglichkeiten des Menschen anpaßt, um dieses Ziel zu erreichen. Ein passendes Bild dafür ist wohl der Reckturner, der an der hohen Stange einen Aufschwung oder Klimmzug versucht. Hinauf muß er. Da die Kraft nicht ausreicht, bleibt nur die Möglichkeit, die Reckstange tiefer zu setzen, bis die Höhe der Forderung dem natürlichen Vermögen des Turners entspricht. Trotzdem kann er sich dann rühmen: Ich hab's geschafft!

Wie kam es zu dieser Anpassung? Die Anfänge reichen zurück bis in das frühe Mittelalter. Schon Augustin lehrt um 400, daß eine volle Erfüllung des Gebotes, d.h. Vollkommenheit, in diesem Leben von Gott nicht erwartet wird. Die dazu nötige volle Erkenntnis ist in diesem Leben nicht erreichbar. Im Klartext: Da niemand alles weiß, braucht niemand das Ganze zu tun. Damit ist die Reckstange schon ein gut Stück niedriger.

Nun verlangt freilich das Gebot nicht nur ganze Gottesliebe, sondern auch selbstlose Nächstenliebe. Aber auch das ist dem

Menschen nicht möglich. Augustin hat erkannt, daß wir uns dann besonders einsetzen, wenn es um uns geht. Die *mores* (Sitten) des Menschen entsprechen seinen *amores* (Vorlieben). Damit wird die Gottesliebe in der Selbstliebe begründet: Gott lieben bringt dem Menschen letzte Glückseligkeit. So heißt Gott lieben, sich selbst lieben, und sich selbst lieben, Gott lieben. Eine selbstlose Gottesliebe und eine selbstlose Nächstenliebe sind nicht nur undenkbar, sie sind auch nicht gefordert! Der Eudämonismus (die Glückseligkeit) der altgriechisch-philosophischen Ethik feiert Urständ. Die Reckstange ist noch ein Stück tiefer.

Um noch eine Hilfe zu schaffen, führt man später im Mittelalter die Unterscheidung zwischen Geboten *(mandata)* und Räten *(consilia)* ein. Die Gebote gelten allen; sie ebnen den Weg in den Himmel. Dabei sind einerseits nur die Verbote ständig bindend, während die Gebote nur dann binden, wenn berechtigte Eigeninteressen nicht berührt werden. Die Räte hingegen sind nur für die verbindlich, die die Vollkommenheit und die über die Verpflichtung hinausgehenden guten Werke *(opera supererogativa)* erwerben wollen. So langsam kommt die Reckstange in Reichweite. Noch ein letztes Stück fehlt.

Es gibt im Leben Bereiche, die nach damaliger Meinung besonders zur Sünde neigen, der Bereich der freien Selbstbestimmung: Die Ehe, die Verwaltung des Besitzes, die Wahrnehmung öffentlicher Ämter. Wer auf die Vollkommenheit hinstrebt, der wird am besten solche Bereiche meiden. In diesem Sinne ging unter den *monii,* den *singulares* (Einsiedler, die sich von der Welt zurückziehen) das Wort: „Bleib gern allein, so bleibt dein Herze rein."[7]

Das Ziel war die Erhebung der Seele zu Gott. Durch eine totale Zergliederung der ethischen Norm, die noch viel weiter ging als eben dargestellt, ist die ethische Norm jeder menschlichen Situation und Möglichkeit anpaßbar. Der Mensch kann nun die Reckstange erfassen (= ethische Forderung), sich zu Gott empor- und dabei aus der Welt hinausschwingen. Dazu war immer noch alle Anstrengung nötig. Man ließ es sich sauer werden. Aber im Ergebnis stand die *vita contemplativa* über der *vita activa,* das Mönchsleben über dem Weltleben, die Lebensvermeidung über der Lebensgestaltung.[8]

Im Rückblick läßt sich verallgemeinernd sagen: Die Scholastik fragt, was der Mensch vermag, und reduziert die Liebe bzw. die Ethik auf das Machbare. Anders Luther. Er fragt:

Was will Gott? Die Antwort: „Zum ersten ist zu wissen, daß es keine guten Werke gibt außer denen, die Gott geboten, gleichwie es keine Sünde gibt außer der allein, die Gott verboten" (WA VI, 204, 13). Jeder Versuch, das Gebot als Ausdruck des Willens Gottes zu ändern, ist an sich schon menschliche Vermessenheit, Übermut und Verachtung Gottes. Wir müssen „die Unterscheidung der guten Werke aus den Geboten Gottes lernen und nicht aus dem Schein, der Größe oder der Menge der Werke selber, auch nicht aus dem Gutdünken der Menschen ... wie wir sehen, daß es durch unsere Blindheit unter großer *Verachtung* göttlicher Gebote geschehen ist und noch geschieht" (WA VI, 204, 19).

Luther konzentriert den ganzen Willen Gottes auf das eine Gebot: „Du sollst Gott, deinen Herrn, lieben von ganzem Herzen, von ganzer Seele und von ganzem Gemüte und deinen Nächsten wie dich selbst." Das ist an sich nicht neu. Neu ist die Art, wie Luther das versteht. Er stellt fest:

1. Was Gott fordert, ist von allen in gleicher Weise gefordert

Damit fällt der Unterschied zwischen Kloster und Welt. Gleich welchen Stand wir einnehmen, vor Gott sind wir alle gleich (WA VI, 108). „So folgt aus diesem, daß Laien, Priester, Bischöfe und wie sie sagen „Geistliche" und „Weltliche" im Grunde wahrlich keinen Unterschied haben, ... so wir auch *gleiche* Christen sind, *gleiche* Taufe, Glauben, Geist und alle Dinge haben."[9]

2. Was Gott fordert, ist von jedem ganz gefordert

Es gibt keine Abschwächung des Willens Gottes für schwächere Gemüter. Es stimmt nicht, wenn die Kirche lehrt: Non requiret Deus perfectionem (WA I, 369, 19) – Gott fordert keine Vollkommenheit. Doch, Gott fordert Vollkommenheit!

Das allein wäre schon genug, „das Handtuch zu werfen". Hier wird deutlich: Am Anfang des Weges zur Entdeckung der Botschaft von der Rechtfertigung des Sünders steht die Wiederherstellung des Gebotes.[10]

Aber damit noch nicht genug. Daß ein Werk menschlich gut

und ethisch richtig ist, macht es noch nicht gottgefällig. Das Werk an sich, „alle anderen Werke kann ein Heide, Jude, Türke, Sünder auch tun" (WA VI, 206, 16). Es fragt sich, aus welcher Gesinnung die Handlung geschieht. Luther dringt darauf, daß die Liebe zu Gott und dem Nächsten aus reinem, freien, ungeteilten Willen, freudig, inbrünstig und spontan kommen muß. Anders gesagt: Das Gesollte muß das von mir Gewollte werden. An dieser Stelle zerbrach Luther. Hier hilft keine äußere, praktische Gesetzeserfüllung. Das Herz, der freudige Wille muß in der Tat eingeschlossen sein. Der neue Gehorsam kann nur die Folge eines erneuerten Willens, eines neuen Herzens, eines neuen Menschen sein. Das schafft der Mensch von sich aus nicht. Das weiß schon das Alte Testament (Ps. 51,12; Jer. 13,23). Hier muß Gott ans Werk.

Man kann also wohl sagen, daß für Luther die Entdeckung der ethischen Forderung am Anfang steht. Diese ethische Forderung wird auch für den Christen an keiner Stelle eingeebnet. Sie bleibt bestehen. Daraus ergibt sich ein Mehrfaches:

a) Der Weg zum Heil kann für den Christen nie über sein Handeln, auch nicht über sein vom neuen Gehorsam geprägtes Handeln führen, denn es entspricht nie der Forderung Gottes. Das gute Gewissen vor Gott darf nicht aus dem Tun des Christen kommen (WA VI, 205, 9).[11]

b) Auch beim Gerechtfertigten bleibt das Werk sündig, und zwar nicht, weil er neben guten und richtigen Taten auch böse Taten vollbrächte, sondern weil auch bei seinen guten Taten die Gesinnung nicht vor Gott bestehen kann. Die Folge: *Semper peccamus dum benefacimus* – immer sündigen wir, während wir Gutes tun. Weil wir auch bei unseren guten Taten sündigen, sind auch sie nur eingehüllt in Christi Vergebung und Barmherzigkeit und so Gott angenehm. Denn was Gott annimmt, nimmt er immer aus Gnaden an und verzeiht. „In diesem Glauben werden alle Werke gleich, und ist eins wie das andere, fällt aller Unterschied der Werke dahin, sie seien groß, klein, kurz, lang, viel oder wenig. Die Werke sind nicht ihretwegen, sondern des Glaubens wegen angenehm" (WA VI, 206, 33; vgl. 229, 17).

Jetzt verstehen wir Luther, der nicht an seinen bösen, sondern an seinen guten Werken verzweifelte:

Mein guten Werk, die galten nichts, es war mit ihn' verdorben; Der frei Will haßte Gott's Gericht, er war zum Gut'n erstorben. Die Angst mich zu verzweifeln trieb, daß nichts denn Sterben bei mir blieb. Zur Hölle mußt ich sinken.

Wenn der Mensch, der Christ, angesichts des wiederentdeckten Gebots, der Ethik, vor Gott allein aus Gnaden und allein aus Glauben bestehen kann, auch wenn all sein Tun ethisch und äußerlich richtig und gut ist, ist dann die Ethik doch das zu vernachlässigende Gebiet? Läuft nicht doch alles auf die Lutherworte hinaus:

Bei dir gilt nichts als Gnad und Gunst, die Sünde zu vergeben. Es ist doch unser Tun umsonst auch in dem besten Leben. Vor dir niemand sich rühmen kann, des muß dich fürchten jedermann und deiner Gnade leben.

Warum überhaupt noch handeln, wenn alles Gnade ist?

Gegen diese Frage ist zu protestieren; sie ist falsch. Alles ist Gnade. Jetzt *kann* man handeln, leben, wollen, planen.

II. Das Verhältnis von Heil und Handeln

„Kein ander Werk kann einen Christen machen" (außer dem Glauben), erklärt Luther (WA VII, 23). Und nochmals: „Glaubst du, so hast du, glaubst du nicht, so hast du nicht ... wer ihn (den Glauben) hat, soll alle Dinge haben und selig sein; wer ihn nicht hat, soll nichts haben. So gehen die Zusagen Gottes, was die Gebote fordern. ... Er befiehlt allein; er erfüllt auch allein" (WA VII, 24). Damit wird aber das Werk des Menschen nicht abgeschafft, sondern damit ist erst die rechte Basis für alles Handeln geschaffen: Das Handeln des Christen braucht das Heil nicht zu bewirken, sondern hat immer das Geschenk des Heils im Rücken. Alle Angst, alle Zaghaftigkeit, aber auch aller Gewissens- und Leistungsdruck ist dem Christen genommen. Er ist frei, frei nicht zum Nichtstun, sondern frei zum rechten Tun: „Die Freiheit des Glaubens gibt nicht Erlaubnis zu Sünden, wird sie auch nicht decken, sondern gibt Erlaubnis, allerlei Werke zu tun und alles zu leiden, wie es vor die Hand kommt" (WA VI, 107). Aus der Erkenntnis, daß Werke keinen Christen machen, darf eben nicht gefolgert werden, daß ein Christ auch keine Werke macht. Sondern, weil der Christ auf Erden bleibt, sich selbst zu versorgen und mit andern Menschen umzugehen hat, „darf er nicht unnütze gehen ... Da heben sich nun die Werke an" (WA VII, 30). Ein guter, frommer Mann, kann gar nicht anders, er tut gute und fromme Werke (WA VII, 32). Deshalb darf, wer gute, fromme Werke tun will, nicht bei den Werken anfangen, sondern bei der Person, die die Werke tun soll. Wie durch den Glauben die neue Person wird, wurde in diesen Tagen schon dargelegt. Hier soll nun dargelegt werden, wie der gute und fromme Mann gar nicht anders *kann* als gute Werke tun.

a) Auszugehen ist von der Rechtfertigung des Glaubenden, bei der es nicht um ein rein juristisches Geschehen geht, bei dem eine Schuld umgebucht wird, der neue Schuldner, Christus, die Tilgung übernimmt und der bisherige Schuldner frei und ledig seines Weges ziehen kann. Vielmehr wird durch diesen „seligen Tausch" der Glaubende in eine enge, persönliche Gemeinschaft mit Christus hineingenommen. „Das ist ein fröhlicher Hausstand, da der reiche, edle, fromme Bräutigam Christus das arme, verachtete, böse Hürlein zur Ehe nimmt und sie von allem Übel freimacht, sie mit allen Gütern zieret" (WA VII, 26). In der Rechtfertigung entsteht Lebensgemeinschaft mit Christus. Es entsteht ein Neues: „Und so wir denn mit Christus ein *Kuchen* sind, so wirkt derselbige soviel, daß wir auch untereinander ein Ding werden" (WA XII, 488, 9). In der Christusgemeinschaft der Rechtfertigung nimmt der neue Mensch Gestalt an. Der Sache nach ist es eben gleich, ob Luther vom Glauben, von Christus oder vom Heiligen Geist sagt, daß er den Menschen neu macht (WA VI, 206, 29). „Wer Gott trauet, dem gibt er alsbald seinen Heiligen Geist."
Der Glaube, der „aus Blut, Wunden und Sterben Christi quillt und fleußt", erkennt nicht nur, daß Gott ihm hold ist, sondern macht auch das Herz des Menschen hold, weich und willig gegen Gott. „Und je mehr solcher Trost und Glaube gestärkt wird, je mehr auch zunimmt Lust und Liebe zu seinen Geboten und Gehorsam" (WA XXII, 222, 32).[12]
Der Wille Gottes wird ihm lieb und leicht. Das ist das große Wandlungswunder des Heiligen Geistes an dem Herzen: „Da kommt er (der Heilige Geist) und durchgeußt das Herz und macht einen anderen Menschen, der nun Gott lieb hat und

gerne tut, was er will ... da schreibet er eitel feuerige Flammen ins Herz und macht es lebendig, daß es herausbricht in feuerigen Zungen und tätiger Hand, und wird ein neuer Mensch, der da fühlet, daß er gar einen andern Verstand, Gemüt und Sinn gefasset habe, denn zuvor. Und nun ist alles lebendig, Verstand, Licht, Mut und Herz, das da brennet und Lust zu allem hat, was Gott gefället" (WA XXI, 440, 4). Luther hat Zuversicht zum erneuernden Wirken des Heiligen Geistes.

b) Die Rechtfertigung führt in die Gemeinschaft mit anderen Christen, denn geistliche Güter sind ihrem Wesen nach Gemeinschaftsgüter. Das wird bei Luther am deutlichsten beim Abendmahl, dem Sakrament der Gemeinschaft und der Liebe. Darin wird der Christ nicht nur mit Christus, sondern mit allen Christen vereint. Nun sollen die andern mich genießen können, wie ich Christus genossen habe, so daß die eigene unnütze Liebe durch dies Sakrament ausgerottet wird (WA II, 754, 9 ff). Christen werden so genießbare Leute! Weh dem, der noch nach dem Wahlspruch lebt: Bleib gern allein, so bleibt dein Herze rein! „Ja, vermaledeiet und verflucht sei das Leben in die Hölle hinein, das ihm alleine lebt; denn das ist heidnisch und nicht christlich: sondern, die jetzt und genug haben an Christus, die müssen dem Bilde Christi nachfolgen, und aus Herzensgrunde dem Nächsten wohltun."[13] Das gilt aber nicht nur für das äußere Wohlergehen des Nächsten, sondern noch viel mehr für sein Seelenheil; einem rechten Christen ist auch die Seligkeit seines Nächsten so angelegen wie seine eigene. „Die kinder gotes die fliehen nit die geselschaft der bösen, ja sy suchen sy, das sie in helffen mögen. Sy wöllen nit allein in den himmel, sondern mit in pringen die allersündigsten ob sie möchten" (WA I, 397, 29).

c) Der Gott, der in Christus durch den Heiligen Geist in uns, den Glaubenden, sein Wesen hat, ist selbst voller Aktivität. Er ist ständig tätig, und auch Christus war nicht nur einst, sondern ist jetzt noch bei den Seinen am Werk, denn die Kirche ist nichts anderes als ein Spital, in dem Christus als der barmherzige Samariter die Seinen pflegt und heilt.[14] So ist auch der Glaubende in Bewegung. Sein ganzes Leben ist Vollzug des Glaubens, der nun nicht etwas Besonderes neben dem Leben zu schaffen hat, sondern im Leben selbst ständig aktiv ist. „Dieweil denn das menschliche Wesen und seine Natur keinen Augenblick ohne Tun oder Lassen, Leiden oder Fliehen sein kann (denn das Leben ruhet nimmer, wie wir sehen); wohlan, so hebe an, wer da fromm sein und voll guter Werke werden will, und übe sich selbst in allen Leben und Werken zu allen Zeiten an diesem Glauben. Er lerne, stetig alles in solcher Zuversicht zu tun und zu lassen, so wird er finden, wieviel er zu schaffen hat und wie alle Dinge ganz im Glauben (eingeschlossen) liegen und wie er nimmer müßig werden kann (obwohl auch der Müßiggang in des Glaubens Übung und Werk geschehen muß)" (WA VI, 212). Der Glaubende ist eben nicht nur Gefäß, das empfängt, er ist Werkzeug, *instrumentum,* durch das Gott sein Werk hier auf dieser Erde treibt. Wo also der rechte Glaube ist, da folgt auch die Tat, und je mehr Glaube, je mehr Tat. Denn er gibt niemandem die freie Gnade so, daß sie still und untätig liegt und niemandem nutzt (WA X, 1, 269, 19).

d) Schließlich ist der Christ Kind im Hause des Vaters. Von Geburt aus bringt er schon das ganze Erbe mit sich. Wenn aber das Kind erwachsen ist, so wird es das Erbe mehren und bessern helfen. Jeder Christ ist berufen, hierzu mitzuwirken, ob er einen äußeren oder inneren Mangel am Nächsten wahrnimmt, ob er seine Aufgaben in Beruf und Familie, in Kirche oder Volk nachkommt. Jede Gabe, die der einzelne hat, wird hier aktiviert.

Luther gebraucht die stärksten Ausdrücke, um die Herrlichkeit solchen Tuns anzuzeigen: So wird einer dem andern zum Christus, nein, „er wird ihm Gott". „Gote synd wyr durch die liebe, die unß gegen unßeren nehisten wohlthetig macht; denn gottlich natur ist nit anderß den eytell wohlthetickeit" (WA XI, 1, 100, 18).[15] An dieser Stelle sieht man, welche Bedeutung der neue Gehorsam in Luthers Theologie hat: Hier gewinnt die Umbildung in das Bild Christi Gestalt. Hier zeigt sich zugleich die Tiefe des Bruches mit allem, was voranging. In der mittelalterlich-katholischen Kirche verstand man unter dem Gott-ähnlich-Werden die Erlangung der Unsterblichkeit, das Erfülltwerden mit geheimnisvollen übernatürlichen Kräften; im Mönchtum das Herr-Werden über die Leidenschaften und damit über die Natur; in der Mystik das Eins-Werden mit dem Unendlichen. Für Luther bedeutet Gott-ähnlich-Werden ein Wohltäter werden für andere. Damit ist zugleich deutlich, daß gerade von der Rechtfertigung her es keinen Weg an der Lebenserneuerung vorbei gibt. Die Werke, die nun nicht mehr Gesetzeswerke sind, d.h. Werke, die dem Gesetz geleistet werden, sondern Werke der Gnade, weil die Gnade sie bewirkt, sind nichts anderes als konkreter Vollzug, Gestaltwerdung, Sichtbarwerdung des Glaubens. Ein Glaube ohne Werke ist undenkbar, ist tot. Das sagt nicht nur Jakobus, das sagt Luther!

e) Wie Ernst es Luther damit ist, zeigt sich, wenn er auf die *Früchte des Glaubens* und die Heilsgewißheit zu sprechen kommt. So richtig es ist, daß das Heil *sola fide* und *sola gratia* ist und daß die ethische Aktivität dem Heil weder etwas hinzufügen noch es bewahren kann, so wahr ist auch, daß das Werk des Glaubens zum frohen Dienst am Menschen führt. Darum ist der neue Gehorsam Kennzeichen dafür, daß der Glaube Glaube ist. Wie der Glaube der Realgrund für das Werk, so ist umgekehrt das Werk der Erkenntnisgrund für den Glauben. Die guten Werke sind *opera gratia,* Wirkweisen und Wirkzeichen der Gnade. „Die Werke sind ein gewisses Zeichen und wie ein Siegel an einen Brief gedruckt, damit ich sicher sei, daß der Glaube recht sei. Ursach: Find ich in meinem Herzen, daß das Werk daherfleußt aus Lieb, so bin ich gewiß, daß mein Glaube rechtschaffen sei, so ich vergebe, so macht mich das Vergeben gewiß, daß mein Glaub rechtschaffen sei, und versichert mich, und beweist meinen Glauben" (WA Xiii, 225, 35). „Wo kein Werk sein, so ist fides gar verloren" (WA XXXIX ii 248, 14). „Wo die Werke nicht folgen, da ist gewiß, daß der Glaube an Christus nicht in unseren Herzen wohnt, sondern wir sind ganz tot" (Quod si opera non sequuntur, certum est, fidem hanc Christi in corde nostro non habitare, sed mortuam illam – WA XXXIXi, 42, 20). Ja, Luther kann sogar so weit gehen zu sagen: „Opera gratiae sunt necessaria, ut tententur de fide, ut glorificient Deum patrem, qui in coelis est, ut serviant proximo" (WA XXXIXi, 224, 1). Also: Werke sind nötig zum Heil!
Sicher nicht, um das Heil zu schaffen, aber wie Luther sagt, wegen der Heuchler muß gesagt werden, daß der Glaube tätig ist.

Die Theologie der Rechtfertigung hat also nach Luther zwei Pole. Auf der einen Seite steht: Ohne Werke. Auf der anderen: Es geht nicht ohne Werke. Geht es um das Heil, so sind die Werke nicht in Betracht zu ziehen; geht es aber um den wahren Glauben, so sind sie sehr wohl in Betracht zu ziehen. Verdienen können sie das Heil nicht, denn dann müßten sie ohne Flecken und Mängel sein. Hinweisen auf das neue Leben können sie sehr wohl, trotz der Flecken und Mängel, die sie immer an sich tragen werden. So hat beides seinen Platz im Leben des Christen, und das zweite bricht dem sola fide nichts ab.[16]

Damit ist mit letzter Deutlichkeit gesagt, daß der neue Gehorsam für den Glaubenden nicht eine Option ist, der er sich entziehen kann. Es ist keine Frage, wo der Mensch der Liebe Christi wahrhaftig begegnet. Wo Christus mit Ernst ergriffen und ins Herz gekommen ist, da wird es auch zu entsprechendem Handeln kommen. Wo aber das Wort der Gnade den Menschen nicht erneuert, da ist zu fragen, ob das *sola gratia* recht verkündigt wurde und ins Herz gekommen ist. Das ist für Luther erlaubt, weil er von der Lebendigkeit des Christus sowie der Macht seines Geistes und Wortes ausgeht.

Wie aber sieht die Frucht des Glaubens, das Werk der Gnade, der neue Gehorsam aus?

III. Die Gestalt des neuen Gehorsams

Bisher wurde gesagt, *daß* der Christ nicht untätig sein kann. Jetzt ist zu sagen, *was* der Christ zu tun hat. Auch hier läßt uns Luther nicht im Zweifel. „Das erste und höchste, alleredelste gute Werk ist der Glaube an Jesus Christus ... denn in diesem Werk müssen alle Werke zusammengefaßt sein, um ihrer Gutheit Einwirkung gleichwie ein Lehen von ihm zu empfangen" (WA VI, 204).

Daneben steht als zweiter Orientierungspunkt die Liebe, und wie der Glaube Gott gilt, so gilt die Liebe dem Nächsten. „Durch meinen Glauben hab ich alle Dinge in Christus genug. Deshalb kann aus der Liebe ein freies, williges, fröhliches Wesen fließen, dem Nächsten umsonst zu dienen" (WA VII, 36). So lebt der Christ durch den Glauben in Gott und durch die Liebe im Nächsten. Glaube und Liebe – damit sind die beiden Pole angezeigt, zwischen denen sich das Handeln des Christen bewegt. Wie wirkt sich das aus?

Sprechen wir zunächst von der Ethik des Glaubens.

1. Zur Ethik des Glaubens gehört zuerst das Gebet

Das Gebet ist für Luther eine besondere Übung des Glaubens: „So ist das Gebet eine besondere Übung des Glaubens, der da das Gebet bestimmt so wohlgefällig macht, daß es entweder sich erfülle, oder daß ein Besseres als wir bitten dafür gegeben wird" (WA VI, 232). Das Gebet ist nicht in das freie Belieben des Glaubenden gestellt; Gott hat es geboten (WA VI 235/240). Deshalb kann man wissen, daß er das Gebet erfüllt. Und wo der Glaube zum Beten fehlt, darf man das im Gebet vor Gott beklagen und auch mit dem schwachen Funken des Glaubens vor Gott treten. In dieses Gebet gehören die eigenen Sünden und Schwächen wie auch die Not der anderen und der Kirche. Wer im Gebet nicht an die Nöte des Nächsten denkt, hat gegen die Liebe gesündigt. „Denn Christus wird am jüngsten Tag nicht fragen, wieviel du für dich gebetet, gefastet, gewallfahrtet, dies oder das getan hast, sondern wieviel du den anderen, den Allergeringsten, wohlgetan hast" (WA VI, 242). Diese Wohltat geschieht auch durch das Gebet. Wer das Beten so aufnimmt und im Glauben recht übt, wird finden, daß es keine größere Arbeit gibt als Beten (WA VI, 235); eine Arbeit, die wir nie vollkommen tun, denn wer mag Gott für die zeitlichen und ewigen Güter genug loben (WA VI, 219). Durch das Gebet und das Versenken in das Wort wird der Christ zudem hineingenommen in die Nähe Gottes, so daß sein Verständnis für den Willen Gottes gemehrt wird.

2. Die Ethik des Glaubens macht bereit zum Leiden

In den Werken ist der Glaube noch gering. Aber wenn es übel geht an Leib, Gut, Ehr und Freund, dann noch glauben, daß Gott alles ordnet und mir hold ist, das ist Kunst. Gott ist zwar verborgen wie hinter einer Wand, sieht aber doch auf mich und läßt mich nicht. So machen Glaube und Zuversicht alles köstlich, was dem andern das allerschädlichste ist, auch den Tod (WA VI, 208).

3. Die Ehtik des Glaubens macht keinen Unterschied zwischen den Menschen

Ihr geht es ja um den heiligen Namen Gottes und das Wohl des Nächsten. Wo Wahrheit und Gerechtigkeit Not und Gewalt leiden, da ist zuzugreifen und dem Unrecht zu widerstreben. Und das nicht nur, wo es Reiche und Gewaltige oder Freunde trifft, sondern gerade, wo es den Armen oder Verachteten oder Feinden geschieht. Wer dem Armen und Waisen Recht schaffen und dem Elenden und Dürftigen beistehen will, braucht nicht weit nach guten Werken zu laufen. Er findet sie ständig vor der Tür (WA VI 226/7).

4. Die Ethik des Glaubens macht keinen Unterschied zwischen den einzelnen Werken

Die Werke werden ja nicht um ihrer selbst willen, sondern um des Glaubens willen angenehm. Damit fällt aller Unterschied zwischen den Werken dahin, sie seien groß, klein, kurz, lang, viel oder wenig. So gibt es keinen Unterschied mehr zwischen geistlichen und weltlichen Werken. *In der Welt* tut der Christ Gottes Werk, denn das Reich Gottes kann nicht bestehen, es werde denn die Arbeit zur Erhaltung der Menschen geleistet. In seiner Arbeit begegnet dem Christen Gottes Fürsorgen und Versorgen. So führt die weltliche Arbeit nicht von Gott weg. Vielmehr ist der niedrigste weltliche Dienst eine höchst geistliche Tätigkeit, geschieht sie als Auftrag Gottes.[17] Freilich ist nicht Arbeit an sich schon Gottesdienst. Das hat erst der Kulturprotestantismus des 19. Jahrhunderts erfunden. Sondern die Arbeit muß als von Gott empfangen und vor Gott getan angesehen werden, d.h. sie muß aufgehoben sein im Glauben.

5. Die Ethik des Glaubens lebt aus der Vergebung

Die christliche Ethik hat nicht die Aufgabe, den Menschen sündlos zu machen, sondern er soll seinem Nächsten zu Nutze werden. Nun gibt es ängstliche Gemüter, die vor lauter Angst zu sündigen untätig bleiben. Denen ruft Luther zu: „Esto peccator et pecca fortiter" – sei ein Sünder und sündige tapfer, und „Willst du nicht ein Sünder sein, so werde ein Sünder" (EA 28, 54).

Was sollen diese Worte? Luther huldigt weder dem Wahn, durch Austoben der Triebe werde man frei von Lüsten, noch fordert er zum bewußten Sündigen auf. Aber er macht Mut, der Wirklichkeit unerschrocken ins Auge zu sehen: Versuche nicht, kein Sünder zu sein. Du bist Sünder, und wenn du handelst, wirst du sündigen. Handelst du aber nicht aus Furcht vor der Sünde, so sündigst du auch. Nun sieh das ein, stell dich dazu und geh im Blick auf die schon zugesprochene Vergebung an dein Werk mit freiem Gewissen und freiem Rücken. So beten wir mit ganzer Zuversicht „Vater unser" und bitten doch „Vergib uns unsere Schuld", sind Kinder und doch Sünder, sind wohlgefällig und tun doch nicht genug" (WA VI, 216).

So macht die Ethik des Glaubens gewisse, handlungsfreudige und getroste Christen. Sie weist jeden Vollkommenheitswahn und Perfektionismus die Tür, erweist ihn als gotteslästerlich, weil er weder Gottes Willen kennt noch Gottes Gnade ehrt.

Der Ethik des Glaubens auf der einen Seite entspricht die *Ethik der Liebe* auf der anderen. Nicht nur ist jedem geboten: „Du sollst deinen Nächsten lieben!", sondern es ist ihm auch möglich. Die Erfahrung der Liebe Gottes, die den Sünder annimmt, wirkt in dem Glaubenden die Liebe. Diese Liebe ist nicht die Stimmung eines „Ich mag dich", nicht eine alle umfassende Sympathiekundgebung, sondern nichts anderes als „ein freies, williges, fröhliches Leben dem Nächsten umsonst zu dienen" (WA VII, 36). So steht das ganze Handeln unter dem Gebot, daß es der christlichen Gemeinde und dem Nächsten *nützlich sei*. Von daher sind nun bestimmte Leitlinien zu ziehen.

1. Die Ethik der Liebe und der offenbare Wille Gottes

Der Wille Gottes begegnet dem Menschen ursprünglich als vom Schöpfer in die menschliche Vernunft eingepflanzt. Dieses natürliche Vernunftsrecht ist durch den Sündenfall „dunkel und ganz verblichen". Es muß mit der Predigt des Mosegesetzes wieder in Erinnerung gebracht werden. Das Mosegesetz ist einerseits Judengesetz, insofern mag es zwar vorbildlich sein, aber nicht verbindlich (etwa im Blick auf den Zehnten, das Halljahr, die Ehescheidungsordnung etc). Andrerseits ist es besonders in Gestalt des Dekalogs „Ausbund göttlicher Lehre".

Das natürliche Recht ist *Liebesgebot und Liebesrecht.* Ja, Christus und das natürliche Recht lehren dasselbe: Daß man sich nicht selbst rächen soll, ein Mann Frau und Kinder zu nähren hat, unrecht Gut zurückzugeben, Schaden zu verhüten ist usw. Für den Christen gibt es also nichts Besonderes zu tun. Es gilt ihm immer lediglich das Normale bzw. das Natürliche und Vernünftige, das eine Liebesgebot, das allen Menschen gilt und das nach dem Wohl des Nächsten schaut und so Frieden wahrt. Also: Weg mit allem Besonderem und Außerordentlichem!

Eine treffliche Ausformulierung des natürlichen Gebots ist der Dekalog. Außerhalb diesem kann nichts gottgefällig sein. Freilich ist dieser Dekalog nicht nur auf die historische Formulierung zu begrenzen. Christus und die Apostel haben „neue Dekaloge" aufgestellt, d.h. die Zehn Gebote vertieft und ergänzt; und in der Gemeinschaft mit Christus können auch Christen „neue Dekaloge aufstellen". Dieses Wort hat zu manchem Mißverständnis Anlaß gegeben. Die „neuen Dekaloge" sind aber nicht eigenwillige Dekaloge, sondern konkrete Anwendung des einen Dekalogs und der neutestamentlichen Weisung auf die jeweilige, immer wieder neue Lebenslage. Da man durch fleischliches Urteil in die Irre gehen kann, ist es ratsam, sich an die biblische Weisung zu halten. Durch Gottes Wort, Glaube und Gebet soll der Wille Gottes schließlich so in Christen wohnen, daß sie von sich aus wissen, was in der jeweiligen Situation zu tun ist. So ist die Ethik der Liebe orientiert an den Geboten Gottes, die sie nach außen nicht überschreitet, aber nach innen immer wieder neu füllt und anwendet.

Diesem Gebot der Liebe, das allen Menschen gilt, tritt das besondere Recht des Christen zur Seite, das Recht des Leidens: „Leiden, Leiden, Kreuz, Kreuz ist des Christen Recht und kein anderes" (WA XVII, 310, 21). Wenn der Christ – soweit es um ihn und um den Glauben geht – Unrecht ohne Gegenwehr leidet, dann geschieht das nicht mehr nach dem natürlichen Gesetz der Liebe, sondern gemäß dem Gesetz des Kreuzes, wo unter Leiden Gottes Herrlichkeit erscheint.

2. Die Ethik der Liebe und der Beruf

Gestalt gewinnt das Liebesgebot in dem Stand, in dem der Christ sich findet. Der Stand ist der jeweilige Ort, an dem der einzelne steht in Ehe, Familie, Beruf, Nachbarschaft. Ein Mensch ist zugleich in mehreren Ständen. Diese Stände sind göttliche Platzanweisungen, Berufung Gottes, insofern Gott durch sie die Menschheit erhält: „Gott hält über diesen Ständen, daß sie müssen bleiben; sonst könnte die Welt nicht stehen" (WA XXXIi, 410, 2). Die Frau, die die Familie versorgt, der Mann, der ein Geschäft leitet, das Kind, das den Eltern gehorcht, der Soldat, der die Grenzen sichert, der Anwalt, der Richter, der Straßenkehrer und Minister dienen Gott im Glauben und dem Nächsten in der Liebe.

Damit wird das natürliche Leben gewaltig aufgewertet. Niemand braucht mehr Ehe, Arbeit, Besitz usw. zu fliehen, um Gott zu dienen oder Liebe zu üben; allen gilt: „Ihr dient dem Herrn Christus" (Kol. 3,24). Und niemand braucht das Natürliche zu meiden, Ehe, Speisen, Schlaf etc., um heilig zu sein. Die äußeren Dinge wie Haartracht und Kleidung haben keine heiligende Kraft. Geheiligt ist der Christ durch den Glauben. Ist Luther also gegen die Ehelosigkeit? Nein, und zwar dann nicht, wenn man die Ehe meidet, um besser dienen zu können. Ist Luther gegen Besitzlosigkeit? Nein, wenn man dadurch frei wird zum Dienst am Nächsten.

In jeder anderen Hinsicht aber sind die äußeren Dinge – Essen, Trinken, Kleidung und Haartracht – neutral. Das haben die Christen nicht immer begriffen! Gerade mittels dieser äußeren Zeichen versuchten sie gelegentlich ihren Glauben zu demonstrieren.

Was soll man da tun? Nicht verachten, sagt Luther. Solche Christen kennen die Freiheit des Glaubens noch nicht. Man muß sie tragen wie Kranke. Aber wehe, wenn sie ihre Einstellung zum Gesetz erheben und anderen Christen als Zeichen des Glaubens aufdrängen wollen. Dann muß man widerstehen (WA VI, 209, 214 f).

3. Die Ethik der Liebe, Besitz und Arbeit

Auch der Besitz steht im Dienst der Liebe. Gerade weil damit gedient werden soll, kann er nicht einfach und ein für allemal hergegeben werden. „Soll ein Christ geben, so muß er zunächst haben. Was nichts hat, das gibt nichts. Und soll er morgen oder übermorgen oder über ein Jahr auch geben, denn Christus heißt mich geben, solange ich lebe, so kann ichs heut nicht alles weggeben." Weil der Besitz der Liebe verpflichtet ist und dem Nächsten nützen soll, ist er recht zu verwalten und zu vermehren.

Ähnliches gilt auch von der Arbeit. Nicht nur hat Gott die Arbeit geboten, nicht nur dient man Gott mit der Arbeit im Erhalten seiner Schöpfung, sondern mit der Arbeit nehme ich Gottes Güte in Anspruch, mich zu nähren und dem andern zu helfen. So wirkt Gott selbst in des Menschen Arbeit. „Die Welt ahnt nicht, daß die Arbeit Segen ist", denn sie schafft Mittel der Liebe. Deshalb ist sie Freude, auch bei aller Mühe.

4. Die Ethik der Liebe und die Ausübung von Gewalt

Mit der gleichen Schärfe, mit der Luther den Glauben und die Liebe treibt, sieht er die Bosheit der gefallenen Welt. Gottes Liebe bedient sich einerseits der vergebenden Liebe in Christus, um Menschen zu retten. Das geschieht durch die Predigt des Evangeliums. Andererseits benützt er die strafende Liebe, um dem Bösen in dieser Welt zu wehren. Das geschieht durch die weltliche Obrigkeit. Damit ist die weltliche Rechts- und Strafordnung als göttliche Liebesordnung mit dem Ziel der Erhaltung der Welt verstanden. Die äußeren Ordnungen des Staates und des Lebens sind Strukturen der Liebe. Ihr darf sich auch der Christ nicht entziehen. Der Christ, der selbst bereit ist zu leiden, darf nicht untätig zusehen, wenn seinem Nächsten Unrecht oder Leid und Schaden zugefügt wird. Die Liebe gebietet ihm, den Nächsten zu schützen und ihm zu seinem Recht zu verhelfen (WA XI, 255 – Von der Obrigkeit). „In bezug auf dich und das Deine hältst du dich nach dem Evangelium und leidest Unrecht als ein rechter Christ; in bezug auf den anderen und das Seine hältst du dich an die Liebe und leidest kein Unrecht gegen deinen Nächsten" (WA XI, 255).

Der Christ darf sich deshalb aus dem öffentlichen Leben, aus der Rechtsprechung, aus Strafvollzug und Verteidigung, aus Wirtschaft und Verwaltung nicht zurückziehen, denn auch diese Aufgaben sind in der Ethik der Liebe „dem Christen auf

Erden vor allen andern zu eigen". Deshalb wird der Christ auch „das Schwert oder die Gewalt gleich wie den ehelichen Stand oder Ackerwerk oder sonst ein Handwerk schätzen, die Gott auch eingesetzt hat. Wie nun ein Mann Gott im ehelichen Stand dienen kann, beim Ackerwerk oder Handwerk, dem andern zu nutzen und dienen müßte, wenn es seinem Nächsten Not wäre: So kann er auch in der Gewalt Gott dienen, und soll ihr dienen, wo es des Nächsten Notdurft (d.i. die Liebe) erfordert" (WA XI, 258). Um der Liebe willen darf die Welt, darf der Staat, darf die Wirtschaft sich nicht selbst überlassen werden. Der Christ ist hineingestellt, nicht mit doppelter Moral, sondern unter dem Doppelgebot von Glaube und Liebe und muß unter Gottes Gebot und Leitung des Geistes suchen, wie sich die Liebe verwirklicht. Weil diese Liebe das Unrecht nicht leidet und das Gute des Nächsten will, sieht sie auch in der jeweiligen Gesellschaftsordnung keine ewige Ordnung, sondern ein Gefüge, das immer zu bessern ist.

Ich komme zum Abschluß. Worum ging es? Es ging darum, zu zeigen, daß die Ethik bei Luther keineswegs ein entbehrliches oder nebensächliches Gebiet ist. Die Notwendigkeit der Rechtfertigung entsteht aus der Notwendigkeit des Handelns als Sünder in einer sündigen Welt. Zugleich ermöglicht die Rechtfertigung ein neues Handeln in dieser Welt. Ein Handeln, das bestimmt ist vom Glauben und von der Liebe. Glaube und Liebe teilen miteinander das Merkmal, daß der Mensch außer sich lebt: Im Glauben in Christus, in der Liebe im Nächsten. So gilt für die Liebe und die Ethik das *extra nos* wie für den Glauben und die Rechtfertigung. Im Rahmen dieser Glaubens- und Liebesethik benützt Luther den Ausdruck Gehorsam nur selten. Denn dieses Handeln geschieht nicht aus Zwang, sondern in Freiheit, nicht in Angst, sondern in Freude, nicht aus dem Gesetz, sondern aus der Gnade und ist Vollzug des Glaubens in Liebe.

Ich habe mich insgesamt nicht auf den Pietismus oder die Gemeinschaftsbewegung bezogen. Aber gerade diese Ethik des Glaubens und der Liebe kann uns in der gegenwärtigen ethischen Orientierungslosigkeit, an der auch wir teilhaben, eine kräftige Hilfe sein. Heraus aus der Ängstlichkeit, heraus aus der Mutlosigkeit, aber auch heraus aus aller Enge, der Weltflucht und der Ratlosigkeit. Dazu helfe uns Gott.

Siegfried Kettling

Vom unfreien Willen

Einführung

„Vom unfreien Willen"[1], das ist der Titel einer Streitschrift
Martin Luthers. Welchen Rang hat dieses Buch von 1525 in
den über 100 Bänden der großen Weimarer Werkausgabe
(WA), welcher Stellenwert gebührt ihm?
Als die Freunde Capito und Butzer 1537 „Luthers Gesammelte Werke" herausgeben wollten, da zeigte sich der Reformator sehr kritisch. Sein Wunsch war, die Bibel solle studiert
werden, seine Furcht (Luther war zweifellos der Bestseller-
Autor seiner Zeit!), man könne statt dessen Luther lesen. Er
antwortete:

> „Ich wünschte, daß sie (meine Schriften) alle verschlungen
> würden. Denn ich erkenne keins als mein rechtes Werk an,
> außer etwa das ‚Vom unfreien Willen' und den Katechis-
> mus" (LD X, 262).

Warum gerade diese beiden? Der Katechismus (man kann
hier den „Kleinen" und den „Großen" zusammennehmen)
bietet die Position, das Ja, der „Unfreie Wille" die Negation,
das notwendige Nein. Beide entsprechen sich wie ein Guß-
stück und seine Hohlform oder wie ein Foto und sein Negativ:
Was beim Foto leuchtend hell erscheint, ist beim Negativ tief
schwarz. Die Gnade ins Licht rücken, das heißt, den „freien
Willen" ins Dunkel zu bannen. Beides ist untrennbar, beides
bedingt sich. So geht es beim „unfreien Willen" um „rem ip-
sam", den „Kern der Sache" im Unterschied zu all den „Fragen über das Papsttum, das Fegefeuer, den Ablaß ..., die
mehr Lappalien als wirkliche Probleme sind" (LD 332/Cl
292). Wohlgemerkt: Wo es um die Grundfrage der Reformation geht – nämlich um die Rechtfertigung des Sünders vor
Gott –, da sind Ablaß oder Papsttum nichts als „Lappalien",
„unnützes Zeug" (Mü 248); die Frage nach dem unfreien Willen dagegen ist der Angelpunkt! Hier ist das Zentrum, alles
andere bloß Peripherie.

H.J. Iwand formuliert zugespitzt so: „Wer diese Schrift nicht aus der Hand legt mit der *Erkenntnis, daß die evangelische Theologie mit dieser (!) Lehre vom unfreien Willen steht und fällt,* der hat sie umsonst gelesen" (Mü 253).,Und ein jüngerer Lutherforscher, K. Schwarzwäller sagt: „Keine Schrift davor oder danach hat das Evangelium in solcher Konzentration und mit derart unausweichlichem Nachdruck zur Geltung gebracht ... Denn Luther stellt hier in unüberbietbarer Schärfe die theologische Wahrheitsfrage" (S. 9).

Das ABC des Glaubens

Hat gerade diese Frage einen so alles entscheidenden Rang, dann kann es sich hier nicht (wie Luthers Gegner Erasmus meinte) um eine esoterische Speziallehre für Spezialisten handeln. Nein, hier geht es nicht um „theologische Glossolalie", sondern um das ABC des Glaubens. „Deus voluit ea vulgari" (Cl 123), Gott selbst hat gewollt, daß das unters Volk kommt. Warum? Luther antwortet:

„Darauf sind wir aus, daß wir untersuchen, was der *freie Wille* vermag ..., wie er sich zur *Gnade Gottes* verhält. Wenn wir das nicht wissen, wissen wir rein gar nichts von den Angelegenheiten der Christen und werden schlimmer sein als alle Heiden. ... Denn wenn ich nicht weiß, was, wieweit und wieviel ich in bezug auf Gott kann und zu tun vermag, so wird es mir ebenso ungewiß und unbekannt sein, was, wieweit und wieviel Gott in bezug auf mich vermag, da Gott doch alles in allem wirkt. Wenn ich aber die Werke und die Wirkungsmacht Gottes nicht kenne, *so kenne ich Gott selbst nicht.* Kenne ich Gott nicht, so kann ich ihn auch nicht verehren, preisen, ihm Dank sagen und ihm dienen ..." (LD 169/Mü 22).

Geht es tatsächlich um so elementare Dinge, so müßte das doch Stoff für jeden Konfirmanden sein. Und in der Tat: Bei Luthers Erklärungen zu den drei Glaubensartikeln im Kleinen Katechismus steht das Wissen um den unfreien Willen beständig im Hintergrund.

Rumor muß sein!

Erasmus hat Sorge: Diese Lehre könnte Unruhe unters Volk bringen, da sei es klüger zu schweigen. Luther aber denkt wie

Paulus: „Ich glaube, darum rede ich" (2. Kor. 4,13). „Friedhofsfriede" ist nicht des Christen Ziel. Im Gegenteil: Das „ist das immerwährende Los des Wortes Gottes, daß seinetwegen die Welt in Unruhe versetzt wird" (LD 183/Mü 34). Ja, „Rumor" und „Tumultus" (Cl 117) sind gerade Echtheitszeichen für die Wirkung dieses Wortes.

„Die Welt und ihr Gott können weder noch wollen sie das Wort des wahren Gottes ertragen. Der wahre Gott aber kann weder noch will er dazu schweigen … Und wenn ich nicht diese Unruhe sähe, würde ich sagen, das Wort Gottes sei nicht in der Welt" (LD 184/Mü 35). „Deshalb sage ich Dir und Bitte Dich, Dir das ganz fest ins Herz zu schreiben, daß es mir in dieser Frage um eine *ernsthafte, notwendige und ewige Sache* geht, so groß und so wichtig, daß sie auch unter Dahingabe des Lebens behauptet und verteidigt werden muß, und wenn die ganze Welt darob nicht nur in Unfriede und Aufruhr versetzt, sondern auch ganz in ein einziges Chaos zusammengestürzt und vernichtet werden sollte" (LD 182/Mü 33).

Dieses Thema muß behandelt werden, und zwar um jeden Preis, weil es hier um die Wahrheit geht!

Sind wir evangelisch?

Rumor gehört also zur Sache! Darum will ich es provozierend sagen: Keiner von uns ist gezwungen, evangelisch zu sein, auch kein Pietist und Gemeinschaftsmann muß evangelisch sein (im 19. Jhdt. behauptete man ohnehin, der Pietismus sei kein Kind der Reformation, sondern ein Bastard der katholischen Mystik); wer aber *evangelisch* ist, der kann nicht anders evangelisch sein als mit dem frohen und dankbaren Ja zum unfreien Willen! Wer hier nein sagt, der sagt nein zur Reformation, und – was mehr ist – nein zum Evangelium, der sagt nein zur Gnade, nein zum Glauben, nein zur Schrift und in dem allen letztlich nein zu Jesus Christus!

Luthers Schrift ist – von der Sache her! – ein so harter Brocken, daß jeder sich hier Zähne ausbeißt. Iwand sagt: „Der Leser wird immer wieder an Stellen kommen, wo er ‚nicht mitkann'" (Mü 253). Beim Lesen – das ist meine Erfahrung – geht's einem immer wieder so: Man ist zuerst fasziniert, dann provoziert, später irritiert und auch frustriert – am Ende aber neu überwunden und mit der Einsicht in den *unfreien* Willen unendlich *befreit.* Fertig wird man jedoch nie, und das Folgende kann nur der Versuch sein, einige Grundlinien auszuziehen.

Zum Aufbau des Hauptteils

Wir stellen zunächst (I) die beiden Kontrahenten, *Luther und Erasmus von Rotterdam,* vor: Beide verkörpern in ihrer Person eine ganze Welt und Weltanschauung.

Sodann fragen wir (II), was eigentlich im Sinne Luthers unter dem Stichwort „*Unfreier Wille"* zu verstehen sei, und versuchen, Mißverständnisse auszuräumen.

Im Teil III geht es um die entscheidende Wende im Leben des Menschen, um den „*Herrschaftswechsel":* Aus dem Sklaven Satans, dem von der Sünde „Besessenen", wird das Gotteskind. Es kommt zur „Freiheit eines Christenmenschen". Wieso kann der „freie Wille" des Menschen hier unmöglich mit im Spiele sein?

Im Teil IV wollen wir mit dem Reformator in einen *Dialog* eintreten über Fragen, die unter uns lebendig sind. Wir wollen zu erfassen versuchen, was die Aussage „Vom unfreien Willen" für folgende Bereiche bedeutet:

1. Unfreier Wille und die Imperative in der Bibel
2. Unfreier Wille und missionarische Verkündigung
3. Unfreier Wille und evangelistischer Ruf zum Glauben
4. Unfreier Wille und Bekehrung
5. Unfreier Wille und christliche Ethik
6. Unfreier Wille und befreiter Wille

Schließlich wird in Teil V – wie eine steile Felswand – die Frage vor uns aufragen: Unfreier Wille und Erwählung (Prädestination).

I. Luther und Erasmus – das Entweder-Oder

Martin Luther und Erasmus von Rotterdam, *Reformation* und *Humanismus,* stehen sich gegenüber, wenn es um den Willen des Menschen, den unfreien oder freien geht. Luthers schon im Ton sieghaft triumphierende Streitschrift „De servo arbitrio", „Vom unfreien Willen" (1525) ist ja Antwort auf des Erasmus Abhandlung „De libero arbitrio", „Über den freien Willen" (1524).

Zuerst hatte es geschienen, als ob beide Bewegungen in dieselbe Richtung unterwegs sind. Dankbar hatte Luther die Ausgabe des griechischen Neuen Testaments, die Erasmus (getreu der humanistischen Losung: Zurück zu den Quellen!) herausgegeben hatte, bei seiner Übersetzung „Das Neue Testament Deutsch" zugrunde gelegt. Und Erasmus erhoffte sich von Luther eine geistige und moralische Erneuerung, eine weitreichende Reform. Aber nun wird der unüberwindbare Graben sichtbar und markiert ein Entweder-Oder bis zum heutigen Tag.

1. Zwei Gemälde

Luther und Erasmus sind beide von bedeutenden Malern häufiger porträtiert worden. Zwei dieser Bilder können die Kluft zwischen den beiden Männern wohl anzeigen: Lukas Cranach d. Ä. hat (1547) auf dem Altar der Stadtkirche zu Wittenberg (Luthers Predigtstätte) den Reformator dargestellt – als *Prediger* auf der Kanzel. Die Linke liegt auf der geöffneten Bibel, – sie allein ist das Fundament. Die Rechte zeigt mit ausgestreckten Schwurfingern auf den Gekreuzigten, – er allein ist das Thema.

Hans Holbein d. J. malte (1523) den großen *Gelehrten* Erasmus: Geist spiegelt das hagere Gesicht, aber auch Skepsis und Ironie. Der breite Mund verzieht sich zu einem distanziert überlegenen Lächeln. Die Hände aber liegen beide auf einem geschlossenen Buch, das den Namen des großen griechischen Philosophen Heraklit trägt. Zu seiner Zeit nannte man ihn „den Dunklen", doch des Erasmus überlegener Geist wird seine Gedanken gewiß ans Licht bringen.

Also: Luther, der Prediger, der nichts anderes sein will als Christuszeuge, der bei geöffneter Bibel auf den für uns Gekreuzigten weist. – Erasmus, die Leuchte der Wissenschaften, der Philologe und Philosoph, der geschlossene Bücher zu öffnen, das Geheimnis des Menschengeistes zu erhellen vermag.

2. Christus allein?!

Erasmus ist *Humanist,* d. h. es geht ihm um den Menschen und seine Würde; gewiß um den gefährdeten, den von inneren Trieben und äußeren Strukturen bedrohten, ja deformierten Menschen, aber doch eben um den im Kern guten, deshalb durch Erziehung und Moral zu befreienden Menschen. Daß der Mensch wahrhaft Mensch werde, darum geht es dem großen Menschenfreund. Entwicklungshelfer möchte er sein bei der Selbstfindung, der Emanzipation des Menschen. Erasmus – der Humanist!

Luther ist *Theologe,* d. h. ein (wie sein Doktoreid es ihm auferlegte) ganz und gar Gott und seinem Wort Verpflichteter. Um Gott geht es ihm, um die Ehre dessen, der in Jesus „mich verlornen und verdammten Menschen erlöset hat". Daß Gott bei den Menschen zu seinem Recht komme, daß Gott für den Menschen wahrhaft GOTT werde, darum geht es Luther.

Für Erasmus ist der Mensch wohl *schwer erkrankt;* er liegt am Boden, aber in seiner Substanz ist er doch so robust und vital, daß man ihm mit Hilfe guter Ärzte (zu denen sicher auch Jesus Christus gehört) und starker Medizin (wobei gewiß das Bibelwort nicht fehlen darf) wieder zu seinem aufrechten Gang, dem Zeichen seiner Würde, verhelfen kann.

Für Luther ist der Mensch „tot in Sünden", keine Zelle ist mehr zu reanimieren; da hilft nur noch Totenauferweckung, eben *Christus allein! Solus Christus!*

3. Die Gnade allein?!

Für Erasmus ist die Burg – Mensch genannt – wohl weitgehend vom Feind erobert, aber im Bergfried, im innersten Refugium, brennt noch das Lämplein der Freiheit. Wird von dort innen der Ausbruch gewagt und kommen von außen Hilfstruppen dazu, dann ist die Rettung gewiß. Dieser noch glühende *Funke im Personenkern,* – eben das ist der *freie Wille;* die Hilfstruppen wären die hinzukommende göttliche Gnade. Für Luther ist gerade das innerste Zentrum („Herz", „Gewissen") längst vom Feind erobert, ja zur *Kommandozentrale des Satans* umfunktioniert. Gerade in seiner Personmitte ist der Mensch versklavt, vom „arg bösen Feind" geradezu „besessen", – eben dies meint das Stichwort *unfreier Wille!* (vgl. LD 323: „Burg"/Mü 239).

Erasmus lehrt mit der mittelalterlichen Theologie das „Facere quod in se": Der Mensch soll tun, was in seiner Kraft steht, er soll sein Möglichstes geben, dann wird die Gnade das Defizit schon begleichen, das Fehlende ergänzen. Hier verbindet sich mit dem Denken der mittelalterlichen Scholastik der Geist der Moderne: die Aufklärung, der Idealismus melden sich. Das ist doch Goethes Weise: „Wer immer strebend sich bemüht" (sich eben damit als würdig erweist!), „den können wir erlösen." Menschliche Leistung *und* Gottes Hilfe kooperieren hier, mein Bemühen *und* seine Gnade!

Luther nennt diese Koalition, diese „Mischfinanzierung", eine teuflische Irrlehre. Wenn der Mensch wirklich „das Seine" tut, das „facere quod in se" praktiziert, also das aktiviert, was in seinem Innersten wohnt, dann produziert er nichts als „Todsünde".[2]

Davon kann also keine Rede sein, daß der Mensch sich für die Gnade präpariert und qualifiziert. Könnte der Mensch sich der Gnade würdig erweisen, dann wäre sie eben keine Gnade mehr. Gnade und Verdienst, Gnade und Rechtsanspruch scheiden sich wie Feuer und Wasser.

In Wahrheit ist der Mensch nichts als Finsternis, Tohuwabohu, aber darüber geht „ohn all mein Verdienst und Würdigkeit" die Sonne des göttlichen Erbarmens auf. Darum: Die *Gnade allein! Sola gratia!* Und weil wir ganz und gar Unwürdigen diese uns nie erarbeiten, sondern nur „gratis", als Geschenk, empfangen können, heißt das in einem Atemzug: *Sola fide!* Aus *Glauben allein!*

4. Die Schrift allein?!

Luthers Hand liegt auf der geöffneten Bibel. Die Schrift sagt mit ganz eindeutigen Worten, wie es um den Menschen steht und was er zu seinem Heil braucht. Die Schrift ist völlig „klar" (Luther preist die „claritas" der Schrift!); nur unsere verfinsterten Augen erkennen's nicht! Wem der Heilige Geist aber die Augen öffnet (Luther spricht hier von der „inneren Klarheit" der Schrift), der wird durchs Wort seiner Verlorenheit inne und seiner Rettung froh. Nun ist er zu eindeutigen Bekenntnisaussagen fähig (zu „assertiones"), kann sagen: So ist es! So und nicht anders! Im Wort Gottes „gefangen" (auch das ist eine Variation des unfreien Willens!), kann der Christ vor Papst und Kaiser treten: „Hier stehe ich, ich kann nicht anders." Weil der Heilige Geist kein „Skeptikus" ist, ist der Christ ein Mensch der Gewißheit. Dies alles schenkt die geöffnete Bibel (vgl. LD 160/Mü 14 / LD 164/Mü 17). Darum: *Sola scriptura! Die Schrift allein!*

Erasmus aber, der Skeptiker, hält die Schrift für dunkel und rätselhaft, für in sich selbst widersprüchlich, für aus sich selbst unverständlich. Über Gott und Menschen kann man nichts Genaues wissen, kann allenfalls Argumente, Meinungen, Vermutungen („collationes") aufstellen. Da wäre es doch höchst unklug, alles auf eine Karte zu setzen. Der Weise lehrt: Die Schrift *und* die Auslegung der Väter, die Schrift *und* die bewährte Tradition, die Schrift *und* das päpstliche Lehramt, die Schrift *und* die Philosophie, die Schrift *und* der gesunde Menschenverstand!

Luther sieht hinter all dem zu Recht die innere Distanz, in der Erasmus zum Evangelium steht: „Du leugnest, daß die Schrift klar sei, der Du aber für Christi Lehre vielleicht nicht die Tränen vergossen, nicht einen Seufzer getan hast" (LD 224/Mü 74).

5. Allein oder „Jein"?

Das also ist der Unterschied zwischen dem gewissen Christuszeugen und dem skeptischen Denker, dem Gottesmann (Theologen) und dem „Menschenfreund" (Humanisten): Der eine glaubt an Christus allein, der andere an das Gute im Menschen dazu! *Allein!* sagt der Christ: *Christus allein,* und deshalb allein die Gnade, der Glaube, die Schrift!

„Ja aber" bemerkt der Humanist: Christus gewiß, aber doch auch der strebende Mensch; die Gnade sicher, aber doch auch unser Verdienst; der Glaube freilich, aber doch auch mein Bemühen; die Schrift natürlich, aber doch nicht so, daß wir einfach „unter der Schrift" stehen, sondern doch ein wenig auch kritisch „neben" ihr; die Schrift, aber doch auch die Vernunft. Das viermalige *„Allein"* ist Luthers strahlend deutliches Trompetensignal; „Ja aber", „sowohl als auch", „einerseits – andererseits", so klingt die chromatisch gleitende, nirgends faßbare Weise des Erasmus.

Mit all dem haben wir immer schon vom „freien", bzw. „unfreien Willen" gesprochen. Jetzt aber ist es nötig, auf diese Begriffe und die mit ihnen gemeinte Wirklichkeit selbst zuzugehen.

II. Unfreier Wille

Auf Cranachs Bild zeigt Luther beharrlich auf den *Gekreuzigten*. Diese Blickrichtung haben wir bei jeder Überlegung streng einzuhalten. Denn hier und so offenbart sich Gott; nur hier und nur so können wir deshalb „theologische Schlüsselerkenntnisse" gewinnen. Was also „Wille" und „Freiheit", bzw. „Unfreiheit" bedeuten, das haben wir nicht aus dem alltäglichen Sprachgebrauch abzuleiten, das haben wir auch nicht von den Fachleuten auf der menschlichen Ebene, von Philosophen, Psychologen, Pädagogen, Juristen zu erfragen. Diese anthropologischen Urworte wollen vielmehr unter das Kreuz Jesu gebracht und dort neu gefüllt werden. Luthers Begriffe sind streng theologisch, christozentrisch definiert.[3] Diese strenge Offenbarungsbezogenheit im Ansatz hat weitreichende Konsequenzen.

1. Kein Determinismus

Das Wort „unfreier Wille" ist von vielen Mißverständnissen überwachsen. Deshalb muß zunächst eine Schneise geschlagen werden. Luther diskutiert nicht im Sinne der Philosophen über das unerschöpfliche Reizthema: Ja oder Nein zur Willensfreiheit, „Determinismus" oder „Indeterminismus", „Kausalgesetz und sittliche Selbstbestimmung".
Falls etwa Theologiestudenten ihre griechischen Vokabeln nicht beherrschen und sich dann darauf berufen, als echt Evangelische fehle ihnen bekanntlich die Willensfreiheit, sie seien also zum Lernen unfähig gewesen und damit völlig unschuldig an ihrer Ignoranz, dann würde Luther gleich nach Ruten rufen und jenen „Schwärmern" die Faulheit aus- und die Vokabeln einbleuen. Luther ist keineswegs ein Determinist oder Fatalist. Für den Deterministen ist alle Freiheit nur

Einbildung, jede Entscheidungsfähigkeit nur subjektive Illusion. Da wird mit der Freiheit der Wille selbst für nichtig erklärt: Alles ist längst vorprogrammiert durch Erbmasse, Umwelt, Erziehung oder ein anonymes Schicksal; der Mensch ist nur eine Marionette, die wohl Bewegungen macht, die wie willentliche und bewußte Äußerungen erscheinen, in Wirklichkeit aber an Fäden hängt, rein mechanisch ferngesteuert wird.

Eine solche Ansicht hat Luther nie vertreten. Er unterscheidet – auch hier von der Gottesbeziehung her – zwei Bereiche: Da sind die *„Inferiora"* („Carnalia"), die Dinge, die niedriger sind als wir, über die wir verfügen können. In diesem „inferioren" Gelände, wo es um Geld und Besitz, Essen und Trinken, Fleiß und Faulheit, Berufswahl, Modefragen, Urlaubsziele geht, hat der Mensch durchaus Ermessens- und Handlungsspielraum, kann durchaus wählen zwischen einem gelben oder lila Sommerkleid. Luther aber interessieren die *„Superiora"*, das, was wesenhaft höher ist als wir, nämlich die Frage nach unserem Gottesverhältnis, nach Seligkeit und Verdammnis, – da gilt streng: „Unfreier Wille"!

„Im übrigen hat er gegenüber Gott oder in den Dingen, welche Seligkeit oder Verdammnis angehen, keinen freien Willen, sondern ist gefangen, unterworfen, verknechtet – entweder dem Willen Gottes oder dem Willen Satans" (LD 200/Mü 49f).

2. Nicht Herkules am Scheideweg

Luther denkt stets streng theologisch, also von Gott her. Er fragt deshalb, was im Licht der Offenbarung (nicht der menschlichen Vernunft!) *Freiheit* überhaupt heißen kann.

Die griechische Philosophie – mit ihr auch Erasmus – versteht Freiheit nach dem berühmten Modell „Herkules am Scheideweg": Der Jüngling wird an einer Weggabelung von zwei attraktiven Frauen angesprochen. Jede ruft „Folge mir!"; die eine verspricht Luxus und Lust, die andere unsterblichen Ruhm als Lohn für harte Strapazen. Indem Herkules den Weg der Unsterblichkeit einschlägt, hat er sich in freier Entscheidung selbst gebunden. Zuvor aber stand er im „Niemandsland", im neutralen Bereich. Besser: Zuvor gehörte er allein sich selbst, hatte volle Verfügung über sich, konnte sich nach Belieben hinwenden oder abwenden. Zuvor hatte er das „absolutum velle", den ganz ungebundenen Willen.

Von der biblischen Offenbarung her ist diese Herkulessituation und Herkulesfreiheit ganz unmöglich. Und zwar nicht erst wegen der Sünde des gefallenen Menschen, sondern schon vom 1. Glaubensartikel her, weil der Mensch nämlich *Geschöpf Gottes* ist. Er hat sich ja nicht aus dem Nichts selbst hervorgezaubert, ist vielmehr mit seinem ganzen Wesen, mit jedem Blutstropfen und jeder Zelle ein Geschaffener, und zwar zum „Ebenbild" Gottes, als sein Bundespartner. Er kann also wesenhaft nur eine geschöpfliche, eine endliche, eine ihm verliehene Freiheit besitzen. Das bedeutet: Weil er ursprunghaft, wesenhaft zu Gott gehört, ist er *frei* nur in der *Bindung* an Gott (so wie ein Fisch nur innerhalb seines Lebenselementes Wasser frei sein kann). Wer diesem Menschen dagegen ein „absolutum velle", eine völlig unbegrenzte Wahlfreiheit und autonome Selbstbestimmung zuschreiben wollte, der müßte dabei seine Geschöpflichkeit bestreiten. (So tut es konsequent Karl Marx, der im Namen der menschlichen Freiheit behauptet, der Mensch habe sich durch seine Arbeit selbst über das Tier emporgeschaffen; ein Schöpfergott dagegen sei eine bloße Illusion).

Von daher ist deutlich: *Frei im absoluten Sinn ist einzig GOTT,* der Schöpfer und Herr aller Dinge. Deshalb will Luther den Ehrentitel *„freier Wille"* am liebsten für Gott reservieren, entsprechend der Allmacht, der Allwissenheit, der Ewigkeit Gottes! „Deshalb hätten die Theologen sich dieses Wortes enthalten, wenn sie vom menschlichen Vermögen sprechen wollten, und es allein Gott überlassen sollen" (LD 198/Mü 78). Dies alles lehrt jeden Einfältigen der 1. Glaubensartikel, der von Gott dem „Allmächtigen" spricht. „Allmacht" darf man biblisch ja nicht als bloße Möglichkeit verstehen (potentiell), sondern als *Allwirksamkeit* (aktuell): „Als Allmacht Gottes aber bezeichne ich nicht jene Macht, durch die er vieles nicht tut, was er wohl könnte, sondern jene handelnde Kraft, durch die er machtvoll *alles in allem wirkt"* (LD 287/Mü 153). Gott ist kein müßiger, schlafender, schnarchender Gott (LD 272/Mü 136). Er ist beständig in allen Kreaturen schaffend und regierend am Werk. Auch die Bösen (Pharao wie Kaiphas, Judas wie Pilatus, ja selbst der Satan) müssen – wenn auch schnaubend – seinen Zielen dienen. „Was er sich vorgenommen und was er haben will, das muß doch endlich kommen zu seinem Zweck und Ziel." Auch was Menschen auf dem „inferioren" Gebiet wollen, planen, tun, ist umgriffen und gesteuert von Gottes ständigem Schaffen und Lenken. Es gilt zu sehen, „wie unaufhörlich bewegend Gott in allen seinen Geschöpfen wirkt und keines untätig sein läßt" (LD 279/ Mü 142 „quam inquietus sit actor Deus ...", Cl 205). Dieses Umfaßtsein allen menschlichen Tuns durch die Allwirksamkeit Gottes, diese unentwegte Betätigung der souveränen göttlichen Freiheit, ist für uns unendlich *tröstlich*: Was immer mir widerfährt, „es kann mir nichts geschehen, als was Gott hat ersehen ..." In seinem alles durchwirkenden Handeln bin ich geborgen; das schreckliche Wort „Zufall" ist für mich tot!

3. Der stets gerittene Mensch

Der Mensch kann als Geschöpf nur endliche Freiheit haben, und diese kann er recht betätigen nur in der Gottesgemeinschaft, also im Einklang mit Gottes Wollen und Wirken. Der *gefallene Mensch,* der *Sünder,* ist aber nun gerade dadurch gekennzeichnet, daß er „wie Gott sein wollte", also das „absolutum velle", die Autonomie, die Selbst-*herr*-lichkeit für sich beanspruchte. Bei diesem wahnsinnigen Unternehmen ist er freilich „gefallen", d.h. aus der guten Herrschaft Gottes hinabgestürzt in die *Tyrannei des Satans.* Jetzt ist menschliche „Willensfreiheit" in der Tat nichts als „inane vocabulum" (Cl 128), ein „leeres Wort", ist „merum mendacium" (Cl 97), „pure Lüge", ja geradezu Sakrileg, Gotteslästerung. Der Mensch ist stets in eine Herrschaft eingefügt, ist so oder so immer schon qualifiziert; eine neutrale Zone, ein „Niemandsland" ist nirgends. Luther gebraucht dafür ein drastisches Bild:
„So ist der menschliche Wille ... wie ein Lasttier; wenn Gott darauf sitzt, will er und geht er, wohin Gott will ... Wenn der Satan darauf sitzt, will er und geht, wohin Satan will. Und es liegt nicht in seiner freien Wahl, zu einem von den beiden Reitern zu laufen und ihn zu suchen, sondern die Reiter selbst kämpfen darum, ihn festzuhalten und in Besitz zu nehmen" (Mü 46 f/vgl. LD 196).
„Geritten" wird der Mensch also stets, mit seinem „freien Willen" ist es nichts. Freilich unterscheidet sich der Reitstil des einen Herrn von dem des anderen wie der Himmel von der Hölle: Gott führt sein „Lasttier" zur grünen Au und zum frischen Wasser, der Satan jedoch reitet es zuschanden!

4. Nicht – Wollen – Können, daß Gott GOTT sei

Bedeutet dieses „Geritten-werden", der „unfreie Wille", dasselbe wie *Zwang?* Hier muß man unterscheiden und die Begriffe sorgfältig benutzen lernen. Unter *Zwang* („coactio") verstehen wir eine *Vergewaltigung* von *außen* her. Zwang bezieht sich nicht auf den Willen, sondern auf das Tun. Wer gezwungen wird, der wird durch äußere Gewalt genötigt, etwas zu tun, was er gerade nicht will, oder etwas zu unterlassen, was er heiß begehrt. Wird ein Bankdirektor von einem Gangster mit vorgehaltener Pistole gezwungen, den Safe zu öffnen, so wird er zwar zähneknirschend folgen, in seinem Innern, mit seinem Willen aber beständig nein sagen. Zwang setzt also – das steckt in der Logik des Begriffs – immer einen entgegengesetzt ausgerichteten Willen voraus; *Zwang* geschieht stets *„wider Willen".* Gott zwingt nicht, er überwindet und überzeugt uns durch seinen Heiligen Geist von innen her („Non cogit, sed trahit": Er zwingt nicht, er zieht). Auch der Satan zwingt nicht mit äußerer Gewalt; der Vater der Lüge überredet, manipuliert, belügt den Menschen in seinem Inneren.

Wenn Luther also von dem „unfreien Willen" spricht, so meint er nie „coactio", Zwang von außen; er redet von der *„immutabilitas"* des Willens, d.h. *der Mensch kann die Richtung,* die innere Bestimmtheit, *die Zielstrebigkeit seines Willens von sich aus nicht ändern.* Wie ein Fluß mit all seinem Brausen und Toben, bei all seiner verheerenden Gewalt niemals sein Gefälle (die Richtung von oben nach unten) umkehren kann, so vermag der gefallene Mensch zwar in der vitalen Leidenschaft seines Wollens mächtig zu schäumen, aber sein Kurs wird immer heißen: Los von Gott! Das ist ja gerade das innerste Engagement, die ganze Leidenschaft des Sünders: Er will keinen Herrn über sich. „Wir wollen nicht, daß dieser über uns herrsche!", das ist der beständige Cantus firmus in allem menschlichen Wollen. Das fanatische Nein zu Gott ist das beherrschende Pathos. Und diese gottfeindliche Willensrichtung kann der Mensch von sich aus niemals korrigieren. *Es steht nicht in seiner Macht, sich zu bekehren. Diese Unfähigkeit zur Kurskorrektur, diese „immutabilitas", ist eben der „unfreie Wille".* Der Sünder kann nichts anderes wollen als sich selbst, nichts anderes begehren als den Platz Gottes: „Mein, mein sei das Reich und die Kraft und die Herrlichkeit!" Der junge Luther hat das so zusammengefaßt: „Non potest homo naturaliter velle deum esse deum, immo vellet se esse deum et deum non esse"; „Der Mensch kann von Hause aus nicht wollen, daß Gott GOTT sei; im Gegenteil, er will lieber, daß er selbst Gott sei und daß Gott nicht sei."[4]

5. Sein und Wollen

Der Mensch, der ein Sünder *ist,* kann Gottes Ehre nicht *wollen.* Wir fragen genauer: Wie verhält sich das *Sein* des Menschen (sein „Charakter") zu seinem *Wollen*? Antwort: Nicht die Früchte machen den Baum, sondern der Baum bringt die Früchte hervor. Nicht das Wollen prägt, formt, schafft den Menschen, sondern im Wollen kommt heraus, wer der Mensch ist: *das Sein äußert sich im Wollen.* Die Frage nach dem Wollen des Menschen vertieft sich also zur Frage nach seinem *Sein:* Wer ist der gefallene Mensch? Er ist nichts als Rebell gegen Gott, nichts als leidenschaftlicher Gotthasser. Aus seinem Pervertiert-Sein, seinem „In-sich-selbst-Eingekrümmt-Sein" entspringt all sein Wollen, resultiert die wilde Jagd nach Autonomie, die Gier nach dem Sein-wie-Gott.

Frage ich nun: Wie kann der Mensch ein neues Wollen, eine neue Ausrichtung bekommen, wie kann er dazu gelangen zu beten: „Dein ist das Reich"?, dann lautet die Frage in Wahrheit: Wie kommt der Mensch zu einem *neuen Sein,* zu einem „neuen Herzen" und „neuen Geist"? Ein neues Wollen erfordert also nicht weniger als eine radikale Umwandlung, eine Erneuerung im Personenkern, eine „neue Kreatur".

Daß der Mensch an dieser entscheidenden Stelle, nämlich bei seiner *Neuschöpfung,* seiner Wiedergeburt, auch nur im Geringsten mitwirken könne, genau das verneint Luther aufs schärfste. Weil hier gilt: „Christus allein! Der Geist Gottes allein", darum muß bekannt werden: *„Unfreier Wille"!*

6. Der Freiheitswahn

Wir stoßen noch einmal nach! In welcher Lage befindet sich der gefallene Mensch? Paulus sagt: „Die Sünde betrog (täuschte) mich" (Röm. 7,11). Satan, der Vater der Lüge, verlockte mich mit faszinierenden Bildern, gaukelte mir Glück, Leben, Freiheit vor. Durch raffinierte Manipulation, durch teuflische „Gehirnwäsche", durch höllische Drogen hat er mich in eine Welt der Träume und Illusionen versetzt, hat mich in den wahnsinnigen Rausch vermeintlicher Freiheit getrieben!

Diese Existenz in Schein und Illusion hält der vom Satan Geblendete allerdings für das einzig Reale. So trennt er sich von Gott, sägt den Ast ab, der ihn trägt, stürzt ins Bodenlose und jauchzt dabei, im Wahn befangen: „Endlich frei!" Das ist also Hauptkennzeichen des gefallenen Menschen, daß er sich selbst für frei hält: „Die Freiheitsidee ist der Glaube des natürlichen Menschen; und daß der Mensch nicht anders kann, als an seine Freiheit glauben, das ist seine Unfreiheit." Der Mensch „muß an seine Freiheit glauben, bis es Gott gefällt, ihm diesen Glauben zu nehmen."[5] „Die Sünd' hat mich besessen." Luther hat dieses totale Verstricktsein in Lüge und Wahn, diese „Besessenheit" des Menschen, plastisch beschrieben:

„Die Schrift ... schildert uns den Menschen als einen solchen, der nicht nur gebunden, elend, gefangen, krank und tot ist, sondern der unter dem Einfluß seines Fürsten, des Satans, zu all diesem Jammer noch den der *Blindheit* hinzufügt, indem er *sich für frei, glücklich, erlöst, mächtig, gesund und lebendig hält*. Denn Satan weiß wohl, daß er, wenn der Mensch sein Elend erkennen würde, keinen in seinem Reich behalten könnte, weil Gott sich dessen, der seinen Jammer sieht und zu ihm schreit, sofort erbarmen und ihm helfen muß" (LD 237/Mü 100).

Es kommt also alles darauf an, daß diesem verblendeten Menschen die Wirklichkeit seines Elends entdeckt wird, daß ihm der Star gestochen wird. Wie diese heilsame Ent-Täuschung, diese rettende Desillusionierung geschieht, ist jetzt zu fragen.

III. Herrschaftswechsel

Ein neues Wollen setzt einen neuen Menschen voraus, die „neue Kreatur". Wie aber kommt dieses neue Sein zustande? Hier muß die Antwort ohne Zweifel heißen: Sola gratia, allein durch Gottes Gnade!

1. Das Wort tut's

Das neue Leben schafft Gott selbst, Gott, der Schöpfer Geist; er wirkt es durch sein schöpferisches Wort. Dieses Wort begegnet dem Menschen in zweifacher Gestalt und mit doppelter Wirkung: Es deckt die Schuld auf und deckt sie zu, es richtet und rettet, erklingt als Todesurteil und als Freispruch, stellt die unerbittliche Diagnose und bringt die rettende Therapie; kurz, es widerfährt uns als *Gesetz* und *Evangelium*. So wie es in der Begegnung zwischen dem Propheten Nathan und David, dem Mörder und Ehebrecher, unnachahmlich plastisch wird (2. Sam. 7): „Du bist der Mann!" Das ist die „Donneraxt" des Gesetzes, die den Schrei heraustreibt: Ich habe gesündigt gegen den *Herrn!* „Der *Herr* hat deine Sünde weggenommen", so lautet der alles wendende Trost des Evangeliums.

Das Gesetz reißt den vom Satan Geblendeten aus allen Illusionen; das Evangelium führt den Todeskandidaten zu dem Mann am Kreuz.

Hier zeigt sich, „wie viel und wie weit das Gesetz nützt, nämlich, daß der freie Wille an sich allein so blind ist, daß er nicht einmal die Sünde kennt, sondern ihm das Gesetz als Lehrer dazu nötig ist ... Denn dies ist die Frucht, dies das Werk, dies das Amt des Gesetzes, daß es den Unwissenden und Blinden ein Licht ist ..., welches die Krankheit, die Sünde, den Tod, die Hölle, den Zorn Gottes zeigt. Aber es hilft nicht, noch befreit es von ihnen ... Ein anderes Licht ist wahrhaft nötig, welches das Heilmittel zeige. Das ist die Stimme des Evangeliums, welche auf Christus als Befreier von diesen (oben genannten Übeln) allen hinweist" (LD 310f/Mü 217f).

„Wie die Stimme des Gesetzes sich nur auf diejenigen erstreckt, die ihre Sünde nicht spüren und die nicht erkennen" (damit sie nämlich zur Erkenntnis kommen), – „so findet das Wort der Gnade nur bei denen Zugang, die ihre Sünden spüren und in Betrübnis, ja sogar in Verzweiflung darüber geraten" (LD 245/Mü 106).

So zeigt das Gesetz dem Sünder das eigene Herz, das Evangelium aber läßt ihn das Herz Jesu schauen.

2. Die „bescheidene" Definition des Erasmus

Welchen Anteil an dieser Wende, dieser „Bekehrung", hat

der Mensch? Genau hier liegt der Streitpunkt zwischen Luther und Erasmus, denn hier, *im Zentrum der Heilswende*, läßt Erasmus den „freien Willen" auftreten, hier, im Herzen des Wiedergeburts- und Neuschöpfungswunders, läßt er den Menschen aktiv mitwirken. Gerade hier soll die große Stunde des „freien Willens" schlagen!

Allerdings klingt alles, was Erasmus zu Ehren des „freien Willens" zu sagen weiß, höchst bescheiden. Der Humanist ist bereit, die Möglichkeiten des Menschen auf ein Minimum zurückzuschrauben. Der Spielraum des „freien Willens" geht gegen Null. Aber: *Daß* der Mensch an dieser Stelle kooperierend beteiligt sei – mit einem noch so geringen Beitrag –, dieses Daß ist das Entscheidende! Hier verdirbt ein Gramm Sauerteig alles; hier läßt ein einziger Tropfen Säure die ganze Milch des Wortes Gottes gerinnen. Hier zeigt sich für Luther der verzweifelte und zugleich gottlose Kampf aller, die an einer totalen Bankrotterklärung, an einer völlig bedingungslosen Kapitulation vorbeikommen wollen, „daß ihnen wenigstens ein klein wenig übriggelassen wird" (LD 194/Mü 43f/Cl 124: „aliquid vel modiculum sibi relinqui volunt"). Aber dieses Minimum, dieses „modiculum", dies „Fünklein" verdirbt alles.

Hören wir auf die *Definition des Erasmus:*

> „Weiter verstehen wir an dieser Stelle unter dem freien Willen die Kraft des menschlichen Willens, mit der der Mensch sich zu dem hinwenden kann, was zum ewigen Heil führt, oder sich davon abwenden kann" (Mü 76/vgl. LD 226; Cl 151: „se possit applicare aut avertere").

Wie demütig klingt das doch! Wie viele Evangelische (Pietisten?) würden das ohne Zögern, ja mit Engagement unterschreiben. Erasmus behauptet doch keineswegs, daß wir das Heil (Jesus Christus) nicht nötig hätten oder daß wir selbst uns dies Heil schaffen könnten. Nein, das Heil ist da, es wird dem Menschen *angeboten,* hingehalten. Und nur darin besteht die Freiheit des Menschen, daß er sich hier *entscheiden* kann: entweder zufassen („sich hinwenden") oder vorbeigehen („sich abwenden"). Was könnte daran falsch sein?

Doch was hier so bescheiden klingt und so einleuchtend dazu, ist für Luther eine nicht zu überbietende Vermessenheit, nichts als Gotteslästerung. In seinem lateinisch geschriebenen Buch bricht es an einer Stelle gewaltsam auf Deutsch aus ihm heraus: „Das ist zu viel" (Mü 18/Cl 103; LD 165). Daß wir es ja im Gedächtnis behalten: An diesem Punkt lag für Luther der ganze Unterschied zwischen der römisch-katholischen Theologie und dem biblischen Evangelium. Iwands provozierende These heißt: Der moderne Protestantismus ist hier Erasmus gefolgt, nicht Luther.[6] Da wird „marktwirtschaftlich" gedacht: Gottes Gnade sei ein bloßes „Angebot" und der Kunde treffe die Entscheidung. Dabei sei die Gnade bloße „Möglichkeit"; *wir* müßten sie erst wirklich werden lassen. Das ist Erasmus, nicht Luther!

3. „Ich glaube, daß ich ... nicht glauben kann"

Wir fragen, vielleicht etwas irritiert, was denn „zu viel" sei bei diesem Minimum? Will Luther etwa behaupten, daß hier im Zentrum der Heilswende der Mensch mit all seinem Wollen, Wählen, Entscheiden nichts sei? Genau das meint Luther: *Der Mensch ist hier nichts, weil hier Christus alles ist.* Das „Christus *allein*" will wörtlich genommen werden! Hier gilt das radikale Nein zum Wahn vom „freien Willen". Unerbittlich beharrt Luther hier auf dem Wort des Paulus: „So liegt es nun nicht an jemandes Laufen oder Wollen, sondern an Gottes Erbarmen" (Röm. 9,16). „Pietismus, quo vadis?" Wohin gehst du, Pietismus, so fragte vor Jahren Otto Rodenberg. Hier und nirgendwo sonst fällt die Antwort!

Im Detail, so sagt man, stecke der Teufel. Luther sieht ihn bei des Erasmus Definition in dem Wörtlein *„sich"*. Der Mensch könne angesichts des Heilsangebotes „sich zuwenden" oder „sich abwenden". Prüfen wir den Satz: „Ich wende mich zu"! Wer wendet? *Ich!* Also bin ich hier das Subjekt, der Handelnde. Wen wende ich? *Mich!* Also auch das Objekt, der Behandelte, bin ich. Das bedeutet fraglos: Ich kann über mich nach Belieben verfügen. Ich habe mich an der entscheidenden Stelle selbst ganz im Griff. Ich stehe mir selbst voll zu Gebot und zur Verfügung. Was heißt das anders als: Ich bin in ganzer Freiheit mein eigner Herr!? Ich bin „Herkules am Scheideweg"! – Da ist nichts mehr von Versklavung unter die Sünde, nichts von „die Sünd hat mich besessen". Wer sich so selbst in der Hand hat, sich so nach Wunsch hin- und abwenden kann, der ist – die Konsequenz ist unausweichlich – *sein eigener Erlöser.* Der braucht weder Christus noch den Heiligen Geist. Angesichts des angebotenen Heils wird er zum strahlenden „Selbstversorger". Luther hält Erasmus vor:

„Du überlegst gar nicht, wieviel Du ihm (dem „freien Willen") mit diesem Wörtchen ‚sich' oder ‚sich selbst' beilegst, wenn Du sagst: er kann sich hinwenden, denn damit schließt Du ja ganz und gar den Heiligen Geist mit all seiner Kraft aus, als wäre er überflüssig oder gar nicht notwendig" (LD 232/Mü 80).

Quo vadis? Wohin gehst du?, so ist hier jeder gefragt. Wer hier mit dem Humanisten geht, muß des Reformators Erklärung zum 3. Artikel durchstreichen: „Ich glaube, daß ich nicht aus eigener Vernunft noch Kraft an Jesum Christum, meinen Herrn, *glauben* oder zu ihm kommen *kann,* sondern der Heilige Geist hat mich durch das Evangelium berufen, ... erleuchtet, ... geheiligt ... und erhalten." Das also ist des Christen Credo: *Ich glaube, daß ich* (von mir aus) *nicht glauben kann!* Wer das bekennt, bekennt damit den „unfreien Willen" und damit das „Sola gratia".

4. „Christus selbst" – oder „Ich selbst"?

Hier muß es sich erweisen, ob wir „evangelisch" sind. Das ist keineswegs zunächst konfessionell gemeint, sondern ganz elementar: Folgen wir dem Evangelium? Folgen wir Jesus, wenn er sagt, daß die *Sünde* zuerst und zuletzt nicht ein moralisches Versagen ist, sondern der *Unglaube* (Joh. 16,9), der nicht Gott, sondern sich selbst recht gibt?

Dazu Luther: „Dazu ist die Ungläubigkeit nicht eine grobe Neigung, sondern die höchste, die da sitzt und herrscht in der Burg des Willens und der Vernunft" (LD 323/Mü 239). Folgen wir Paulus: „Ich bin fleischlich, unter die Sünde verkauft ... Ich weiß, daß in mir, d.h. in meinem Fleisch, nichts Gutes wohnt" (Röm. 7,14.18)? Sagen wir Ja zu Jesu radikalem Urteil: „Was vom Fleisch geboren wird, das ist Fleisch" (Joh. 3,6)? Singen wir mit dem Reformator: „Es war kein Guts am Leben mein"? Glauben wir, was wir mit dem Munde bekennen, daß Jesus keine „gemalten Sünder" erlöst hat, sondern „mich verlorenen und verdammten Menschen", also nicht einen „reparablen", sondern einen total „irreparablen" und wertlosen?

Oder meinen wir mit Erasmus, daß „Fleisch" nicht etwa ein Ganzheitsurteil über den Menschen sei, sondern nur seine niedere Triebsphäre, sein tierisches Teil meine; daß dagegen der vernünftige und wahrhaft menschliche Teil durchaus fähig sei, nach dem Guten zu streben? Wollen wir noch irgendeinen unverdorbenen Rest festhalten, ein winziges „Fünklein"? Oder sind wir (nicht nur bildlich, sondern real) „tot in Sünden" und also zu jedem „Sich-Hinwenden" unfähig?

Jeder winzige Rest wäre „Räuber an der göttlichen Ehre" (Mü 185). Luther geht es um den Ruhm des Gekreuzigten:

„Wollen wir etwa den Preis seines Blutes so gering achten, daß er allein das, was das Wertloseste im Menschen ist, erlöst hat, dagegen das Vortrefflichste im Menschen durch sich selbst kräftig ist und Christus nicht mehr nötig hätte?, so daß wir demnächst Christum als Erlöser nicht des ganzen Menschen, sondern seines wertlosesten Teiles, nämlich des Fleisches predigen, den Menschen aber selbst als den Erlöser seiner selbst in seinem vorzüglicheren Teil … Wenn der bessere Teil des Menschen unverdorben ist, bedarf er nicht des Erlösers Christus … So wird es durch dieses Dogma von dem vornehmsten Teil des Menschen geschehen, daß der Mensch über Christus und den Teufel erhoben wird, d.h. Gott der Götter und Herr der Herren wird" (Mü 186f).

Hier hat Luther – so Iwand[7] – die titanische Selbstvergötzung des Menschen vorausgeahnt, wie sie im 19. Jhdt. etwa von Friedrich Nietzsche vollzogen wurde. Und dies ist nur konsequent: Wer leugnet, daß der Mensch Geschöpf ist und sich total Gott verdankt (1. Kor. 4,7), wer die „Erbsünde", also die totale und universale Verfallenheit des Menschen, für einen Wahn hält, der muß den Menschen an Gottes Platz rücken und im „Antichristen" den wahren Befreier sehen. Hier steht in der Tat alles auf dem Spiel! Nicht umsonst warnt Luther den Erasmus nicht weniger als sechzehn Mal, sein „freier Wille" mache Gottes Gnade zunichte.[8] „Christus selbst" oder „Ich selbst", das ist die Alternative! Kann ein Christ da wählen, kann er da wählen wollen?

IV. Ein Stück Dialog

Luthers Schrift ist ja selbst Dialog; er antwortet Stück um Stück auf die Schrift des Erasmus. Vielleicht ist es hilfreich, wenn wir nun versuchen, in einen Dialog mit dem Reformator einzutreten. Wir stellen ihm unsere Fragen, bringen Einwän-

de und Bedenken vor und lassen ihn entweder wörtlich oder
sinngemäß antworten. (Dabei ist freilich zu bedenken, daß
der Referent als Interpret des Reformators auftritt und nur
versuchen kann, dessen Gedanken sachgemäß auszuziehen.)

1. Unfreier Wille und die Imperative in der Bibel

Frage: Gibt es nicht im AT wie im NT viele Imperative, viele
Befehls- oder Bedingungssätze („Tue das, dann wirst du leben", bzw. „Wenn du das tust, so lebst du!")? Nun scheint mir
ein Befehl doch nur dann sinnvoll, wenn der Angeredete die
Fähigkeit hat, ihn zu befolgen. „Heute schreibst du deine
Hausaufgaben ordentlicher", sagt die Mutter, „ich weiß ja,
daß du schöner schreiben kannst." Die Logik ist doch immer:
„Du kannst, *deshalb* sollst du!" „Du sollst, *denn* du kannst!"
So lehren doch alle Philosophen (etwa Kant), so argumentie-
ren und praktizieren alle Pädagogen, so denkt doch jeder vernünftige Mensch. Das Gegenteil wäre ja absurd: Nur ein Narr
würde einen Tauben ins Konzert einladen, eine Gelähmte um
den nächsten Tanz bitten. Wenn also Gott sagt „Du *sollst!*",
muß er doch das *Können* voraussetzen. Wie paßt das zum „unfreien Willen"?
Antwort: So – auf der Ebene menschlicher Vernunft – hat
auch Erasmus argumentiert; theologisch aber hat er dabei alles durcheinander geworfen. Wir reden ja hier von *Gottes*
Wort, und da muß man unterscheiden zwischen dem richtenden Gesetz und dem rettenden Evangelium.
Beide können im Indikativ reden, in Aussagesätzen, in Fest-
stellungen. „Du bist der Mann!", so das Gesetz; „Dir sind deine Sünden vergeben", so das Evangelium. Beide können aber
auch den Imperativ, die Befehlsform benutzen.
Hier geht es um den *Imperativ des Gesetzes.* Was ist sein Ziel?
Es will dem verblendeten, dem von Satan besessenen, dem in
der Illusion seiner Freiheit gefangenen Menschen die Augen
öffnen. Gerade mit der Aufforderung „Tu das!" soll dem vermeintlichen Alleskönner der Star gestochen werden. „Tu's
doch! Pack's an! Reiß dich zusammen!", so appelliert das Gesetz, um den Träumer wachzurütteln, den Trunkenen endlich
zu ernüchtern: „Ich kann's nicht! Weh mir, ich bin verloren!
Ich armer, elender, sündiger Mensch, wer wird mich erretten?" *Das Gesetz setzt scheinbar den „freien Willen" voraus,*

aber gerade um ihn ad absurdum zu führen. Und das nicht theoretisch und abstrakt, sondern tief durch die existentielle Erfahrung des Scheiterns hindurch. Ja, das Gesetz schneidet noch tiefer: „Ich schaffe es nicht, mir fehlt das Vermögen!", das ist die erste Einsicht, es geht um das *Nicht-Können.* Aber dann weiter: „In Wahrheit will ich es auch gar nicht; mich selbst will und suche ich mit ganzer Leidenschaft, nicht Gott und seine Ehre." Hinter dem Nicht-Können wird das abgrundtiefe *Nicht-Wollen,* ja das *Nicht-Wollen-Können* sichtbar (Der Mensch kann nicht wollen, daß Gott GOTT sei!). Dahinter aber wird der Urgrund des Elends aufgedeckt: das falsche, das pervertierte *Sein,* das „Ich bin Fleisch und ganz verderbt" (J. Klepper). So knüpft das Gesetz an die Illusion des „freien Willens" an, gerade um die heilsame, die not-wendige „Ent-Täuschung" zu vollziehen. Das ist der Sinn dieser Imperative: Der „kernfaule" Mensch soll „christusreif" werden.

„Daher, um die Menschen an sich zu fesseln, liegt dem Satan daran, daß sie ihr Elend nicht erkennen, sondern annehmen, sie könnten alles leisten, was man sagt. Mose will jedoch und dem Gesetzgeber liegt im Gegenteil daran, dem Menschen durch das Gesetz sein Elend zu enthüllen, ihn in Erkenntnis seiner selbst, zerknirscht und außer Fassung, zur Gnade vorzubereiten und zu Christus zu bringen, damit er so gerettet werde" (LD 238/Mü 100).

2. Unfreier Wille und missionarische Verkündigung

Frage: Du betonst so stark: Was den „höheren Bereich" (die Superiora) angeht, da liegt nicht das Geringste in unserer Macht. Da liegt nichts „an jemandes Wollen oder Laufen", sondern alles allein an Gottes Erbarmen. Alles kommt da auf Gottes Geist an, und der wirkt, „wo und wann es Gott gefällt" („ubi et quando visum est Deo", CA, Art. 5). Ist dann nicht alle Wortverkündigung, alle Mission und Evangelisation, alles Ermuntern zum Bibellesen, alles Einladen zu Predigt und Bibelstunde schlicht Unsinn? Gilt es dann nicht, die Augen zu schließen und auf den wunderbaren Gnadeneinbruch senkrecht von oben zu warten? Und wird dieses Hoffen und Harren nicht ein sinnloses „Warten auf Godot" oder den „Sankt-Nimmerleins-Tag"?
Antwort: Mein jahrelanges Bemühen um die Bibelüberset-

zung, meine jahrzehntelange Predigttätigkeit beweisen doch schon, daß ich so gerade nicht denke. In der Tat: Es liegt alles an Gottes Gnade, alles ausschließlich an seinem Heiligen Geist. Aber wie wirkt dieser „Schöpfer Geist"? Sicher, er „weht, wo er will" (Joh. 3,8). Aber wo will er wehen? Das ist doch das Wunder: Gottes Geist hat sich an das *Bibelwort* gebunden, an das schlichte Zeugnis von Jesus Christus. Durch dieses Evangelium will er uns durch die Ohren hindurch ins Herz sprechen, weil es unter seinem Blasen und Wehen zur „viva vox", zur lebendigen, neues Leben schaffenden Stimme, werden lassen, zum allmächtigen Schöpferwort, das über das Totenfeld fährt und Auferweckung schafft.

„So hat es Gott gefallen, daß er nicht ohne das Wort, sondern *durch das Wort uns seinen Geist schenkt.* Freilich er könnte dies auch ohne das Wort tun, aber er will es nicht" (LD 258).

Was folgt daraus? Gerade wenn die Diagnose „unfreier Wille" stimmt, wenn der Mensch sich weder befreien will noch kann, ja seine Verlorenheit nicht einmal wahrzunehmen vermag, dann kommt doch alles darauf an, daß dieser „Besessene" befreit wird, daß er die Stimme des Stärkeren hört, der dem Starken die Beute entreißt. Gerade wenn die Diagnose stimmt, dann muß ernst gemacht werden mit der allein seligmachenden Therapie, mit der Proklamation des göttlichen Wortes, mit der Predigt von Gesetz und Evangelium. *Nicht obwohl es gilt „Unfreier Wille", ist Predigt, Mission, Evangelisation „dran", sondern gerade weil es gilt!* Gerade weil ich weiß: „Unfreier Wille", darum rufe ich: „Land, Land, Land, höre des Herrn Wort!" Wo die Lehre vom „unfreien Willen" faule Leute macht, Mission hemmt, Passivität bewirkt, da ist sie völlig mißverstanden. Denn sie ist eben nicht Narkotikum, nicht ein „Quietiv", das einschläfert, sondern ein Motiv, ist göttlicher Impuls. So spricht der „unfreie Wille": „Wir können's ja nicht lassen, daß wir nicht reden sollten von dem, was wir gesehen und gehört haben" (Apg. 4,20). „Wir können's nicht", das ist es!

3. Unfreier Wille und evangelistischer Ruf zum Glauben

Frage: Ich möchte nachhaken: Wenn du die These des Erasmus „Der Mensch kann sich seinem Heil zuwenden oder sich davon abkehren" so radikal ablehnst, ist es dann sinnvoll, wenn ein Evangelist ausruft: „Heute ist die Stunde des Heils! Komm jetzt zu Jesus! Erhebe jetzt deine Hand! Komm jetzt nach vorn!"? Steht das nicht alles auf dem ideologischen Fundament des Erasmus und muß mit ihm verneint werden?

Antwort: Über die Stilfragen der Evangelisation will ich mich nicht äußern (eine solche Art der Verkündigung gab es zu meiner Zeit nicht), zur Sachfrage aber will ich gern Stellung nehmen.

Der Satz „Komm heute zu Jesus!" als solcher besagt noch nichts. Er kann ausgerufen werden unter den Voraussetzungen des Erasmus: Dann ist er ein Appell an das vermeintlich noch vorhandene „gute Fünklein", dann lebt er von der Illusion, der Mensch könne und wolle von sich aus das Heil ergreifen. Man mag damit Menschen in psychische Erregung versetzen, sie gruppendynamisch aufputschen, aber das ist „Fleisch", sind Zuckungen des alten Menschen, dem der Satan auch die „religiöse Masche" erlaubt, als Opium, versteht sich!

Der Satz „Komm zu Jesus!" kann aber auch auf dem Hintergrund der Erkenntnis vom „unfreien Willen" des Menschen ausgesprochen werden; dann ist er ein *Imperativ des Evangeliums*. Weil der Schöpfer-Geist wirkt, ist das gepredigte Wort voller Kraft und Leben. Als Jesus in Grab und Verwesungsgeruch hineinrief: „Lazarus, komm heraus!", da geschah das nicht in der Hoffnung auf Scheintod, auf einen Rest Lebensenergie, auf noch reanimierbare Zellen. Nein, dieser Ruf war nichts als *Schöpferwort an einen Toten*. Das ist das Geheimnis des göttlichen Imperativs: Er setzt nicht bei uns die Kraft voraus, sondern trägt sie in sich, bringt sie mit. Er geschieht nicht nach der Melodie: Du sollst, weil du kannst! , sondern nach Gottes Weise: *Du darfst, weil ICH kann!* Nach diesem Modell geschieht „Erweckung", nämlich als Auferweckung.

Ein Evangelist treibt nicht Leichenfledderei (so warnte Ludwig Hofacker: Zerrt nicht so an den Toten herum!), sondern traut der Verheißung: „Mein Wort soll nicht leer zurückkommen." Diese göttliche Zusage steht über dem Jetzt, dem Heute, gilt für diese Stunde (das Evangelium sagt immer: Heute!, vgl. das „Heute" im Lukasevangelium). Recht verstanden ist also der Ruf: „Komm heute zu Jesus!" nichts anderes als ein „Lazarus, komm heraus!" (wobei ein rechter Verkündiger stets weiß, daß nicht er, sondern Gottes Geist allein für den Einzelnen die „Stunde" setzt!).

Wieder gilt die Regel: Gerade *weil* wir vom „unfreien Willen"
wissen, wagen wir im Namen Jesu den schöpferischen Imperativ des Evangeliums. *Rechte Evangelisation und die Lehre
vom „unfreien Willen" bedingen einander und bleiben aneinander gesund* (resignierende Passivität wie drängerischer Aktivismus werden miteinander gebannt).

4. Unfreier Wille und Bekehrung

Frage: Da sagt einer: „Ich *habe mich* bekehrt", „Ich bin zum
Glauben *gekommen*". Er sagt nicht: „Der Glaube kam über
mich." Er fährt fort: *„Ich* glaube", nicht „Es glaubt in mir".
Zeigt das nicht deutlich, daß Menschen ihre Bekehrung als eine Entscheidung erleben, als einen aktiven Schritt in den
Glauben, bei dem sie sich mit ihrem Denken, Fühlen, Wollen
ganz engagiert erfahren? Wenn die Lehre vom „unfreien Willen" gilt, müßte dann der Christ seine Bekehrung nicht als eine Art Entrückung erfahren, könnte er nicht lediglich passivisch von „Wiedergeburt" sprechen?
Antwort: Meine Regel, die ich der Bibel abgelauscht habe,
lautet: *Gott wirkt in uns – nicht ohne uns.* Gott behandelt uns
nicht wie „lapis et truncus", wie Stein und Baumstumpf, also
als Sachen.
Paulus sagt: „Gott schafft beides, das Wollen und das Vollbringen" (Phil. 2,13). Kann man den „unfreien Willen" klarer
bezeugen? Auch das Wollen ist ganz Gottes Schöpferwerk.
Aber dieses Neue, dieses geistliche Wollen schafft Gottes
Geist *in uns,* und so wollen wir. Er schafft in uns das Vollbringen, „macht uns Beine", und so kommen wir zum Glauben.
Gott, der Heilige Geist, vernichtet das Ich, das Gott, der Vater, schuf, nicht einfach (der 3. Artikel ist nicht der Feind,
sondern der Vollender des 1.!). Er erweckt es vom Tode, verwandelt es, schafft es völlig um, so daß der Mensch nun wahrhaft zum ersten Mal wirklich im Sinne Gottes *„Ich"* sagen
kann: „Ich glaube, ich liebe, ich hoffe, ich bete." Es ist eben
das neue Ich, das hier aktiv wird. Das Zum-Glauben-*Kommen* ist die erste Lebensäußerung des „auferweckten" Menschen; der Ruf „Abba, Vater!" ist der vitale Geburtsschrei der
neuen Kreatur. Aber all das („Ich habe mich bekehrt, entschieden ...") steht unter dem Satz des Paulus: *„Ich* lebe, aber
nun *nicht ich, Christus* lebt in mir" (Gal. 2,20). Gottes Wollen

und unser Wollen bilden keine Koalition, ergänzen sich nicht etwa zu 100 Prozent („Mischfinanzierung"); unser Wollen ist vielmehr „dimensional" (K. Heim) umgriffen, durchtränkt, „durchgeistet" von Gottes Wollen: *Gott will so in mir, daß er mich wollen macht!*

Deshalb ist es sicher nützlich, die psychische Außenseite und die *pneumatische* Innenseite zu unterscheiden: Von außen mag ich den Vorgang als meine Bekehrung, als mein Wollen, Entscheiden, mein Kommen erleben, in der geistlichen Tiefenschicht ist dies alles ganz und gar Gottes Wirken, sein Wunder, sein Geheimnis. Manche Christen bekennen: „Ich mußte durch viel Kampf hindurch"; die zugehörige Innenseite aber sah so aus: Der Starke, der Satan wollte seine Beute nicht hergeben (sein Reittier behalten), aber der Stärkere, der Ostersieger, hat sie ihm triumphierend entrissen. Es ist wahr: *Ich* glaube; nicht ein Es (eine anonyme Macht) glaubt in mir. Aber: Ich glaube, bete, liebe, hoffe, wirke, ich tue Buße und kehre um – dies alles *„en pneumati",* in dem Gottesgeist, der allein lebendig macht. Auch hier bewährt sich die Lehre vom „unfreien Willen" als Schlüsselerkenntnis.

5. Unfreier Wille und christliche Ethik

Frage: Wie ordnet sich nun das Handeln des Christen ein? Besteht nicht die Gefahr, daß die Lehre vom „unfreien Willen" alle Ethik lahmlegt? Kann sie nicht in trostlose und feige Passivität treiben, in eine erbärmliche Kopfhänger-Mentalität: „Ich armer, elender lutherischer Mensch: Ich bin nichts, weiß nichts, hab nichts, kann nichts und tue deshalb auch nichts." Ist das deine Botschaft?

Antwort: Das war schon der Vorwurf des Erasmus! Ihm, dem Humanisten, dem Reformer und Pädagogen ging es um Aktivierung des (so muß ich scharf urteilen!) „alten Menschen". Man muß dem alten Esel gut zureden, ihn notfalls auch durchpeitschen, damit er läuft! Aber mir geht es ja um die „neue Kreatur". Auch da bin ich oft mißverstanden worden im Sinne eines traurigen „Quietismus", einer lahmen und lähmenden Passivität.[9] Aber ich habe zwei Sätze gesagt, und auf dem zweiten liegt jetzt der Ton:

1. „So der Glaube nicht ohne Werke ist, und seien es auch

die geringsten, macht er nicht gerecht, ja, ist er nicht Glaube."

2. „Es ist unmöglich, daß der Glaube sei ohne unablässige, viele und große Werke."[10]

Hier geht es um den Imperativ des Evangeliums (etwa Röm. 12,1f), der zum fröhlichen Gottesdienst ruft. An die „neue Kreatur" ist er adressiert: Gott schenkt ihr ein neues Wesen, damit ein neues Wollen, damit ein neues Wirken. Jetzt wächst die Frucht des Glaubens! Das von Gott „Geritten-werden" ist *„königliche Freiheit"* (Mü 46/LD 196).

„Wenn Gott in uns wirkt, will und handelt ... der durch den Geist Gottes gewandelte und freundlich eingeblasene Wille ... aus reiner Lust und Neigung ... Er fährt fort das Gute zu wollen, gern zu haben und zu lieben, so wie er vorher das Böse wollte, gern hatte und liebte" (LD 195/Mü 46).

Es ist also nichts „Lutherisches", will sagen Biblisches, Evangelisches an dem jämmerlichen „Ich kann, bin, hab nichts" im Munde des Christen. Freilich, aus sich selbst vermag er nichts. Aber er ist ja „in Christus", und der ist der Auferstandene; er ist „im Geist", und der ist der Neuschöpfer. Gott will uns als seine *Mitarbeiter* (2. Kor. 1,24; 6,1f; 1. Kor. 3,9; Kol. 4,11), als „Gehilfen der Freude". Jetzt wirkt Gott in uns und durch uns; dabei werden wir nicht „ausgeschaltet", sondern als seine Kinder ganz „eingeschaltet", ganz beteiligt, ganz engagiert. Jetzt ist der neue Gehorsam möglich und wirklich: Was bei unserer Errettung streng ausgeschlossen war – nämlich jedes Mitwirken, alle Kooperation – das geschieht jetzt: Wir werden Gottes *„Cooperatores"*. Und er hat gewaltige Aufgaben für uns!

„Aber er wirkt nicht ohne uns, die er ja gerade dazu neugeschaffen hat und erhält, daß er in uns wirke und wir mit ihm zusammenwirken. So predigt er durch uns, erbarmt sich der Armen durch uns, tröstet die Betrübten durch uns" (LD 298f/Mü 200).

Ja, ich sage es noch kühner: „Wir sind wechselseitig einer dem andern *ein Christus,* wie Christus uns getan hat" (vgl. Mü II, S. 415: „invicem sumus alter alterius Christus ...").

„Ich vermag alles", sagt der Apostel und präzisiert sofort, „durch den, der mich mächtig macht, Christus" (Phil. 4,13). So löst sich das Rätsel: *Nichts* können wir aus uns selbst (das an die Adresse aller Erasmusleute!). *Alles* können wir in der Kraft Christi (das den falschen Kümmerchristen ins Stammbuch!).

„So würde es auf einmal wahr werden, daß wir nichts von dem vermöchten, was vorgeschrieben wird, und zugleich alles vermöchten, indem wir jenes unseren eigenen Kräften, dieses der Gande Gottes zuschrieben" (Mü 117).

Dieses neue Tun, das aus dem neuen Sein entspringt (wie die Frucht dem Weinstock), hat ein neues Motiv: Gott allein die Ehre!

„Die Kinder Gottes aber tun das Gute mit einem uneigennützigen Willen, fragen nach keinem Lohn, sondern allein nach der Ehre und dem Willen Gottes, bereit, das Gute zu tun, selbst wenn es, was unmöglich ist, weder ein Reich Gottes noch eine Hölle gäbe" (Mü 120/LD 256).

6. Unfreier Wille und befreiter Wille

Frage: Sollte man dann nicht begrifflich unterscheiden: *„Vom unfreien Willen"*, das ist eine Aussage über den von Sünde, Tod und Teufel besessenen Menschen, über den Menschen ohne Christus. Aber: *„Vom befreiten Willen"*, das ist die passende Überschrift für ein Christenleben. Dann würde deutlich: Der „befreite Wille" tritt an die Stelle des „unfreien Willen": „De liberato arbitrio" statt „De servo arbitrio"!?

Antwort: Das ist in bestimmter Hinsicht gewiß richtig: Gott befreit den Willen. So habe ich ja auch die „ganze Summa eines christlichen Lebens" unter die Überschrift zu stellen: „Von der Freiheit eines Christenmenschen" (1520). Und doch möchte ich daran festhalten, daß „De servo arbitrio", „Vom unfreien Willen", als Überschrift über dem alten wie dem neuen Leben steht. Freilich in ganz unterschiedlichem Sinn. Paulus sagt: „Da ihr nun frei geworden seid von der Sünde, seid ihr *Knechte* (Sklaven) geworden der Gerechtigkeit" (Röm. 6,18). Oder: „Wir *dienen* (jetzt) im neuen Wesen des Geistes und nicht (mehr) im alten Wesen des Buchstabens" (Röm. 7,6). Wir sind befreit von dem alten Schinder, dem „Mörder und Lügner von Anfang", dem Satan. Aber wir haben nun einen *neuen Herrn,* der uns „teuer erkauft hat". Wir sind nicht „unser eigen" (1. Kor. 6,19 f), sondern gehören mit Leib und Seele Jesus Christus. Weil dies gilt: „Domini sumus", Herren sind wir, gerade weil wir des Herrn sind; weil es wahr ist: Christenstand heißt „neuer Gehorsam"; weil die „Freiheit eines Christenmenschen" oft mißbraucht wurde zu libertinistischer Autonomie; vor allem aber, weil „freier Wille" zutiefst allein ein Ehrentitel Gottes ist, darum bleibe ich dabei: Auch über dem neuen, dem Christenleben steht – freilich in leuchtenden Buchstaben – „De servo arbitrio"[11]. Das ist – wie der Heidelberger Katechismus sagt – „mein einziger Trost, daß ich mit Leib und Seele im Leben und im Sterben nicht mir, sondern meinem getreuen Heiland Jesus Christus gehöre", *sein* eigen und nicht mein eigen bin.

V. Unfreier Wille und Erwählung (Prädestination)

Hier meldet sich die tiefste Frage: Wenn es mit den „Superiora" so bestellt ist, wenn es da schlechterdings nicht an unserem Laufen und Wollen liegt, wenn wir keine Sekunde unseres Lebens dem ungebundenen Fohlen gleichen, sondern stets „Gerittene" sind, die sich den Reiter nicht wählen können, wenn wir in keiner Situation wie Herkules am Scheideweg stehen, wenn wir uns als „natürliche Menschen" immer schon und ausnahmslos als „Besessene" im Machtbereich des Satans befinden, wenn wir uns also nie so selbst zur Verfügung stehen, daß wir uns dem Heil „zuwenden" können, wenn von unserem „freien Willen" lediglich zu sagen ist: er „haßte Gott's Gericht, er war zum Gut'n erstorben", wenn er nur eines wollen kann – und dies mit Leidenschaft –, daß Gott nicht GOTT sei, und wenn all dies keineswegs durch Zwang von außen (coactio), sondern kraft der tief inneren Versklavung an unser gottwidriges Sein (immutabilitas) so geschieht, *dann liegt doch alles ausschließlich an Gottes freier Gnade.* Aber wenn man das „sola gratia" so radikal versteht, muß man dann nicht Gott fragen: Warum bewirkst Du bei dem einen den Glauben und beläßt den anderen in seinem Unglauben? Ist es dann nicht am Ende Deine Schuld, wenn einer verlorengeht?

1. Die Vernunft gehört unters Kreuz!

Der alte Drang der Vernunft, Maß aller Dinge zu sein, erhebt auch in unserem Theologisieren das Haupt. Gott soll sich selbst und sein Tun an unseren Normen ausweisen, soll sich vor unserem Forum rechtfertigen. Die Vernunft weiß, was gerecht ist, und Gott hat sich, will er sich nicht selbst disqualifizieren, nach diesem Kriterium zu richten.

„Die menschliche Vernunft wird aufgebracht, welche, obwohl sie in allen Worten und Werken Gottes blind, taub, töricht, gottlos und gotteslästerlich ist, an dieser Stelle als *Richterin* über die Worte und Werke Gottes herangezogen wird" (LD 273/Mü 138).

„Einer so großen Ehre hält das Fleisch Gott nicht für würdig, daß es glaubt, er sei gerecht und gut, wenn er über das hinaus etwas sagt und tut, was der Codex des Justinian oder das fünfte Buch der Ethik des Aristoteles bestimmt hat" (Mü 167).

Der „gesunde Menschenverstand" (Mü 153) will Gott messen; wenn das nicht vermessen ist! Gerät die Vernunft ins Theologisieren, wird sie „fromm", so will sie (statt Gott anzugreifen) Gott *verteidigen,* gebärdet sich als sein Advokat: Nein, sagt sie, nicht Gott ist schuld; nicht an ihm liegt's, sondern am Menschen. Herr X hätte glauben sollen, aber er hat eben „nicht das Seine getan". So unternimmt es die Vernunft, „Gott zu entschuldigen und den freien Willen zu beschuldigen" (LD 271/Mü 135). Sie will Gottes Handeln einsichtig und plausibel machen. Wem? Sich selbst, der Vernunft! Sie will nachweisen, wie „vernünftig", „human", „gerecht" Gott doch handelt, will ihn nicht nur freisprechen, sondern ihm ein „Verdienstkreuz" verleihen. Dabei merkt die verblendete Vernunft nicht, daß eine Verteidigung Gottes nicht weniger überheblich, ja gotteslästerlich ist wie ein Angriff auf seine Ehre!

„Dahin kommt es, wenn wir mit menschlicher Vernunft Gott messen und rechtfertigen wollen, wenn wir die Geheimnisse der Majestät nicht ehrfürchtig verehren, sondern forschend in sie eindringen, daß wir, von Scheinruhm erdrückt, statt einer Entschuldigung *tausend Gotteslästerungen* von uns geben" (LD 272f/Mü 137).

Freilich meint sie's gut, die Vernunft. Aber mit wem? Mit sich selbst! Sie merkt in ihrer Verblendung nicht, daß es ihr nur scheinbar um Gott geht, in Wahrheit aber um ihre Selbstbehauptung, um ihr eigenes Überleben. Denn das gäbe der Vernunft den Todesstoß, wenn sie vor der Souveränität Gottes ihre Waffen strecken müßte, gerade auch ihre scheinfrommen Verteidigungswaffen! Wenn sie sich so beugen müßte, daß sie alle ihre Normen und Ansprüche aus der Hand legte und Gott wahrhaft GOTT sein ließe: Herr Gott, was „gerecht", was

„gut" ist, das weißt und bestimmst Du allein. Was Du tust, das ist heilig, gerecht und gut! Nicht weil ich es einsehen könnte, weil es mir plausibel wäre, sondern weil Du GOTT bist („Glaube und Geist urteilen ..., daß Gott gut sei, und wenn er auch alle Menschen verdürbe", LD 274/Mü 132).

Gerade bei der Erwählungsfrage geht es um die entscheidende Probe: Wollen wir recht bekommen in und bei Gott? Oder soll Gott endlich bei uns zu seinem Recht kommen? Können wir uns ganz Gott ausliefern, uns Gott ganz anheimgeben – auf Gedeih und Verderb? Wenn Gnade wirklich *Gnade* ist, dann ist sie völlig frei und souverän, kann weder ergründet noch auf irgendeine Weise gefordert werden. Einen *Anspruch* auf Gnade kann es nicht geben, das wäre reiner Widersinn! Ist Gnade reines, unvorhersehbares, ja undenkbares Wunder, dann kann es ihr gegenüber weder moralische („Verdienst") noch intellektuelle („Vernünftigkeit") Forderungen geben. Gerade an der Erwählungsfrage kommt's heraus, ob die Vernunft sich unter das Kreuz Christi beugt, ihr Todesurteil (Kreuz) auf sich nimmt, bedingungslos kapituliert und spricht: „Wir können's (wollen's) nicht ergründen, wir können (wollen) nur vertraun." Da ist die Wiedergeburt geschehn: Da ist die Vernunft vom „Baum der Erkenntnis" hin zum Kreuzesstamm geführt worden. Da gehen ihr die Augen neu auf: „Es ist nicht unsere Aufgabe, das (die Geheimnisse der göttlichen Majestät) wissen zu wollen, sondern vielmehr, diese Geheimnisse *anzubeten*" (LD 280). Glauben heißt für Luther „Deum justificare", Gott recht geben, nur ihm, ihm ganz und gar.[12]

2. Die Erwählungsanfechtung ist heilsam

Luther selbst hat die Frage tief ins Herz getroffen: Was wäre, wenn Gott mich nicht erwählt, sondern verworfen, mir nicht das ewige Heil, sondern die Verdammnis bestimmt hätte? Gewiß, ich empfinge dann nur, was ich verdient habe, und könnte keineswegs über Gottes Härte oder gar Ungerechtigkeit klagen. Und doch:

> „Ich selbst bin mehr als einmal bis zum Abgrund und zur Hölle der Verzweiflung erschüttert gewesen, so daß ich sogar wünschte, ich wäre nie als Mensch geschaffen worden,

ehe denn ich wußte, wie heilsam eine solche Verzweiflung ist und wie nahe der Gnade" (LD 288/Mü 153).

Heilsam ist diese „Hölle", weil hier aller Heilsegoismus ausgeschmolzen wird, weil hier nur eines bleibt: „Dein Wille geschehe!"

Ludwig Feuerbachs These lautete, alle *Religion* sei ein egoistisches, ein gerade nicht theozentrisches, sondern *anthropozentrisches* Unternehmen: der Mensch suche sich seine Sehnsüchte (etwa das Verlangen nach einem Leben nach dem Tod) auf dem raffinierten Umweg über die „Gottesprojektion" zu erfüllen. Wohl diene er „Gott", bete, opfere, aber nur, damit dieser „Gott" ihm zu Willen sei. So sei der Mensch mit seinem Begehren, mit seinem Eudämonismus, Anfang, Mitte und Ende aller Frömmigkeit. „Gott" sage man, aber man meine sich selbst! Das ist im philosophischen Gewand die alte Frage des Satans: „Meinst du, daß Hiob *umsonst* (d.h. ohne egoistische Berechnung) Gott fürchtet? (Hiob 1,9), daß er wirklich Gott meint, wahrhaft Gott GOTT sein läßt?"

In der Erwählungsanfechtung stellt sich diese Frage in letzter Schärfe; genauer: Gott selbst stellt sie uns! Luther hat sich in seiner Römerbriefvorlesung (1515/16) dazu geäußert: Er spricht von Menschen, die Gott lieben „mit der Liebe sündlicher Begier", nämlich „um ihres Heiles und um der ewigen Ruhe willen oder um der Hölle zu entgehen, d.h. nicht um Gottes, sondern um ihrer selbst willen" (Mü E II, Römer, S. 301). Ganz anders ist es bei Menschen, die Gott mit jener wahren Liebe zugetan sind, „die nicht von Hause da ist, sondern allein vom Heiligen Geist kommt."

„Solche schicken sich freiwillig in jeglichen Willen Gottes, auch in die Hölle und den ewigen Tod, wenn es Gott so will, daß sein Wille völlig geschehe; so sehr suchen sie nichts von dem, was das Ihre ist" (ebenda 301).

Wer aber so mit Gott und seinem Willen eins wird, der kann nur dort ewig sein, wo Gott ist: „Denn es ist unmöglich, daß außerhalb von Gott bleibt, wer sich dem Willen Gottes so völlig hingibt" (eb. 302). Die Stimme des „Fleisches" schreit beständig: „Mein, mein!" „Räume dies ‚Mein' hinweg und sag dafür: Ehre sei Dir, Herr! und du wirst selig sein" (eb. 294). So stirbt die „concupiscentia spiritualis" (die geistliche Begehrlichkeit), und Gott bekommt wahrhaft recht. So, nur so, ist Feuerbachs Theorie wahrhaft zu überwinden.[13]

3. Von Gottes Verborgenheit und seinem Sich-Offenbaren

Offenbarung Gottes ist in keiner Weise selbstverständlich, ist reines unableitbares (kontingentes) Wunder. Was keine Vernunft fordern, erwarten oder auch nur verstehen kann, Gott hat's getan. Er tritt aus sich heraus, bricht sein Schweigen, zeigt uns sein „Herz". Er kommt zu uns, so daß wir zu ihm kommen können.

Gott „in seinem Wesen und in seiner Majestät" (in sua natura et majestate, Cl 177/LD 247/Mü 108) ist uns schlechterdings unzugänglich: Er ist „wie ein verzehrend Feuer" und „wohnt in einem Licht, da niemand zukommen kann." Sein Anblick wäre unbedingt tödlich. Wie gut, daß Gott sich da vor uns verbirgt!

Aber Gott schafft einen Platz, wo er uns zugänglich wird (wie im Alten Bund das „Zelt der Begegnung"). Er, der uns in seiner „nuda majestas" (seiner unverhüllten Herrlichkeit) unerträglich wäre, er *verhüllt* sich gnädig für uns, wird der „Deus indutus", der Gott, der sich uns in gnädiger „Verhüllung", in Knechtsgestalt zeigt. Wo? Ausschließlich in Jesus Christus und in dem süßen Evangelium: da, nur da will er sich von uns finden lassen.

So unterscheidet Luther den „Deus absconditus" (Cl 178), den Gott, der sich – uns unzugänglich – verborgen hat, und den „Deus revelatus", den Gott, der sich uns offenbart, aber eben so: „In unser armes Fleisch und Blut *verkleidet* sich das ewge Gut." Was den Gott in seiner „nackten Majestät" angeht, so gilt hier die strikte Regel: *„Was über uns ist, geht uns nichts an"* (LD 247/Mü 108 „Quae supra nos, nihil ad nos", Cl 177). Hier stehen alle Ampeln auf rot! Wehe jedem, der hinter die Offenbarung Gottes greifen, der Gott abgesehen von Jesus Christus, jenseits von Wort und Sakrament haben will! In Natur und Geschichte spüren wir wohl etwas vom heißen Atem Gottes, aber sein Herz sehen wir da nicht. Erst recht vergreift sich, wer in die Geheimnisse Gottes – und dazu gehört für Luther die Prädestinationsfrage! – wahnwitzig einbrechen will!

Schau auf Jesus! Da heißt Gottes lockende Stimme: „Kommt her zu mir alle!" Da schauen wir Gottes gnädiges Vatergesicht und dürfen „Abba" rufen.

„Was über uns ist, geht uns nichts an!" Immer wieder schärft Luther ein: Hier ist Anbetung gefragt, nicht vermessenes Erforschen-Wollen. Wir bekommen Gott nicht in unseren Griff. Der Vater bleibt „der ganz andere" (Barth). „Nun dürfen wir nur das Wort betrachten, jenen unerforschlichen Willen müssen wir stehen lassen" (LD 248/Mü 108 f). Es hängt unser Heil daran, daß wir hier Gottes Kinder bleiben, uns nicht als seine „Geheimräte" aufspielen. „Was über uns ist, geht uns nichts an." Hier ist *aller Theologie die absolute Grenze gezogen.* Hier muß ein deutliches *Nein* gesprochen werden zu der Spekulation Calvins von der *„doppelten Prädestination"* von Ewigkeit her (davon wissen wir nichts!) ebenso wie zu der Spekulation von einer *„Wiederbringung aller Dinge"*, einer „Allversöhnung" (davon wissen wir ebensowenig!) Jede derartige Spekulation ist nicht eine besondere, exklusive Tiefenschau, sondern schlicht „Vermessenheit".[14]

Großartig faßt Iwand zusammen: „Der Glanz und der Schrekken des ‚Deus ipse' (Gott selbst), der uns unzugänglich ist", treibt uns immer wieder zurück „dem Deus praedicatus (dem gepredigten Gott) in die Arme" (Mü 293). *Gottes „Verborgenheit gibt der Offenbarung ihre göttliche Souveränität, seine Offenbarung aber nimmt seiner Verborgenheit den Schrecken"* (Mü 294).

4. Erwählung in Jesu Wunden und Wort

Aber bleibt nicht die Frage: Wenn bei allen die Ausgangsposition dieselbe ist, nämlich: „Für alle Menschen ist der gleich definierte ‚freie Wille' angenommen worden: daß er nichts Gutes wollen könne" (LD 272), wenn das ausnahmslos für jeden gilt: Er kann nicht wollen, daß Gott GOTT sei, „warum ändert er (Gott) nicht auf einmal die bösen Willen?" (LD 280/ Mü 145). Es liegt doch in Seiner Macht, einzig da! Luthers Antwort lautet immer neu:

„Das gehört zu den Geheimnissen der göttlichen Majestät, in der seine Entscheidungen unbegreiflich sind. Und es ist nicht unsere Aufgabe, das wissen zu wollen, sondern vielmehr, diese Geheimnisse anzubeten. Wenn Fleisch und Blut hier Anstoß nimmt und murrt, so mag es ruhig murren, Gott wird sich deswegen nicht wandeln" (LD 280/Mü 145).

Aber neben dieser deutlichen Abfuhr, die Paulus ebenso scharf erteilt hat („Ja, lieber Mensch, wer bist du denn, daß du mit Gott rechten willst", Röm. 9,20)[15], neben diesem Verweis steht immer wieder die Einladung: Schau auf Jesus! Sobald du den Lichtkegel der Offenbarung verläßt, stehst du vor undurchdringlichem Dunkel. Sobald du von Christus wegblickst auf Gottes Verborgenheit, versinkst du wie Petrus in der Flut! So redet Luther seelsorgerlich mit Frau Barbara Lisskirchen, die „mit der Anfechtung von der ewigen Vorsehung hoch bekümmert" ist (Brief vom 30.4.1531/LD X Briefe, S. 226-228): „Unter allen Geboten Gottes ist das höchste, daß wir seinen lieben Sohn, unsern Herrn Jesus Christus, uns vor Augen stellen sollen, der soll unsers Herzens täglicher … Spiegel sein, darin wir sehen, wie lieb uns Gott hat … daß er auch seinen lieben Sohn für uns gegeben hat. *Hier, hier, sage ich, lernt man die rechte Kunst von der Versöhnung und sonst nirgends.* Da wird sichs finden, daß Ihr an Christus glaubet. Glaubt Ihr, so seid Ihr berufen, seid Ihr berufen, so seid Ihr auch gewißlich (zum Heil) vorherbestimmt … Unser Herr Jesus Christus zeige Euch seine Füße und Hände (vgl. Joh. 20,27) und grüße Euch freundlich im Herzen, auf daß Ihr ihn allein ansehet und höret, bis daß Ihr fröhlich in Ihm werdet, Amen."

Das gilt: „In Christus ist der unbegreifliche, schreckliche, allmächtige, majestätische Gott mir gnädig."[16]

Es bleibt dabei: Unsere Erfahrung zeigt, daß der eine „zum Glauben kommt", der andere ihn ablehnt (wobei diese Erfahrung keine letzte Aussage sein kann, denn wir sehen nur, was vor Augen ist!). Diese Erfahrung können wir nicht mit Erasmus auf den „freien Willen" des Menschen zurückführen, sondern auf das für uns undurchschaubare Handeln Gottes. So bleibt jede Bekehrung ein reines Gotteswunder und Geheimnis. Wer glaubt, kann nicht selbstgerecht auf den, der (vielleicht: noch) nicht glaubt, hinabsehen, denn: Was hast du, das du nicht empfangen hast, und zwar *sola gratia?* So sagt Iwand mit Recht: „Vom *Menschen* her den Unterschied zwischen ‚gläubig' und ‚ungläubig' begründen, führt zum Richten und macht *hoffärtig;* aber von *Gott* her den Unterschied in seiner Unbegreiflichkeit stehen lassen, *führt zum Erbarmen und macht demütig"* (Mü 300). Man darf hinzufügen: Es macht auch hoffnungsvoll, läßt niemanden aufgeben. Denn: Wenn Gott mit mir, der ich nichts als ein Feind Gottes war, „fertig wurde", wie sollte er es mit irgendeinem andern nicht schaffen?

5. Ausblick auf die Endvollendung

Unserem bangen Fragen gibt Luther noch einen weiteren Hinweis. Er heißt uns vertrauensvoll ausschauen nach der endgültigen, der eschatologischen Volloffenbarung Gottes am Jüngsten Tag. Dabei greift er auf die „verbreitete und gute Unterscheidung" von den *drei Lichtern* zurück (LD 331/Mü 246). Es gibt drei Weisen, wie Gott Licht in unsere Dunkelheiten bringt, uns erleuchtet.

Da ist zuerst das *„Licht der Natur"* (lumen naturae, Cl 291), das in dem inferioren Bereich durchaus seine Kompetenz hat. Einem Menschen, der vor dem Rätsel von Blitz und Donner erzittert oder das „Wunder" eines vorbeirasenden Schnellzuges zum ersten Male erlebt, kann durch das „Licht der Natur", d.h. durch rationale physikalische „Aufklärung", zureichend geholfen werden.

Wer aber etwa vor dem abgründigen Geheimnis der Theodizeefrage erbebt, vor dem Glück der Gottlosen, dem Leid der Frommen, dem offensichtlichen Triumph der Ungerechtigkeit in der Welt, der muß mit dem „Licht der Vernunft" (= Natur) scheitern:

> „Sieh, Gott regiert diese körperliche Welt in den äußeren Dingen so, daß Du, wenn Du auf das Urteil der menschlichen Vernunft schaust und ihm folgst, gezwungen bist zu sagen, entweder: es gibt keinen Gott oder: Gott ist ungerecht" (LD 329/Mü 245).

Hier ist das „Licht der Natur" eitel Finsternis. Aber nun geht das *„Licht der Gnade"* (lumen gratiae) freundlich auf, es macht uns den gekreuzigten und auferstandenen Christus hell, es führt uns ins Wort, läßt uns hören und glauben: „Denen, die Gott lieben, müssen alle Dinge zum Besten dienen" (Röm. 8,26). Das ist keineswegs eine rationale Erklärung: Wir durchschauen das Dunkel der Theodizeefrage nicht, aber wir vermögen es im Licht der göttlichen Verheißung zu „durchglauben".

In der *Frage der Erwählung* läßt uns auch das biblische Wort vor einem letzten Geheimnis stehen; alles Verstehen-Wollen muß hier „abdanken" und dem Anbeten Platz machen.[17] Hier gibt es weder eine logische noch eine theologische Erklärung. Hier gilt es wartend, hoffend, betend stille zu stehen – bis das *„Licht der Herrlichkeit"* (lumen gloriae) alles überstrahlen wird. Luther vollzieht hier einen Analogieschluß (bzw. er folgert vom Kleineren aufs Größere):

„Was meinst Du, wird geschehen, wenn das Licht des Wortes und des Glaubens aufhören und die Sache selbst und die göttliche Majestät durch sich selbst offenbart werden wird? Oder meinst Du nicht, daß dann das Licht der Herrlichkeit eine (jede) Frage auf das leichteste lösen kann, die im Licht des Wortes oder der Gnade unlösbar ist, da das Licht der Gnade eine Frage so leicht gelöst hat, die im Licht der Natur unlösbar war? ... Das Licht der Herrlichkeit ... wird alsdann zeigen, daß Gott, dessen Gericht bisher eine unbegreifliche Gerechtigkeit innewohnt, die *gerechteste und offenkundigste Gerechtigkeit* zugehört" (LD 330 f/Mü 246).

Schluß

Macht und Seligkeit des unfreien Willens

Luther hat nicht nur den „unfreien Willen" gelehrt, sein ganzes Leben ist eine einzige Demonstration dieser Lehre, sein ganzes Wirken steht unter der Überschrift „De servo arbitrio". Was er von allen Christen sagt „Sie werden nicht durch den freien Willen, sondern durch Gottes Geist getrieben" (LD 264/Mü 126), das bestimmt alle Stationen seiner Biographie: Nicht sein Wünschen und Begehren trieb ihn ins Kloster: die Hand des Herrn lag schwer auf ihm! Nicht er drängte sich zur Doktorwürde und ins Lehramt: „In einem Dusel" wurde er dorthin gezogen.[18] Gegen seinen Willen und gegen den Rat der Freunde ist er „wie ein geblendetes Pferd" gegen Tetzel vorgegangen und hat die 95 Thesen verfaßt. In Worms konnte er nicht widerrufen, weil sein Gewissen „gefangen" war „in Gottes Wort". Was Paulus bezeugt, prägte auch sein Wirken: „Ein Zwang (ananke) liegt auf mir; wehe mir, wenn ich nicht das Evangelium predige" (1. Kor. 9,16). Luther war gewiß: „Meine Lehre ist nicht mein", darum wollte er auch keine „Lutheraner", sondern einzig Christen.[19] Gerade so aber wurde er das auserwählte Rüstzeug Gottes. *Die Reformation lebt, weil sie eben nicht Luthers Werk war:*

„Hier gibt man sich ... in Gott gefangen, begnügt man sich mit der Rolle, sein Werkzeug zu sein, das dem Herrn jederzeit und auf jedes Risiko zur Verfügung steht. Hier verzichtet man auf Verantwortung und Strategie ... Bei alledem erweist es sich dann, daß Gott den von ihm in Beschlag Genommenen in die angestammte Seinsbestimmung des Menschen zurückbringt: Gottes machtvoller Mandatar auf Erden zu sein. Jener kleine Mönch bringt Papst und Kaiser in Verlegenheit."[20]

„Domini sumus": Weil wir des Herrn sind, darum sind wir Herren!

Wenn man deshalb Luther den freien Willen anböte, würde er ihn entsetzt zurückweisen, denn nicht nur alle *Vollmacht zum Dienst* liegt in jenem seligen „Gerittenwerden", sondern auch alle *Heilsgewißheit:* Ich bin mir selbst und all meiner Unzuverlässigkeit entnommen, bin für Zeit und Ewigkeit in Jesu Händen geborgen. Niemand – auch mein eigner Wille nicht! – kann mich aus diesen Händen reißen!

„Ich bekenne fürwahr in bezug auf mich: Wenn es irgendwie geschehen könnte, möchte ich nicht, daß mir ein freier Wille gegeben werde, oder das etwas in meiner Hand gelassen würde, womit ich nach dem Heil streben könnte ... Denn mein Gewissen würde, wenn ich auch ewig lebte und wirkte, niemals gewiß und sicher, wieviel es tun müßte, damit es Gott genug tue ... *Aber jetzt, da Gott mein Heil aus meinem Willen herausgenommen und in seinen Willen aufgenommen hat,* und nicht durch mein Werk oder Laufen, sondern durch seine Gnade und Barmherzigkeit mich zu erhalten verheißen hat, bin ich sicher und gewiß (securus et certus), daß er getreu ist und mir nicht lügen wird, auch mächtig und stark ist, daß keine Teufel, keine Widrigkeiten ihn werden überwältigen oder mich ihm werden entreißen können ... Das ist der Ruhm aller Heiligen in ihrem Gott" (LD 326 f/Mü 243 f, vgl. Cl 288 f).

Johannes Berewinkel
Wort und Geist

Die Frage: „Wie verhalten sich das Wort der Heiligen Schrift und die Verkündigung des Evangeliums zur Wirkung des Geistes Gottes?" gehört zu den Problemen, die Martin Luther wie auch die anderen Reformatoren und den Pietismus in seinen verschiedenen Epochen immer wieder stark beschäftigt hat. In welchem Zusammenhang stehen Wort und Geist? Gehören das geschriebene, gelesene und gesprochene Wort Gottes unabdingbar mit dem Geist Gottes zusammen? Die Reformatoren haben darauf eine eindeutige Antwort gegeben.

In den von *Luther* verfaßten „Schmalkaldischen Artikeln" aus dem Jahre 1537 heißt es:

„Und in diesen Stücken, so das mündlich, äußerlich Wort betreffen, ist fest darauf zu bleiben, daß Gott niemand seinen Geist oder Gnade gibt, ohn (außer) durch oder mit dem vorgehend äußerlichen Wort, damit wir uns bewahren für den Enthusiasten, das ist den Geistern (Schwärmern), so sich rühmen, ohne und vor dem Wort den Geist zu haben, und darnach die Schrift oder mündlich Wort richten, deuten … Das ist alles der alte Teufel und alte Schlange, die Adam und Eva auch zu Enthusiasten machte, vom äußerlichen Wort auf Geisterer (Schwarmgeisterer) und Eigendünkel führte … Darum sollen und müssen wir darauf beharren, daß Gott nicht will mit uns Menschen handeln, denn durch sein äußerlich Wort und Sakrament. Alles aber, was ohn solch Wort und Sakrament vom Geist gerühmt wird, das ist der Teufel."

In Luthers Schrift „Wider die himmlischen Propheten" (1524/25) sagt er:

„Gott hat uns aus größter Güte wiederum gegeben das reine Evangelium, den edlen, teuren Schatz unseres Heils. Dieser Gabe muß nun auch folgen der Glaube und Geist inwendig in gutem Gewissen, wie er denn verheißet Jesaja 55,11: Daß sein Wort soll nicht vergeblich ausgehen, und Römer 10,17: Der Glaube kommt durch die Predigt. So nun Gott sein heiliges Evangelium hat auslassen gehen, handelt er mit uns auf zweierlei Weise: einmal äußerlich, das andermal innerlich. Äußerlich handelt er mit uns durch das mündliche Wort des Evangelii ... innerlich handelt er mit uns durch den Heiligen Geist und Glauben ...; aber das alles der Maßen und Ordnung, daß die äußerlichen Stücke sollen und müssen vorgehen, und die innerlichen hernach und durch die äußerlichen kommen, also, daß er's beschlossen hat, keinem Menschen die innerlichen Stücke zu geben ohne die äußerlichen Stücke, denn er will niemand den Geist noch Glauben geben ohne das äußerliche Wort."

„Zuerst vor allen Werken und Dingen höret man das Wort Gottes, darinnen der Geist die Welt um die Sünde straft, Joh. 16,9. Wenn die Sünde erkennet ist, hört man von der Gnade Christi. Im selben Wort kommt der Geist, und er gibt den Glauben, wo und welchen er will."

„Das Wort, das Wort, das Wort, hörest du Lügengeist auch: Das Wort tut's! Denn ob Christus tausendmal für uns gegeben und gekreuzigt würde, wäre es alles umsonst, wenn nicht das Wort Gottes käme und teilte es aus und schenkte mir's und spräche: das soll dein sein, nimm hin und habe dir's!"

„Erworben hat sie (die Vergebung der Sünden) Christus am Kreuz, das ist wahr; er hatte sie nicht ausgeteilt oder gegeben am Kreuz. Im Abendmahl hat er sie nicht erworben, er hat sie aber daselbst durch's Wort ausgeteilt und gegeben, wie auch im Evangelio, wo es gepredigt wird. Die Erwerbung ist einmal geschehen am Kreuz; aber die Austeilung ist oft geschehen, vorhin und hernach, von der Weltanfang bis ans Ende."

Im Artikel V der Augsburgischen Konfession erklärt Melanchthon: „Solchen Glauben zu erlangen, hat Gott das Predigtamt eingesetzt, Evangelium und Sakrament gegeben, dadurch er, als durch Mittel, den Heiligen Geist gibt, welcher den Glauben, wo und wann er will, in denen, so das Evangelium hören, wirket, ... und werden verdammt die Wiedertäufer und andere, so lehren, daß wir ohn das leiblich Wort des Evangelii den Heiligen Geist durch eigene Bereitung, Gedanken und Werke erlangen."

Als dritten Zeugen aus der Reihe der Reformatoren führe ich *Johannes Calvin* an. Er schreibt:

„Denn es ist Torheit, wenn man meint, die Schrift auf dem Wege des Disputierens ihre Glaubwürdigkeit sichern zu können. Aber wenn einer auch das heilige Wort Gottes gegen die Schmähungen der Menschen verteidigt, so wird er dadurch keineswegs bereits die Gewißheit in die Herzen einpflanzen, welche die Frömmigkeit erfordert.

Das Zeugnis des Heiligen Geistes ist besser als alle Beweise. Denn wie Gott selbst in seinem Wort der einzige vollgültige Zeuge von sich selber ist, so wird auch dies Wort nicht eher im Menschenherzen Glauben finden, als bis es vom inneren Zeugnis des Heiligen Geistes versiegelt worden ist. Denn derselbe Geist, der durch den Mund der Propheten gesprochen hat, der muß in unser Herz dringen, um uns die Gewißheit zu schenken, daß sie treulich verkündigt haben, was ihnen von Gott aufgetragen war."

„Wer die Schrift verwirft, und sich dann irgendeinen Weg erträumt, um zu Gott zu kommen, der ist nicht eigentlich dem Irrtum, sondern der Raserei verfallen."

„Der Apostel nennt seine Verkündigung 2. Korinther 3, Vers 8: Das Amt des Geistes, und damit zeigt er: Der Heilige Geist ist mit seiner Wahrheit, die er in der Schrift kundgemacht hat, derart verbunden, daß er erst dann seine Kraft äußert und erweist, wenn man sein Wort mit gebührender Ehrfurcht und Achtung vor seiner Würde aufnimmt. Der Herr hat die Gewißheit seines Wortes und seines Geistes wechselseitig fest verknüpft. So kommt es einerseits erst dann in unseren Herzen zu einer festen Bindung an das Wort, wenn der Geist uns entgegenstrahlt, der uns darin Gottes Antlitz schauen läßt. Und andererseits empfangen wir den Geist ohne alle Furcht vor Täuschung, wenn wir ihn an seinem Bilde, an dem Wort wiedererkennen. Gott hat uns sein Wort nicht zum flüchtigen Anschauen gegeben, um es dann sogleich durch die Sendung des Geistes wieder abzuschaffen, sondern er sandte denselben Geist, kraft dessen er zuvor das Wort ausgeteilt hatte, um sein Werk durch wirksame Bestätigung seines Wortes zu vollenden."

Schließlich möchte ich noch an den unzertrennlichen Zusammenhang von Wort und Geist erinnern, wie er uns in unseren Katechismen bezeugt wird. Luther sagt in der Erklärung zum 3. Glaubensartikel im *Kleinen Katechismus:* „Ich glaube, daß ich nicht aus eigener Vernunft noch Kraft an Jesus Christus, meinen Herrn, glauben oder zu ihm kommen kann; sondern der Heilige Geist hat mich durch das Evangelium berufen, mit seinen Gaben erleuchtet, im rechten Glauben geheiligt und erhalten …"

Der *Heidelberger Katechismus* erklärt in der Frage 21: „Was ist wahrer Glaube? Es ist nicht allein eine gewisse Erkenntnis, dadurch ich alles für wahr halte, was uns Gott in seinem Wort hat geoffenbart, sondern auch ein herzliches Vertrauen, welches der Heilige Geist durch's Evangelium in mir wirket …"

Die umfangreichen Zitate der Reformatoren und der Bekenntnisschriften haben uns vor Augen gestellt, wie wichtig es in der Auseinandersetzung mit Enthusiasten und Schwärmern ist, auf die Verbindung und den unabdingbaren Zusammenhang zwischen Geist und Wort zu achten. Im folgenden wollen wir diese reformatorische Erkenntnis, die auch den pietistischen Vätern und unserer Gemeinschaftsbewegung bis heute als wesentlich erschienen ist, am Zeugnis der Schrift selbst prüfen.

Dabei fragen wir 1. nach dem Wesen, 2. nach dem Kommen und 3. nach dem Wirken des Heiligen Geistes.

1. Vom Wesen des Heiligen Geistes

Dabei bediene ich mich z.T. dankbar einiger Thesen aus dem Büchlein von Heinrich Vogel „Komm, Schöpfer Geist" (Lettner Verlag 1970).

„Alles, was vom Heiligen Geist zu sagen ist, ist von Christus zu sagen, ja alles von Gott selbst."

„Wenn uns der Hauch des Heiligen Geistes anweht, dann weht uns der Lebensodem Gottes selber an; denn der Heilige Geist ist Gott selber, wie der Vater Gott selber ist, und wie der Sohn Gott selber ist."

„Der Vater ist über uns, und der Sohn ist für uns, der Geist aber ist in uns, so aber, daß in allem ein und derselbe Gott mit uns ist als unser Herr und Gott."

Diese Thesen haben ihren Schriftgrund vornehmlich in Johannes 4,24: „Gott ist Geist" und in 2. Korinther 3,17: „Der Herr ist der Geist." Wenn wir also vom Geist reden, sprechen wir von dem heiligen dreieinigen Gott. Der Geist bezeugt das lebendige Wirken des dreieinigen Gottes. In Apostelgeschichte 16 z. B. folgen kurz hintereinander die Aussagen: „Sie wurden vom Heiligen Geist gehindert – der Geist Jesu ließ auch dies nicht zu – ... die Gewißheit, daß uns Gott dahin berufen hatte."

In Römer 8 wird uns der gleiche Sachverhalt deutlich. Einmal heißt es in Vers 9: „Der Geist Gottes wohnt in euch", und unmittelbar darauf: „Wer aber den Geist Christi nicht hat, der gehört nicht zu ihm." In Vers 10 wird vom Geist gesagt: „Der Geist ist Leben auf Grund der Gerechtigkeit", Vers 11 fährt fort: „Der Geist dessen, der Jesus von den Toten auferweckt hat, wohnt in euch." So ist der Heilige Geist der schöpferische, lebenerweckende Geist Gottes, wie es in Römer 4,17 lautet: „Der Gott, der die Toten lebendig macht, und das, was nicht ist, ins Dasein ruft." Von daher verstehen wir, daß die Bibel vom Geist als Gott selbst und d.h. als Person redet. Der Heilige Geist ist nicht nur Gabe, sondern Geber: redende, schaffende, urteilende, weisende, planende Person. Er bezeugt sich unserem Geist (Römer 8,16). Er tritt bei Gott für uns ein (Römer 8,26). Er teilt Gaben zu, wie er will (1. Korinther 12,11). Er spricht in der Schrift des alten Bundes (Hebräer 3,7; 1. Petrus 1,11-12). Er kann gelästert (Matthäus 12,31) und betrübt werden (Epheser 4,30).

Der Geist ist, wie Jesus in seinem Erdenleben, der Beistand der Jünger; Johannes 14,16: „Und ich will den Vater bitten, und er wird euch einen anderen Beistand geben, der für immer bei euch bleiben soll: den Geist der Wahrheit." Der Geist geht vom Vater und vom Sohn aus und ist aber doch vom Vater und Sohn geschieden: „Wenn aber der Beistand kommt, den ich von meinem Vater aus senden werde, der Geist der Wahrheit, der vom Vater ausgeht, der wird Zeugnis von mir ablegen" (Johannes 15,26).

Für unser Thema ist das Verhältnis zwischen dem Sohn Gottes und dem Heiligen Geist besonders wichtig. Wir sahen bereits, daß in Römer 8,9-11 von Christus und vom Geist im gleichen Sinn nebeneinander gesprochen wird. Nach Galater 4,6 ist der Geist der Geist des Sohnes, nach 2. Korinther 3,18 der Geist des Herrn, nicht allein weil der Geist die Gabe des Herrn ist (Apg. 2,33), sondern weil der erhöhte Herr sich im Geist selbst vergegenwärtigt und mitteilt. Darum lautet 2. Kor. 3,17: „Der Herr ist der Geist." Der Erhöhte wird durch den Geist und daher als Geist im Menschen wirksam. Der Geist führt nicht über Christus hinaus, sondern in ihm schenkt uns Jesus seine Gegenwart auf Erden und in unserem Leben. Das wird besonders deutlich in den Geistsprüchen des Johannesevangeliums; z.B. Joh. 16,13-14: „Er wird nicht aus sich selbst heraus reden, sondern er wird sagen, was er hört, und euch verkünden, was kommen wird. Er wird mich verherrlichen, denn er wird von dem, was mein ist, nehmen und es euch verkünden." Der Geist verwirklicht das Werk Christi an uns und in uns. Paulus kann sagen: „Ihr seid gewaschen, ihr seid geheiligt, ihr seid gerecht geworden durch den Namen des Herrn Jesus Christus und durch den Geist unseres Gottes" (1. Kor. 6.11).

2. Vom Kommen des Heiligen Geistes

Wieder beginne ich mit einigen Thesen von Heinrich Vogel.
„Derselbe Heilige Geist, durch den Gott Mensch wurde, ist es, der das Wunder des Wortes Gottes im Menschenmund von Propheten und Aposteln wirkte."
„Der Heilige Geist ist mit dem Wort Gottes verbündet, das will sagen, mit dem Wort der Schrift, die Jesus als den Christus kundtut."
„Das Wort ist die Schwinge des Geistes, mit der er fliegt, ist das Schiff, dem er seine Fracht anvertraut, ist der Fuß, auf dem er geht, ist der Arm, mit dem er winkt, ist der Mund, durch den er spricht."
„Das Bündnis des Heiligen Geistes mit der Schrift ist unlöslich bis auf den Tag, wo es keiner Schrift mehr bedarf und wir die Sprache Gottes unvermittelt zu hören vermögen."
„Wenn du die Stimme des Geistes hören willst, so darfst du ja nicht in dich selbst hineinlauschen, sondern mußt in die Schrift hineinhorchen, am besten so, daß du ihre Worte laut vernimmst."
Ein ganz tiefes Geheimnis der Liebe Gottes zu uns Menschen ist die unbegreifliche Tatsache, daß er sich selbst in seinem ewigen Sohn zu uns herabgelassen und sich in ihm so erniedrigt hat, daß er selbst Mensch geworden ist, um die durch unsere Schuld, durch unseren Unglauben und Ungehorsam abgerissene Verbindung zu ihm wiederherzustellen.
In solcher Herablassung sendet Gott uns auch seinen Geist und kommt so in der Gestalt des Wortes zu uns. Immer wieder hat Gott durch seinen Geist mit den Menschen der jeweiligen Zeit, Kultur und Weltauffassung so geredet, daß sie es verstehen konnten. Hebräer 1,1-2 heißt es: „Vielfach und auf verschiedene Weise hat Gott durch die Propheten zu den Vätern geredet; am Ende dieser Zeiten redete er zu uns durch den Sohn." Der Geist Gottes hat das menschliche Wort als Mittel,

als Instrument, als Werkzeug benützt. Das wird an vielen Ausdrücken der Bibel deutlich.

Jeremia 23,29 heißt es: „Ist mein Wort nicht wie ein Feuer und wie ein Hammer, der Felsen zerschmeißt?" In Epheser 6,17 und Hebräer 4,12 ist von dem Wort als „Schwert des Geistes" die Rede, in Offenbarung 14,15 von der „Sichel" im Blick auf das Gerichtswort. Das Geheimnis der lebendigen Wirkkraft des Wortes, das die Männer Gottes zu verkündigen hatten, ist in der Vollmacht zu sehen, die Gottes Geist in ihre menschlichen Worte hineingab. So heißt es Jesaja 59,21: „Dies ist mein Bund mit ihnen, spricht der Herr: Mein Geist, der auf dir ruht, und meine Worte, die ich in deinen Bund gelegt habe, sollen von deinem Mund nicht weichen noch von dem Mund deiner Kinder und Kindeskinder." Paulus spricht in 2. Kor. 3,6 davon, daß Gott „ihn befähigt hat, Diener des neuen Bundes zu sein, nicht des Buchstabengesetzes, sondern des Geistes, denn das Buchstabengesetz tötet, der Geist dagegen macht lebendig". Jesus selbst sagt in Joh. 6,63: „Der Geist ist es, der lebendig macht, das Fleisch ist zu nichts nütze. Die Worte, die ich euch gesagt habe, die sind Geist und sind Leben."

Wie Geist und Wort zusammengehören, hat uns Jesus besonders durch die Botschaft der Abschiedsreden im Johannesevangelium enthüllt. Da ist ein Vers, der uns nicht nur das Geheimnis dieses Evangeliums aufschließt, sondern das des ganzen Neuen Testaments, Johannes 14,26: „Aber der Beistand, der Heilige Geist, welchen mein Vater senden wird in meinem Namen, der wird euch alles lehren und erinnern alles dessen, was ich euch gesagt habe."

Der Heilige Geist erscheint also nicht imponierend und beeindruckend in außergewöhnlichen, psychisch erlebbaren Ereignissen, sondern in der schlichten, verwechselbaren Gestalt des Wortes; alles andere mögen allenfalls gelegentliche Begleiterscheinungen sein. So ereignet sich das Wirken und die Kraft des Heiligen Geistes oft in der Schwachheit. Paulus bezeugt: „Laß dir an meiner Gnade genügen; denn meine Kraft ist in den Schwachen mächtig. Darum will ich mich am allerliebsten meiner Schwachheit rühmen, damit die Kraft Christi in mir wohnt. Darum bin ich guten Mutes in Schwachheit, in Mißhandlungen, in Nöten, in Verfolgungen und Ängsten, um Christi willen; denn wenn ich schwach bin, dann bin ich stark" (2. Kor. 12,9-10).

Mein Lehrer Julius Schniewind, an dessen hundertsten Geburtstag (28.5.1983) wir in diesen Tagen denken, wurde nicht müde, uns immer wieder auf die volle Herablassung des Geistes in unsere menschliche Schwachheit als großen Trost des Evangeliums hinzuweisen. Darum liebte er besonders Römer 8,26-27: „Ebenso hilft auch der Geist unserer Schwachheit auf. Denn wir wissen nicht, was wir beten sollen, wie sich's gebührt; sondern der Geist selbst tritt für uns ein mit unaussprechlichem Seufzen. Der aber die Herzen erforscht, der weiß, was der Geist will; denn er tritt für die Heiligen ein, wie es Gott gefällt."

Der Heilige Geist kommt von außen nach innen. Er entspringt keiner Tiefenschicht unserer Seele. Hendrik Berkhof sagt: „Das Zeugnis des Geistes in unseren Herzen wird nicht in unseren Herzen selbst vernommen, sondern darin, daß wir das Zeugnis des Geistes im Wort annehmen. Das Wort ist das Instrument des Geistes. Aber der Geist ist nicht der Gefangene des Wortes, noch wirkt das Wort automatisch. Das Wort bringt den Geist an die Herzen heran, und der Geist bringt das Wort in die Herzen hinein."

Deshalb wird der Geist für uns auch niemals verfügbar. Der Geist weht, wo er will (Joh. 3,8). So gewiß der Geist in uns Wohnung nimmt und in uns bleibt, so gewiß können wir ihn nicht wie einen einmal erworbenen Besitz festhalten. In jedem Fall ist der Geist Gottes größer als sein Wirken in uns. Er bleibt Gott, über uns und außerhalb von uns.

So erklärt Helmut Thielicke in seiner Dogmatik: „Die Lehre vom Geist wird zu verdeutlichen haben, daß er Gottes schöpferisches Wirken in uns und für uns ist, daß er aber nicht in diesem ‚in uns' und ‚für uns' aufgeht, daß er sich erst recht nicht darin aufgibt und gleichsam verweltlicht, sondern in einem ‚über uns' bleibt." Das ist sehr tröstlich. Da wir immer wieder in der Gefahr stehen, den Geist zu dämpfen oder zu betrüben und ihm keinen Raum in unserem Leben lassen, dürfen wir immer von neuem mit seinem schöpferischen Wirken rechnen und darum beten. Ohne ständigen, von außen kommenden Einfluß des Geistes würde unser Glaube bald erlöschen.

Manfred Seitz sagt: „Der Heilige Geist faßt von außen an durch das Wort, gibt Zeugnis unserem Geist (Röm. 8,16), und schließt zugleich – das ist das innere Wirken – den Menschen von innen auf. Dieses Erschließen des durch seine entstellte Natur für Gott verschlossenen Menschen, das Öffnen des menschlichen Geistes für Gottes Wort ist ein Schöpfungs-akt."

3. Vom Wirken des Heiligen Geistes

Wieder stellen wir Thesen Heinrich Vogels voran.

„Wenn du die Stimme des Geistes hören willst, so darfst du ja nicht in dich selbst hineinlauschen, sondern mußt in die Schrift hineinhorchen, am besten so, daß du ihre Worte laut vernimmst." „Der Heilige Geist ist der wahre Ausleger der Schrift, indem er uns auf Christus als ihr Zentrum und ihr Licht weist."

„Der Heilige Geist macht uns zu Hörern des Wortes Got-tes, nicht aber zu diskutierenden Schwätzern über Gott und göttliche Dinge."

„Der Heilige Geist macht uns Gott durch das Wort nicht zum Problem, sondern zum Herrn."

„Der Heilige Geist macht sich zum Zeugen Gottes in uns und so zum Geist der Gewißheit."

„Darum kann niemand Jesus Christus als Gottes Sohn, als seinen Heiland und Herrn erkennen, es sei denn, der Heili-ge Geist macht das blinde Auge sehend und das taube Ohr hörend."

„Der Heilige Geist schreibt den Namen Jesu als den Namen über alle Namen in das Herz."

„Die Wahrheit des Heiligen Geistes deckt sich nicht mit un-serer eigenen Erfahrung und will auch nicht durch sie ge-deckt sein: wohl aber will sie erfahren werden, daß sie uns durch und durch erfaßt."

„Die Früchte des Geistes wachsen von selber durch Gottes Gnade, während die Machwerke unseres Geistes im Zei-chen unserer Überanstrengungen stehen und unserer Selbstquälerei ebenso verfallen wie unsere Selbstüberhe-bung."

„Die Geistesgaben sind nicht der Geist, sondern Geschen-ke seiner Gnade."

„Wenn der Heilige Geist sich zur Gabe macht, hört er doch nicht auf, der Geber zu sein."

„Derselbe Heilige Geist, der den für uns Gekreuzigten und Gestorbenen vom Tode erweckte, ist der Schöpfer des neuen Menschen der Auferstehung zum ewigen Leben."

„Über den Heiligen Geist sollen wir nicht soviel reden, um so mehr aber um ihn beten."

„Der Heilige Geist ist unverfügbar, unübertragbar, unvererbbar, – er will erbeten sein."

„Wer um den Heiligen Geist betet, der betet darum, daß Gott selber zu ihm komme, Gott selber zu ihm spreche, Gott selber an ihm wirke."

„Wo wir um den Heiligen Geist beten, sollen wir gewiß sein, daß der Heilige Geist es ist, der in uns und mit uns und für uns so betet."

„Der Heilige Geist legt uns den Vaternamen auf die Lippen und gibt uns den Mut, mit Gott zu reden, wie Kinder mit ihrem Vater reden."

„Der Heilige Geist ist es, der das Vaterunser mit uns betet – wie eine Mutter mit ihrem Kind, und derselbe Geist ist es, der auch das unaussprechliche Seufzen aus der Tiefe in Gottes gnädiges Gehör bringt."

„Der Heilige Geist ist es, der noch in unserem Verstummen vor Gott redet und noch in unserem Seufzen Gott lobt."

Diese Thesen sprechen vornehmlich von der Wirkung des Heiligen Geistes in den einzelnen Menschen. Gewiß dürfen wir darüber nicht die Geisteswirkungen an und in der Gemeinde vergessen. Jedoch kann in diesem Zusammenhang darauf nicht näher eingegangen werden.

Wenn wir auf die Verbindung von Wort und Geist in dem inneren Wirken in unserem Herzen und in unserem ganzen Leben achten, müssen wir uns vor einem automatischen Verständnis hüten. Paul Althaus führt dazu in seiner „Theologie Martin Luthers" aus: „Gott wirkt mit seinem Geist durch das Wort, daran ist kein Zweifel. Aber er hat seine Gottesmacht nicht an das Wort delegiert, sondern wirkt durch es in seiner Freiheit jeweils gegenwärtig – aktuell ... Der Geist zum Wort muß erbeten werden. Daß das Wort die Leute trifft und bekehrt, haben sie (die Prediger) nicht in der Hand. Das behält sich Gott vor. Er bekehrt die Menschen. Er macht das Wort durch seine Geisteswirkung wirksam, an welchen und wann er will. (Luther kann sagen:) ‚Der Heilige Geist weiß wohl das äußerliche Wort im Herzen zu erinnern und aufzublasen, ob's gleich vor zehn Jahren gehört wäre.' Das Wort kann also lange Jahre ohne Wirkung im Herzen gleichsam gewartet haben – und dann kommt Gottes Geisteswirken und macht das vordem gehörte Wort wirksam."

Deshalb gehören Lesen und Hören der Heiligen Schrift einerseits und das Gebet um den Heiligen Geist andererseits zusammen. Wir dürfen gewiß mit dem lebendigmachenden Geist durch das Wort rechnen. Wir können hier nur auf wenige Kennzeichen hinweisen, wie der Heilige Geist das Wort in unserem Inneren lebendig macht.

Er vollbringt das Gotteswunder der Wiedergeburt. Einmal kann es heißen: „Ihr seid wiedergeboren aus dem lebendigen Wort Gottes, das da bleibt" (1. Petrus 1,23), zum andern sagt Jesus: „Wenn jemand nicht durch Wasser und Geist geboren wird, kann er nicht in das Reich Gottes kommen" (Johannes 3,5). Durch die Wiedergeburt will der Geist uns in allen Bereichen unseres Lebens, unseres Glaubens, Denkens und Handelns erneuern. „Ich will euch ein neues Herz und einen neuen Geist in euch geben, und will das steinerne Herz aus eurem Fleisch wegnehmen und euch ein fleischernes Herz geben. Ich will meinen Geist in euch geben und will solche Leute aus euch machen, die in meinen Geboten wandeln und meine Rechte halten und danach tun" (Hesekiel 36,26-27).

Das ganze achte Kapitel des Römerbriefes zeigt uns, wie das Gesetz des Geistes, der da lebendig macht, in Jesus Christus uns die Gewißheit des ewigen Heiles schenkt. Der Geist wird seine Frucht bringen in „Liebe, Freude, Friede, Geduld, Freundlichkeit, Gütigkeit, Glaube, Sanftmut, Keuschheit" (Galater 5,22). Freilich führt uns der Geist gerade deshalb in einen harten Kampf mit der Sünde, mit dem Fleisch, wie es bei Paulus heißt. „Ich sage aber: wandelt im Geist, so werdet ihr die Lüste des Fleisches nicht vollbringen. Denn das Fleisch streitet wider den Geist und der Geist wider das Fleisch; dieselben sind wider einander, daß ihr nicht tut, was ihr wollt. ... Wenn wir im Geist leben, so laßt uns auch im Geist wandeln" (Gal. 5,16-17.25).

Jedoch dürfen wir uns in allem Glaubenskampf und aller Anfechtung auf das Wirken des Heiligen Geistes verlassen: „Denn welche der Geist Gottes treibt, die sind Gottes Kinder. Denn ihr habt nicht einen knechtischen Geist empfangen, daß ihr euch abermals fürchten müßtet, sondern ihr habt einen kindlichen Geist empfangen, durch welchen wir rufen: Abba, lieber Vater! Der Geist selbst gibt Zeugnis unserm Geist, daß wir Gottes Kinder sind" (Röm. 8,14-16).

So wird uns das geistgewirkte Gebet zum gnädigen Vater immer von neuem zur Gewißheit unseres Heiles und zum Zei-

chen, wie Wort und Geist bis in die tiefsten Tiefen zusammenhängen. „Desgleichen hilft auch der Geist unserer Schwachheit auf, denn wir wissen nicht, was wir beten sollen, wie sich's
gebührt; sondern der Geist selbst vertritt uns mit unaussprechlichem Seufzen" (Röm. 8,26).

Hans Thimme

Luthers Lehre von den beiden Reichen

„Ich mich schier rühmen möchte, daß seit der Apostel Zeiten
das weltliche Schwert und Obrigkeit nie so klärlich beschrieben und herrlich gepriesen ist, wie auch meine Feinde müssen
bekennen, wie durch mich." So schreibt Martin Luther 1526
in seiner Gelegenheitsschrift: „Ob Kriegsleute auch im seligen Stande sein können", gerichtet an den Kurfürstlich-Säch-
sischen Feldoberst Ritter Assa von Kram. In seiner Auslegung des 101. Psalms schreibt Luther 1534: „Ich muß immer
solchen Unterschied dieser zweier Reiche einbleuen und ein-
käuen, eintreiben und einkeilen, obs wohl so oft, daß es ver-
drießlich ist, geschrieben und gesagt ist. Denn der leidige Teufel höret auch nicht auf, diese zwei Reiche ineinander zu ko-
chen und zu brauen. Die weltlichen Herrn wollen in Teufels
Namen immer Christus lehren und meistern, wie er seine Kirche und geistlich Regiment soll führen. So wollen die falschen
Pfaffen und Rottengeister, nicht in Gottes Namen, immer lehren und meistern, wie man soll das weltlich Regiment ordnen.
Und ist also der Teufel zu beiden Seiten da sehr unmüßig und
hat viel zu tun. Gott wollt ihm wehren. Amen, so wirs wert
sind." Offensichtlich ist Luther der festen Überzeugung, daß
seine Deutung des Verhältnisses der beiden Reiche keine ne-
bensächliche Angelegenheit ist. Indem er in seinen Schriften
und Predigten immer wieder darauf zurückkommt, bringt er
zum Ausdruck, daß sie für das Christsein in der Welt eine entscheidende Orientierungshilfe darstellt, nicht weniger ge-
wichtig wie die Rechtfertigungslehre und die Verhältnisbe-
stimmung von Glauben und Werken für das Christsein vor
Gott.
Um so auffälliger ist, wie sehr eben diese Lehre vom Verhältnis der beiden Reiche im Laufe ihrer Geschichte mißdeutet,
mißbraucht und dann am Ende als unbrauchbar, ja irrefüh-
rend und abwegig abgelehnt worden ist. So schreibt, um nur
einen Kronzeugen zu nennen, Karl Barth in einem Brief nach
Frankreich im Dezember 1939: „Das deutsche Volk leidet an

der Erbschaft des größten christlichen Deutschen, an dem Irrtum Martin Luthers hinsichtlich des Verhältnisses von Gesetz und Evangelium, von weltlicher und geistlicher Ordnung und Macht, durch den sein natürliches Heidentum nicht sowohl begrenzt und beschränkt, als vielmehr ideologisch verklärt, bestätigt und bestärkt worden ist."

Dazu in einem Brief nach Holland im Februar 1940: „Das Luthertum hat dem deutschen Heidentum gewissermaßen Luft verschafft, ihm (mit seiner Absonderung der Schöpfung und des Gesetzes vom Evangelium) so etwas wie einen eigenen sakralen Raum zugewiesen. Es kann der deutsche Heide die lutherische Lehre von der Autorität des Staates als christliche Rechtfertigung des Nationalsozialismus gebrauchen, und es kann der christliche Deutsche sich durch dieselbe Lehre zur Anerkennung des Nationalsozialismus eingeladen fühlen. Beides ist tatsächlich geschehen." Im gleichen Zusammenhang steht dann, daß in der Gefolgschaft Barths der lutherischen Lehre von den beiden Reichen das Zeugnis von der Königsherrschaft Jesu Christi entgegengesetzt und auf dieser Grundlage im evangelischen Raum eine anders geartete politische Ethik vielfältig dargelegt und in praktischen Konsequenzen vertreten wird.

Aber ist damit die lutherische Lehre von den beiden Reichen wirklich abgetan, als Irrweg erwiesen und durch ein besseres Grundkonzept ersetzt? Oder könnte es sein, daß Luthers Grundlinie gerade auch unter den heutigen Umständen, wenn man sie nur recht aufnimmt und Luther nicht mit bestimmten Erscheinungen des späteren Luthertums gleichsetzt, von entscheidender Bedeutung bleibt und neuerliche Verirrungen, wie sie auch mit der Bezeugung der Königsherrschaft Jesu Christi gegeben sein können, zurechtzurücken vermag? So lautet die Fragestellung, die hinter diesem kurzen Beitrag steht.

Einige Begriffsklärungen

Dabei müssen einleitend des Verständnisses wegen einige Begriffsklärungen vorgenommen werden. Luthers Lehre von den beiden Reichen, heißt unser Thema. Dabei wird zunächst die gängige Begrifflichkeit übernommen. Aber was heißt hier „Lehre"? Was meint die Aussage von den „beiden Reichen"? Gewiß hat Luther niemals im herkömmlichen Sinne eine Lehre entwickelt, kein Lehrbuch geschrieben, keine abstrakte Systematik aufgebaut. Seine Lehre vollzog sich in der Weise des biblischen „Didaskein", als konkretes Zeugnis in konkreter Situation, als Botschaft an bestimmte Menschen gerichtet, seelsorgerlich oder apologetisch-polemisch bestimmt, die Herausforderungen der Zeit aufgreifend und diese an der Auslegung der Heiligen Schrift messend. Diese Feststellung bedeutet keineswegs, daß Luthers Aussagen darum nur pragmatisch bestimmt und nicht in einer großen, darf ich sagen: großartigen biblisch-theologischen Gesamtschau begründet sind. Aber es schließt ein, daß bei der Interpretation seiner Aussagen immer die konkrete Situation des Redens und Schreibens mitbedacht und die Übertragung auf andere Verhältnisse oder die Umwandlung in allgemeine „Lehrsätze" immer mit der nötigen Behutsamkeit vorgenommen werden muß. Es bedeutet auch, daß man den zeitgeschichtlichen Hintergrund des patriarchalischen Gesellschaftsbildes, der monarchisch-landesherrlichen Verfassungsstruktur, auch einen gewissen durch die wirren Verhältnisse begründeten Konservatismus mitbedenken muß, um unterscheiden zu lernen, was das Eigentliche seiner „Lehre" und was nur deren zeitgeschichtliche Erscheinungsform ausmacht.

Wichtiger ist, daß nicht nur der Begriff „Lehre", sondern daß insbesondere das Reden von den „beiden Reichen" schon vor Eintritt in die Untersuchung eine gewisse Vorklärung erfährt. Hier nämlich stecken die entscheidenden, über die Geschichte des Luthertums bis in die Gegenwart hineinreichenden Mißverständnisse und Mißdeutungen. Handelte es sich nämlich um zwei räumlich getrennte, voneinander nicht nur unterschiedene, sondern geschiedene Bereiche, je ihrer Eigengesetzlichkeit unterworfen, je nach Subjekt, Objekt und Inhalt verschieden bezogen, so wäre Kritik und Ablehnung durchaus berechtigt und geboten. Es muß sogar zugegeben werden, daß es in der Geschichte des Luthertums gelegentlich solche Abgrenzung der beiden Reiche voneinander und gegeneinander gegeben hat: Hier die öffentlich-politische Verantwortung, dort das Privatleben, hier der Staatsmann, da der Christ, hier das Gesetz, da das Evangelium, hier Gewaltgebrauch, da Wortverkündigung usw. Luther aber wird mit dieser Art von Entgegensetzung gänzlich mißverstanden. Wenn er statt von zwei Reichen ebenso häufig von zwei Regimenten spricht, so kann schon dies ein wenig zur Klärung des Sachverhaltes beitragen. Denn dahinter steckt, daß es sich nicht um räumliche Getrenntheiten, sondern um zwei Regierungsweisen ein und desselben Weltregimentes Gottes handelt, daß also Gott in beiden Reichen der Herr und daß darum keines von beiden gottloser Eigengesetzlichkeit preisgegeben ist. Eben darum haben es beide Reiche auch unmittelbar miteinander zu tun, sind zwar getrennt und doch von Gott her und um des Menschen willen aufeinander bezogen. Entscheidend wichtig ist dabei, daß diese Beziehung zueinander nicht räumlicher, sondern gewissermaßen zeitlicher Art ist, daß beide Reiche nicht einfach nebeneinander stehen, sondern in der zeitlichen Bewegung des „Schon jetzt" und „Noch nicht" einander zugeordnet sind. Das eine Reich ist das vergehende, das andere das kommende Reich. In der eschatologischen Situation der auf die Wiederkunft Christi ausgerichteten Gegenwart vollzieht sich die Begegnung, die Überschneidung, das Ineinander und Zueinander der beiden Reiche. Man hat gelegentlich gemeint, feststellen zu müssen, daß Luther diesen eschatologischen Aspekt nicht hinreichend deutlich zum Ausdruck gebracht habe (Thielicke). Vergegenwärtigt man sich aber, daß das biblische Zeugnis des kommenden Reiches im Verhältnis zum Reich dieser Welt die Grundlage aller Aussagen Luthers ist und daß die eschatologische Ausrichtung auf den lieben jüngsten Tag seinen Glauben und sein ganzes Lebensgefühl entscheidend bestimmt hat, so ergibt sich, daß von dieser eschatologischen Perspektive her die beiden Reiche in einem höchst dynamischen, heilsgeschichtlichen Spannungsverhältnis stehen und daß Christi kommendes Reich das Reich dieser Welt, so gewiß dasselbe noch Bestand hat, herausfordert, in Frage stellt und am Ende überwindet. Dies wird, wenn wir jetzt von der bloßen Begriffsklärung zum Inhaltlichen der Zwei-Reiche-Lehre übergehen, des weiteren zu klären sein. Das Verhältnis des Reiches Christi zum Reich dieser Welt stellt sich für Martin Luther auf dreierlei Weise dar.

Der erste Aspekt der Zwei-Reiche-Lehre:
Das Reich Christi und das Reich der Welt

Zunächst ist das Reich Christi, wie er es selbst in der Heiligen Schrift als das nahe herbeigekommene Reich Gottes, als „mein Reich" bezeugt, da, wo er der Herr ist, wo er unter Wort und Sakrament lebendig und leibhaft gegenwärtig ist, wo die Liebe regiert, wo die Sünde vergeben ist und keinerlei Gewaltanwendung mehr nötig und möglich ist. Da ist ihm gegeben alle Gewalt im Himmel und auf Erden. Da ist er allein mächtig, und seine Macht ist Gnade. Auf ihn hin ist dies Reich schon vor aller Welt Zeiten verheißen. In ihm ist es nahe herbeigekommen, mitten unter uns und im unmittelbaren Anbruch befindlich. In der Teilhabe an der gottgeschenkten Gemeinschaft Jesu Christi sind die Christen der Bürgerschaft dieses Reiches bereits teilhaftig, von Tod und Teufel befreit und in der Kraft des heiligen Geistes im Glauben mit ihm zum ewigen Leben verbunden. Sie leben bereits das neue Leben der erlösten Kinder Gottes. Die Sünde hat keine Macht mehr über sie. Das Gesetz, in Christus erfüllt, ist ihnen nicht mehr Ankläger, sondern freie Leitlinie praktischer Lebensverwirklichung. Wo dies der Fall ist, da ist also wirklich und in jeder Beziehung Königsherrschaft Jesu Christi.

Schon jetzt und noch nicht! „Es komm dein Reich zu dieser Zeit und dort hernach in Ewigkeit. Der heilig Geist uns wohne bei mit seinen Gaben mancherlei. Des Satans Zorn und groß Gewalt zerbrich, vor ihm dein Kirch erhalt. / Dein Will gescheh, Herr, Gott, zugleich auf Erden wie im Himmelreich. Gib uns Geduld in Lebenszeit, gehorsam sein in Lieb und Leid. Wehr und steur allem Fleisch und Blut, das wider deinen Willen tut." Indem Martin Luther seine Gemeinde so singen und beten heißt, erinnert er sie mit nüchternem Blick an die Wirklichkeit der noch von Tod und Teufel bestimmten Welt und an die gebotene Wachsamkeit gegenüber des Teufels „groß Macht und viel List". Das Reich Christi ist zwar eine unter Wort und Sakrament im Glauben angenommene und so bereits angebrochene Wirklichkeit. Aber es steht noch in der Auseinandersetzung mit dem Reich dieser Welt. Dieses ist zwar das vergehende und für diejenigen, die Christus bereits angezogen haben, eine bereits überwundene Wirklichkeit. Aber beide Reiche befinden sich in der Gegenwart noch in einem grausamen Konflikt. Des Todes und der Hölle Rachen sind auch für die Kinder des Reichs noch ständig drohende Realität.

Es wäre verfehlt, diese Sicht der Wirklichkeit als Dualismus zu bezeichnen. So gab es ihn etwa im Manichäismus der ersten Christenheit oder in der Religion des Parsismus. Auch Augustins Unterscheidung der beiden Reiche, deren eines durch das neue Jerusalem, das andere durch das kaiserliche Rom gekennzeichnet ist, ist für Martin Luther zwar in vielem, wie das auch sonst für Luthers Orientierung an Augustin zutrifft, Vorbild und Bezugspunkt. Was aber die Besonderheit seiner Aussagen über die beiden Reiche angeht, so ist sie durch die existentielle Erfahrung des „simul justus simul peccator" (zugleich gerechtfertigt und Sünder) gekennzeichnet. In Christus ist er der neuen Gerechtigkeit und des vollkommenen Heils gewiß und erfährt doch mit Christus das Kreuz, die Anfechtung und das immer erneute Sterben. Er erfährt das Böse, den Bösen, wenn auch überwunden, so doch immer noch bedrohlich am Werke. Dies ist die spannungsreiche eschatologische Existenz, in welcher Martin Luther das Verhältnis der beiden Reiche erfährt. „Bürger zweier Reiche" wäre nur scheinbar eine angemessene Ausdrucksweise zur Bezeichnung dieses Zustandes. Der zur Bürgerschaft mit den Heiligen berufene und in die Hausgemeinschaft Gottes versetzte Christ ist Vollbürger des Gottesreiches, aber zugleich ist er noch der Gewalt und den Bedrängnissen dieser Welt ausgeliefert. So schließt die Königsherrschaft Jesu Christi in Luthers Sinn die noch vorhandene Macht und Wirklichkeit dieser Welt und das in ihr sich noch breitmachende Böse nicht aus. Dabei ist aber diese von Christi Kommen noch nicht erfaßte Welt nicht einfach des Teufels. Auch in ihrer Gottlosigkeit ist sie Gott nicht los. Von Gott kommt sie her. Er hat sie geschaffen. Er hat ihr sein Gebot und seine Ordnung gegeben, und wie sie sich auch dagegen auflehnt und davor verschließt, so ist in ihr doch sein Wort und Wille gegenwärtig. Gott bleibt ihr Herr selbst im Zustand ihrer Gefallenheit. Er erhält sie durch Geduld und Gnade.

Dies ist das doppelte Regiment, das Luther nicht müde wird, als seine Sicht der beiden Reiche herauszustellen. Letztlich ist Gott der Herr beider Reiche. Er regiert, hier gewissermaßen mit der linken, dort mit der rechten Hand, hier mit dem Gesetz, dort mit dem Evangelium, hier mit der Gewalt, dort mit dem Wort, hier um der Erhaltung, dort um der Erlösung willen.

Der zweite Aspekt der Zwei-Reiche-Lehre: Kirche und Staat

Die Kirche ist die Botin, die Zeugin und als Gemeinschaft der in ihr gesammelten Gläubigen in aller Vorläufigkeit die leibhafte Verwirklichung und Vorwegnahme des Reiches Gottes. In ihr und durch sie wird das Evangelium verkündet und im Glauben angenommen. In ihr wird der Glaube in der Liebe tätig. Eben diese Liebe ist das Maß der Freiheit der Kinder Gottes. In strikter Unterscheidung dazu bedarf die Welt, um nicht ins Chaos gänzlicher Verlorenheit abzusinken, der ordnenden Macht des Gesetzes. Dieses muß mit Gewalt ausgeübt und durchgesetzt werden. Dafür ist die Obrigkeit eingesetzt. Luther hat, um dies zu begründen und in gedanklichen Zusammenhängen zu verdeutlichen, keine ausgeführte Staatslehre dargeboten. Er nimmt als gottverordnete Oberherren, als Obrigkeit, was sich ihm in Gestalt der damaligen Machthaber, der Fürsten, der Könige und des Kaisers, als solche darstellt. Mit großer Nüchternheit nimmt er auch alle mit ihrem Auftreten verbundenen menschlichen Schwächen, Versäumnisse und Schuldverfallenheiten in den Blick und wagt es doch, in ihrem wie auch immer entstellten Bild die goldene Kette göttlicher Autorität und Vollmacht zu erkennen. Nicht von ihrem Erscheinungsbild – dies mag wie auch immer wechseln, mag sich unter Türken und Heiden, auch im Wechsel der Zeiten und Verhältnisse ganz verschieden darstellen –, sondern von ihrer Setzung als göttliche Ordnungsmacht her hat das weltliche Regiment seine Würde.

Entscheidend ist für Luther nun, daß diese doppelte Weise des göttlichen Weltregiments, dargestellt in den beiden Verantwortungsträgern hier die Kirche, da die Obrigkeit, nicht vermischt, nicht verwechselt, freilich auch nicht getrennt und gegeneinander in Konkurrenz gesetzt werden darf. Mit aller Leidenschaft meldet er sich hier zu Wort, weil ihm in Geschichte und Gegenwart die verheerende Wirkung der Verwechslung und Vermischung beider Reiche schmerzhaft deutlich geworden war. Im Blick auf die bis in seine Gegenwart reichenden ständigen Grenzüberschreitungen im Machtkampf zwischen Kaiser und Papst, aber auch in den bitteren Erfahrungen mit den Schwärmern, welche um des Evangeliums willen zum Schwerte griffen, haben Luthers Aussagen blutige Anschaulichkeit und dramatische Aktualität. Darum kam es auch zu der leidenschaftlichen Auseinandersetzung mit Thomas Müntzer, dem ihm zuvor eng verbundenen Freunde, und zu den furchtbaren Auseinandersetzungen im Zusammenhang des Bauernkrieges. Deren Härte kann nur verstehen, wenn auch dann immer noch nicht in allem billigen, wer den heiligen Ernst des lutherischen Anliegens von der Unterscheidung der beiden Reiche und dementsprechend die grundsätzliche Unterschiedenheit von Kirche und Obrigkeit, von Predigtamt und Schwertamt verstanden hat.

Daß freilich Unterscheidung nicht Scheidung bedeutet und die beiden Reiche bzw. Regimente nicht beziehungslos nebeneinander und aneinander vorbei je ihres Amtes walten, ergibt sich daraus, daß Gott ihrer beider Herr und Urheber ist und daß er sie beide gebraucht, um die von ihm geschaffene und auch in der Gefallenheit noch nicht verlorengegebene Welt zu erhalten, zu bewahren und seiner auf Rettung bedachten Liebe zu vergewissern. So ist auch das Schwertamt des Staates letzten Endes Ausdruck göttlicher Liebe. Die Härte des Gesetzes ist dem lockenden Ruf des Evangeliums zwar gänzlich entgegengesetzt und doch auf verborgene Weise zugeordnet. Umgekehrt ist auch die Kirche der Obrigkeit und ihren Vertretern aufgeschlossen zugewandt und darum bemüht, ihr im Wächteramt des Evangeliums mit dem Worte Gottes zu dienen und damit das Gewissen zu schärfen. Sie greift zwar nicht in das weltliche Regiment ein, das dieses in eigener Vollmacht mit den ihm verliehenen Mitteln der Macht und Vernunft verwaltet. Aber in der Vollmacht Jesu bezeugt sie, was er seinerzeit auf die Pharisäerfrage nach dem Zinsgroschen antwortete: Gebt dem Kaiser, was des Kaisers ist, und Gott, was Gottes ist.

Der dritte Aspekt der Zwei-Reiche-Lehre: Amt und Person

Wären die beiden Reiche, wie Luther sie sieht, räumlich voneinander geschieden und gegeneinander abgrenzbar, so ergäbe sich daraus auch eine reinliche Scheidung und Abrenzung der ihnen je zugeordneten Menschen. Dann lebten und walteten die einen hier, während die anderen sich ganz auf den ihnen zufallenden Bereich beschränken und zurückziehen könnten. Dann wären die einen mit den Händeln dieser Welt befaßt, während die anderen davon gänzlich gelöst, ja erlöst als Kinder Gottes lebten. Überschneiden sich aber beide Reiche im „Schon jetzt" und „Noch nicht" des nahe herbeigekommenen Reiches Gottes, so ist eine solche Scheidung auf zwei verschiedene Gruppen von Menschen nicht möglich. Dann ist vielmehr jeder einzelne Christ in beide Reiche hineingenommen und muß die zwischen ihnen bestehenden Spannungen im Wagnis des alltäglichen Lebens durchhalten. Luther macht in dieser Beziehung die Unterscheidung von Amt und Person und verdeutlicht dies an der Gestalt des christlichen Oberherrn. Einerseits muß er in seinem Amt des Schwertes walten, Gerechtigkeit wahrnehmen, für Frieden sorgen und das Unrecht bestrafen. Andererseits ist er, was seine persönliche Existenz angeht, unter Christi Ruf gestellt, wie sie etwa durch die Bergpredigt an ihn ergeht und ihn in Jesu Nachfolge dazu nötigt, dem Übel nicht zu widerstreben und es willig zu leiden. Wie ist beides miteinander zu vereinbaren? Hebt nicht eins das andere auf? Führt die Spannung nicht am Ende dazu, daß hier der Weg zu skrupelloser Machtausübung geöffnet wird und dort nur Weltflucht und eine von der bösen Welt abgesonderte und mit sich selbst beschäftigte fromme Innerlichkeit übrig bleibt? Tatsächlich mag es sich in der Geschichte des deutschen Luthertums hier und da so ergeben haben. Der kritische Blick des zu Anfang zitierten Karl Barth mag im geschichtlichen Erscheinungsbild des Luthertums durchaus Entsprechendes erkennen. Aber ist damit Luthers großartige Sicht von dem bis in die eigene Person reichenden Spannungsverhältnis der beiden Reiche widerlegt?
Geht man davon aus, daß Gott es ist, der in beiden Regimenten waltet, und daß es seine Treue und Gnade sind, die durch beide zum Besten der ihm gehörenden Welt und der in ihm

wohnenden Menschen im Dienst an Gerechtigkeit, Menschlichkeit und Frieden am Werke sind, der hier mit den Mitteln von Macht und Vernunft dem Bösen wehrt und dort mit der Botschaft von Vergebung und Versöhnung den Weg zum Heil eröffnet, dann findet auch der Christ in beidem zugleich seine Platzanweisung, seinen Auftrag und seine Verheißung. Indem er sich allemal in Gottes Dienst weiß, wird er hier um der ihm anvertrauten Menschen willen dem Bösen wehren und dazu nach vernünftigem Ermessen auch die Mittel möglichst geringer, aber wirksamer Gewalt einsetzen, dort, wo es um die eigene Person geht, widerfahrenes Unrecht willig ertragen und statt Rache Vergebung üben.

Im dritten Teil der seinem gnädigen Herrn Johannes, Herzog von Sachsen, Landgraf in Thüringen und Markgraf zu Meißen gewidmeten Schrift „Von weltlicher Obrigkeit, wie weit man ihr Gehorsam schuldig sei" vom Jahre 1523 entwickelt Luther eine Art Fürstenspiegel. Am Ende heißt es in der Zusammenfassung: „Ein Fürst muß sich in vier Orte teilen. Aufs erste zu Gott mit Recht und Vertrauen und herzlichem Gebet. Aufs andere, zu seinen Untertanen mit Liebe und christlichem Dienst. Aufs dritte, gegen seine Räte und Gewaltigen mit freier Vernunft und unbefangenem Verstand. Aufs vierte gegen die Übeltäter mit bescheidenem Ernst und Strenge. So gehet sein Stand auswendig und inwendig recht, der Gott und den Leuten gefallen wird. Aber er muß sich vielen Neides und Leides darüber erwägen, das Kreuz wird solchem Vornehmen gar bald auf dem Hals liegen."

Welche Beispiele für das Ineinander von Amt und Person Luther auch immer herbeizieht, etwa den Henker oder den Richter, den Kriegsknecht oder den Büttel, den Landesherrn oder den Ratsherrn, sie verdeutlichen bei aller zeitgeschichtlichen und nicht übertragbaren Besonderheit das Grundsätzliche eines bis in die Gegenwart in jedem Christenleben immer neu auftretenden Konflikts. Darf man sagen, daß sich so das In-der-Welt-Sein des Christen von der Vollendung im Himmelreich unterscheidet? Darf man sich damit trösten, daß Gottes Geist in der Zerreißprobe der Frage nach Gottes Willen im jeweiligen Augenblick eine Hilfe zur Wahrheit bietet? Darf man gar für den Fall von Schuld und Irrtum im Wagnis der konkreten Entscheidung auf Vergebung der Sünde hoffen, ohne dies zu einer bequemen Entschuldigung und Ausflucht werden zu lassen? Luther ist sich dieser quälenden Fragen durchaus bewußt und geht ihnen mit immer neuen Beispielen ohne Verharmlosung und Beschönigung nach. Aber unerschütterlich bleibt seine Gewißheit: Im Amte dessen, der in der ihm aufgetragenen Verantwortung in Gottes Namen für Recht und Frieden der Menschen eintritt, kann als Machtausübung und Gewaltmaßnahme erlaubt und geboten sein, was im persönlichen Christsein nur leidend ertragen werden muß. Freilich legt die Unterscheidung von Amt und Person das Mißverständnis nahe, als bezögen sich die beiden Regimente Gottes in reinlich durchführbarer Unterscheidung auf zwei voneinander abtrennbare Sektoren im Leben und Wirken ein und derselben Person, hier auf das öffentliche, dort auf das private Leben. Ganz abgesehen davon, daß man den privaten und öffentlichen Bereich in solcher Weise niemals voneinander unterscheiden kann, widerspricht eine solche Trennung insbesondere auch dem eschatologischen Spannungsverhältnis der beiden Reiche, die nicht einfach voneinander abtrennbar sind, sondern nach Gottes Plan und Setzung in Bezogenheit aufeinander in einer Bewegung stehen, die zwischen Christi Kommen und Christi Wiederkunft dem Jüngsten Tag entgegenführt. Insofern bedeutet das Christsein dessen, der Amt und Person in einem Leben vereinigt, eine beständige Beunruhigung des Noch-in-der-Welt-Seins und des Schon-in-den-Anfängen-des-Reiches-Gottes-Stehens. Darum gebührt dem Amtsinhaber einerseits die Zuerkennung seiner Würde und andererseits die uneingeschränkte Bezeugung des Wortes Gottes, dem er im Eintreten für Gerechtigkeit und Frieden Verantwortung schuldet. Denn letzten Endes ist es der selbe Gott, der beide Regimente gestiftet hat, und das selbe Ziel, welches mit den verschiedenen Mitteln, hier der Gewaltausübung, dort der Wortverkündigung angesteuert wird. In beiden Fällen geht es um Gerechtigkeit und Frieden, damit Menschen wider die Bosheit des Teufels am Leben erhalten werden, sowie um den Schutz der freien Wortverkündigung und die Freiheit des Glaubens, damit niemandem der Weg zum ewigen Heil verbaut werde. In diesem Sinne dienen die beiden Regimente, von Gott zum Wohl und Heil der Menschen gestiftet, mit ihren je verschiedenen Mitteln demselben Ziel und sind, wenn auch unterschieden, unabweisbar aufeinander bezogen. Und auch im Leben dessen, der Amt und Person in seiner Existenz vereinigt, bildet beides im Verhältnis zueinander keinen unlösbaren Widerspruch, sondern ein fruchtbares,

180

im Einzelfall auch furchtbar belastendes und dennoch im Glauben getröstetes Spannungsverhältnis.

Die Zwei-Reiche-Lehre im Gesamtzusammenhang der reformatorischen Botschaft

Man darf die lutherische Zwei-Reiche-Lehre nicht isoliert betrachten und nicht aus dem Zusammenhang der ganzen biblischen Botschaft reißen. Zwar hat Luther sie nie als abstrakte „Lehre" entwickelt, sondern immer als konkret bezogene Botschaft in einer bestimmten Situation an bestimmte Menschen ausgerichtet. Aber darum ist sie doch keine bloße Gelegenheitsäußerung, sondern auf vielfältige Weise in das Ganze seiner reformatorischen Botschaft einbezogen und von dessen tragender Grundlage und Mitte nicht zu trennen. Wie die Rechtfertigungsbotschaft die Mitte und Grundlage der ganzen, wenn man es einmal so ausdrücken darf, lutherischen „Dogmatik" ist, so bietet die Lehre von den beiden Reichen die Mitte seiner „Ethik". Die Zusammenhänge reichen in den Geltungsbereich aller drei Artikel des christlichen Glaubens. Wer sich daher mit Luthers Zwei-Reiche-Lehre beschäftigt, muß Luthers ganze Theologie mit einbeziehen, und wer ihr widerspricht, muß dies am Zusammenhang seiner reformatorischen Gesamtschau begründen.

Man braucht nur Luthers Erklärungen der drei Glaubensartikel im Kleinen und Großen Katechismus nachzubuchstabieren, um dies zu begründen. Was den ersten Artikel von Gottes Schöpfung angeht, so besagt Luthers Erklärung, daß die Welt als ganze, vom Anfang bis zum Ende in ihrer Fülle Gottes Welt ist, von ihm aus dem Nichts gerufen und erhalten, von ihm gefallen und abgewandt und doch auch weiterhin unter sein Gebot gestellt und um seiner Geduld und Liebe willen nicht preisgegeben. Zwar treibt in ihr der Teufel sein Wesen und verführt immer neu zum Ungehorsam der ersten Menschen und zu Kains Brudermord. Zwar stellen sich die selbstherrlichen und besserwissenden Menschen immer neu gegen seinen Willen, versuchen es ohne ihn und wählen an ihm vorbei ihre eigenen Wege. Aber sie stürzen damit nur in ihr eigenes Verderben. Und dennoch sind sie von Gott nicht preisgegeben.

Das Weltbild Luthers ist also einerseits dadurch bestimmt, daß er die Welt als Gottes Welt, also nicht als autonome, über sich selbst verfügende und nach ihren eigenen Gesetzen verfahrende Welt sieht, und daß er sie andererseits als die gefallene, vom Bösen beherrschte, aus sich selbst heraus nicht zu wahrem Aufstieg, echtem Fortschritt und zunehmender Vervollkommnung befähigt ansieht. Aus sich selbst heraus findet sie nicht zu Gerechtigkeit, Frieden und Wohlbefinden. Es geht in ihr im wahren Sinne des Wortes mit dem Teufel zu.

Um dem zu wehren und weil Gott auch der von ihm abgewandten Welt zugewandt bleibt, hat er sie unter das Gesetz gestellt, als natürliches Gebot allen Menschen ahnungsweise ins Herz geschrieben, als Offenbarung am Sinai in den Zehn Geboten dem Volke Gottes anvertraut. Dazu hat er Ordnungen gestiftet, durch welche die Gültigkeit dieser seiner Gebote durchgesetzt und dadurch die Menschheit vor dem Schlimmsten bewahrt werden soll. „Du sollst deinen Vater und deine Mutter ehren, auf daß dir's wohlgehe und du lange lebest auf Erden." In diesem Gottesgebot sieht Luther die Einsetzung alles weltlichen Regiments, aller Obrigkeit begründet. Dazu heißt es im Großen Katechismus: „Desgleichen ist auch zu reden vom Gehorsam gegenüber weltlicher Obrigkeit, welche alle in den Vaterstand gehört und sich in große Weiten erstreckt. Denn hier ist nicht ein einzelner Vater, sondern soviel mal Vater, so viel er Landsassen, Bürger oder Untertanen hat. Denn Gott gibt und erhält uns durch sie wie durch unsere Eltern Nahrung, Haus und Hof, Schutz und Sicherheit. Darum, weil sie solchen Namen und Titel als ihren höchsten Preis mit allen Ehren führen, sind wir auch schuldig, daß wir sie ehren und groß achten als den teuersten Schatz und das köstlichste Kleinod auf Erden."

Wer diesen Abschnitt recht verstehen will, darf sich nicht an der patriarchalischen Ausdrucksweise stoßen, wie sie sich vom vierten Gebot naheliegenderweise ergibt. Vielmehr entnehme er der lutherischen Auslegung des Gebotes, die Eltern zu ehren, die Grundlage einer Ständeordnung, welche auch auf andere gesellschaftliche Verhältnisse übertragbar ist und der „Obrigkeit", wie auch immer sie bestellt sein mag, Würde und Verantwortung vor Gott zuerkennt. Die Beziehung auf das Amt von Vater und Mutter schließt dabei nach Luther ein:

„Er will nicht Buben noch Tyrannen zu diesem Amt und Regiment haben, gibt ihnen auch nicht darum die Ehre, das ist Macht und Recht zu regieren, daß sie sich anbeten lassen, sondern denken, daß sie unter Gottes Gehorsam sind, und vor allen Dingen sich ihres Amts herzlich und treulich annehmen, ihre Kinder, Gesinde, Untertanen etc. nicht allein zu nähren und leiblich zu versorgen, sondern allermeist zu Gottes Lob und Ehre aufzuziehen. Darum denke nicht, daß solches zu deinem Gefallen und eigener Willkür stehe, sondern daß Gott strenge geboten und aufgelegt hat, welchem du auch dafür wirst müssen antworten."

Die Einsetzung von Gebot und Ordnung in der von Gott gefallenen Welt ist nach Luthers heilsgeschichtlicher Gesamtschau eine Station auf dem Wege, der in Jesus Christus zum Heil und zum ewigen Leben führen soll. Darum muß jetzt im Zusammenhang des zweiten Glaubensartikels vom Kommen Jesu Christi und vom Evangelium die Rede sein. Gottes Gebot und die weltliche Obrigkeit bestimmen die Erhaltungsordnung für die gefallene Welt. Jesus Christus und die Verkündigung des Evangeliums dagegen wirken für alle Gläubigen Erlösung und ewiges Heil. „Die Zehn Gebote sind auch sonst in aller Menschen Herz geschrieben. Den Glauben aber kann keine menschliche Klugheit begreifen und muß allein vom heiligen Geist gelehrt werden. Darum machen die Zehn Gebote noch keinen Christen; denn es bleibt noch immer Gottes Zorn und Ungnade über uns, weil wirs nicht halten können, was Gott von uns fordert. Aber das Evangelium bringet eitel Gnade, macht uns fromm und Gott angenehm. Denn durch diese Erkenntnis kriegen wir Lust und Liebe zu allen Geboten Gottes, weil wir hier sehen, wie sich Gott ganz und gar mit allem, das er hat und vermag, uns zu Hilfe gibt, die Zehn Gebote zu halten: Der Vater aller Kreaturen, Christus alle seine Werke, der heilige Geist alle seine Gaben."

An diesem Abschnitt wird deutlich, daß auch die oft mit der Unterscheidung der beiden Reiche in eins gesetzte Unterscheidung von Gesetz und Evangelium nicht im Sinne einer bloßen Scheidung zu verstehen ist. Zwar hat es das weltliche Regiment mit dem Gesetz, das geistliche Regiment mit dem Evangelium zu tun. Aber wie Jesus Christus in bezug auf Gottes Gesetz spricht: Ich bin nicht gekommen aufzulösen, sondern zu erfüllen, so deutet Luther das Evangelium als „Lust und Liebe zu allen Geboten". Insofern ist das Evangelium auf die Erfüllung des Gesetzes hin ausgerichtet und demzufolge auch das dem Evangelium verpflichtete geistliche Regiment dem weltlichen Regiment nicht entgegengesetzt, sondern zugeordnet. Freilich sind weltliches und geistliches Regiment dennoch auf entscheidende Weise unterschieden. Jesus Christus nimmt sein Regiment nicht mit Gewalt, nicht durch Erzeugung von Angst und Furcht vor Strafe, sondern allein mit dem Mittel des Wortes und mit dem Sühnopfer seines Lebens wahr. Und auf solchen Dienst ist von ihm her alles geistliche Regiment geordnet. Wie das weltliche Regiment in Gottes Schöpfung und im Erlaß seines Gesetzes, so ist das geistliche Regiment im Erlösungswerk Jesu Christi und in der Verheißung des Evangeliums begründet. Von daher bestimmt sich die dem einen wie dem anderen je eigene Besonderheit und Würde im Umgang Gottes mit seiner Welt, aber auch ihre Unterschiedenheit hinsichtlich ihres je besonderen Mandats und der zu dessen Verwirklichung je besonders verfügten Mittel, hier der Macht und Vernunft, dort der Wortverkündigung und des Leidens.

Damit sind wir bei dem angelangt, wie die Lehre vom Verhältnis der beiden Reiche auch im Zusammenhang des dritten Glaubensartikels seine Verankerung findet. Im Großen Katechismus heißt es zum dritten Artikel: „Denn weder du noch ich könnten etwas von Christus wissen noch an ihn glauben und ihn zum Herrn kriegen, wo es nicht durch die Predigt des Evangeliums von dem heiligen Geist würde angetragen und uns in den Schoß geschenkt. Das Werk ist geschehen und ausgerichtet; denn Christus hat uns den Schatz erworben und gewonnen durch sein Leiden, Sterben und Auferstehen. Aber wenn das Werk verborgen bliebe, wenn das niemand wüßte, so wäre es umsonst und verloren. Daß nun solcher Schatz nicht begraben bliebe, sondern angelegt und genossen würde, hat Gott das Wort ausgehen und verkünden lassen, dazu den heiligen Geist gegeben, und solchen Schatz und Erlösung heimzubringen und zuzueignen."

Geistliches Regiment geschieht dementsprechend da, wo die Predigt des Evangeliums ausgerichtet und die Gemeinde darunter in Glaube und Liebe gesammelt wird. Und Kirche ist bzw. geschieht da, wo sich die Gläubigen unter Gottes Wort versammeln. „Denn wo man nicht von Christo predigt, da ist kein heiliger Geist, welcher die christliche Kirche macht, beruft und zusammenbringt, außer welchem niemand zu dem

Herrn Christus kommen kann." Kirche im Sinne der Auslegung Luthers zum dritten Artikel ist dementsprechend die unter Gottes Wort gesammelte Gemeinde. Das in ihr wahrzunehmende Amt ist wie das der weltlichen Obrigkeit ein gottgestiftetes Amt, durch Christus mit der Berufung und Aussendung der ersten Apostel eingesetzt und bevollmächtigt. Aber da Christi Dienst nicht in der Ausübung von Macht und Gewalt, sondern in der Vollmacht seines Wortes und der Gabe seines Geistes bestand, darum ist auch das Mandat des Amtes in der Kirche nach seinem Inhalt und seiner Erscheinung nicht von Machtausübung, sondern allein von der Wortverkündigung her geprägt und gestaltet. Daher erklärt sich, daß je von dem besonderen Mandat und den damit gegebenen Mitteln her die Erscheinungsweise der beiden Regimente Gottes in Welt und Kirche gänzlich verschieden sind und daß Luther in der Auseinandersetzung mit der Macht- und Prachtentfaltung des damaligen Papsttums nicht müde wurde, geistliches und weltliches Regiment auf das nachdrücklichste zu unterscheiden und dies mit allen drei Artikeln des christlichen Glaubens zu begründen.

Gegenwartsfragen im Lichte der Zwei-Reiche-Lehre

Heinrich Bornkamm schreibt 1958 in seiner Schrift: „Luthers Lehre von den zwei Reichen im Zusammenhang seiner Theologie" zusammenfassend: „Für die kritische Beschäftigung mit Luthers politischer Ethik, die Recht und Aufgabe jeder Zeit ist, scheint mir eine Erkenntnis von grundlegender Bedeutung zu sein: Was man Luthers konservatives, patriarchalisches, obrigkeitsstaatliches Denken nennt, ist nicht identisch mit seiner Zwei-Reiche-Lehre. Aber da für den Christen die Staatsordnung immer den göttlichen Auftrag hat, die Welt vor dem Zerfall zu schützen, besteht für ihn ständig die gleiche Verpflichtung, ihr in den Rechtsformen seiner Zeit zu dienen. Seine Richtschnur ist sein an der Zwei-Reiche-Lehre geklärtes, zum weltlichen Handeln ermutigtes Gewissen. Die politische Verantwortung, die Luther gerade dem Christen auflädt, schließt nicht nur die Erlaubnis, sondern vielmehr die

Notwendigkeit in sich, Luthers eigene politische Vorstellungen in die Möglichkeiten und Aufgaben der Gegenwart umzudenken ... Die Zwei-Reiche-Lehre ist kein sozialethisches Programm, weder ein überholtes noch ein zu konservierendes. Sie ist die unerläßliche Ortsbestimmung, die der Christ immer wieder für seinen Stand und sein Tun in der Welt vorzunehmen hat. Sie ermöglicht es ihm, dem Gebote Jesu mitten in den vom Ende gezeichneten, aber noch von Gott erhaltenen Ordnungen dieses Daseins zu leben." Diese Grundeinsicht versuchen wir zum Schluß an verschiedenen in die Gegenwart reichenden Beispielen zu erläutern:

a) Die Theologische Erklärung von Barmen

In unserem Zusammenhang geht es insbesondere um das Zueinander der zweiten und der fünften Barmer These von 1934, feierlich bekannt von den in der Bekenntnissynode der DEK erstmalig versammelten „Vertretern lutherischer, reformierter und unierter Kirchen, freien Synoden, Kirchentagen und Gemeindekreisen". Während es in der Verwerfung der zweiten These heißt: „Wir verwerfen die falsche Lehre, als gebe es Bereiche unseres Lebens, in denen wir nicht Jesus Christus, sondern anderen Herren zu eigen wären, Bereiche, in denen wir nicht der Rechtfertigung und Heiligung durch ihn bedürfen", heißt es in der fünften These: „Die Schrift sagt uns, daß der Staat nach göttlicher Anordnung die Aufgabe hat, in der noch nicht erlösten Welt, in der auch die Kirche steht, nach dem Maß menschlicher Einsicht und menschlichen Vermögens unter Androhung und Ausübung von Gewalt für Recht und Frieden zu sorgen. Die Kirche erkennt in Dank und Ehrfurcht gegen Gott die Wohltat dieser seiner Anordnungen an. Sie erinnert an Gottes Reich, an Gottes Gebot und Gerechtigkeit und damit an die Verantwortung der Regierenden und Regierten. Sie vertraut und gehorcht der Kraft des Wortes, durch das Gott alle Dinge trägt."
Hier wird also einerseits Jesus Christus als der Herr bekannt, dem wir in allen Bereichen unseres Lebens allein zu eigen sind, und andererseits das Mandat des Staates hervorgehoben, der unter Gottes Anordnung für Recht und Frieden zu sorgen hat und dabei nach dem Maß menschlicher Einsicht auch Androhung und Ausübung von Gewalt vorzunehmen

berechtigt ist. Zusammengenommen stellen diese beiden Thesen dar, was wir als gegenwartsbezogene Interpretation der lutherischen Zwei-Reiche-Lehre hier entwickelt haben. Der Christ, als Bürger des Reiches Gottes aus den gottlosen Bindungen dieser Welt befreit und unter Christi Zuspruch und Anspruch gestellt, ist doch zugleich in der noch nicht erlösten Welt mit der göttlichen Anordnung des Staates konfrontiert und steht damit unter der der fünften These vorangestellten apostolischen Doppelweisung: Fürchtet Gott, ehret den König. Das Verhältnis von Kirche und Staat bzw. von geistlichem und weltlichem Regiment ist im Sinne der Barmer Theologischen Erklärungen weder ein beziehungsloses Nebeneinander noch ein beliebiges Durcheinander mit Grenzüberschreitungen beider Seiten. Vielmehr haben der Staat wie die Kirche je auf ihre Weise Gottes Auftrag wahrzunehmen, wobei die Kirche gemäß ihrem Wächteramt mit dem Zeugnis vom Reiche Gottes die Verantwortung der Regierenden und der Regierten schärft. In dem kommentierenden, von der Synode ausdrücklich zusammen mit der Erklärung angenommenen Vortrag von Hans Asmussen heißt es dazu: „Beide, Staat und Kirche, sind Gebundene, diese im Bereich des Evangeliums, jene im Bereich des Gesetzes. Ihre Bindung bezeichnet den Raum ihrer Freiheit. Jede Überschreitung der Bindung führt sowohl die Kirche wie auch den Staat in eine ihrem Wesen fremde Knechtung. Allein aus der jeder der beiden Größen eigenen Bindung erwachsen ihr Dienst und ihre Aufgabe aneinander. Verkündigt der Staat ein ewiges Reich, ein ewiges Gesetz und eine ewige Gerechtigkeit, dann verdirbt er sich selbst und mit sich sein Volk. Verkündigt die Kirche ein staatliches Reich, ein irdisches Gesetz und die Gerechtigkeit einer menschlichen Gesellschaftsform, dann überschreitet sie ihre Grenzen und reißt den Staat in ihre eigene Versumpfung mit sich hinab." So steht es um die beiden Regimente im Lichte der Theologischen Erklärung von Barmen.

b) „Ob Kriegsleute auch im seligen Stande sein mögen"

Diese im Jahre 1526 von Luther im Zusammenhang mit seiner Zwei-Reiche-Lehre behandelte Frage hat auch heute nichts von ihrer Aktualität eingebüßt. Zwar haben sich die Verhältnisse in mancherlei Beziehung geändert. Die Waffen sind furchtbarer, die Gefahren einer außer Kontrolle geratenden Kriegsausbreitung größer, die Verantwortung der „Untertanen" an den Entscheidungen ihrer „Obrigkeiten" direkter geworden. Auch ist die bei Luther ausdrücklich geübte Unterscheidung von Angriffs- und Verteidigungskrieg heute undurchschaubarer. Dies alles muß bei der Erörterung der von Luther vor 450 Jahren behandelten Frage mitbedacht werden. Aber sein Grundanliegen im Sinne der Zwei-Reiche-Lehre behält auch für die heutige christliche Urteilsbildung hohe Aktualität. „Aufs erste" – so lautet gleich sein erster Satz – „ist der Unterschied vorzunehmen, daß ein ander Ding ist Amt und Person, oder Werk und Täter. Denn es kann wohl ein Amt oder Werk gut und recht sein an ihm selber, das doch böse und unrecht ist, wenn die Person oder der Täter nicht gut oder recht ist oder treibts nicht recht. Ein Richteramt ist ein köstlich weltlich Amt, es sei der Mundrichter oder der Faustrichter, welchen man den Scharfrichter heißt. Aber wenns einer vornimmt, dem es nicht befohlen ist, oder der, so des Befehl hat, nach Geld und Gunst ausrichtet, so ist's bereits nicht mehr recht und gut."

Daß diese Feststellung nicht dem Vorwurf der doppelten Moral unterliegt, sondern den Schlüssel zum Verständnis alles Christseins in der Welt darstellt, ist oben bereits dargelegt. Nun aber fährt Luther fort, daß es dem Schwertamt nicht anders als dem geistlichen Amt in Gottes Namen darum gehen muß, den Frieden zu erhalten, dem Frieden zu dienen.

> „Denn das will ich vor allen Dingen zuvor gesagt haben: Wer Krieg anfängt, der ist unrecht, und es ist billig, daß er geschlagen oder doch zuletzt gestraft werde, der am ehesten das Messer zückt ... denn weltliche Obrigkeit ist nicht eingesetzt von Gott, daß sie solle Frieden sprechen und Kriege anfangen, sondern dazu, daß sie den Frieden handhabe und den Kriegen wehre ... So sei in diesem Stücke das erste, daß Kriegen nicht recht ist ... Darum laßt euch sagen, ihr lieben Herren: Hütet euch vor Krieg, es sei denn, daß ihr wehren und schützen müßt, und euer auferlegtes Amt euch zwingt zu kriegen" (221).

In der Linie dieser lutherischen Aussage mag durchaus liegen, daß unter den veränderten Verhältnissen einer von empfindlicher Technik abhängigen Weltgesellschaft Krieg überhaupt kein angemessenes Mittel der Politik mehr ist. Dennoch bleibt die positiv gemeinte Frage Luthers zu Recht bestehen, daß es auch unter solchen Umständen „Kriegsleute" geben darf, die das Schwertamt der Obrigkeit repräsentieren und damit dem Frieden zu dienen berufen sind. Luthers nüchterner Wirklichkeitssinn ist von der Glaubenseinsicht bestimmt, daß diese Welt gefallen und verloren ist und daß das Böse in ihr ungestraft walten würde, wenn es nicht durch das gottgestiftete Amt des Schwertes gebändigt würde. Von dieser Weltsicht her legitimiert Luther das Amt der „Kriegsleute", die er freilich fein säuberlich von vagabundierenden Landsknechten unterscheidet, die nur eine „tollkühne Lust oder Vorwitz zum Kriege" haben.

Auch auf die Frage der Kriegsdienstverweigerung kommt Luther ausdrücklich zu sprechen:

„Wie, wenn mein Herr unrecht hätte zu kriegen? Antwort: Wenn du gewiß weißt, daß er unrecht hat, so sollst du Gott mehr fürchten und gehorchen, denn Menschen (Apg. 5,29) und sollst nicht kriegen noch dienen; denn du kannst da kein gut Gewissen vor Gott haben. Ja, sprichst du, mein Herr zwingt mich, nimmt mir mein Leben, gibt mir mein Geld, Lohn und Sold nicht; dazu würde ich verachtet und geschändet als ein Verzagter, ja als ein Treuloser vor der Welt, der seinen Herrn in Nöten verläßt. Antwort: Das mußt du wagen und um Gottes willen lassen fahren, was da fährt. Er kann dirs wohl hundertfältig wiedergeben ... Wenn du aber nicht weißt oder kannst nicht erfahren, ob dein Herr ungerecht sei, sollst du den ungewissen Gehorsam um ungewissen Rechtes willen nicht schwächen, sondern nach der Liebe Art dich des Besten zu deinem Herrn versehen" (233).

Darin kommt deutlich zum Ausdruck, daß die grundsätzliche Unterscheidung von Amt und Person die Gewissensverantwortung der Person auch für das, was des Amtes ist, nicht aufhebt und daß nicht einfach nach dem Schema der doppelten Moral beides voneinander geschieden wird. Unter den heutigen politischen Verhältnissen ist das Recht zur Kriegsdienstverweigerung aus Gewissensgründen im Grundgesetz der Bundesrepublik Deutschland ausdrücklich vorgesehen. Von Luthers Aussagen her ergibt sich dazu die doppelte Folgerung, sich einerseits diese Gewissensentscheidung nicht zu einfach zu machen und Mut zu ihren Konsequenzen zu haben, andererseits aber denjenigen, der den Wehrdienst auf sich nimmt, nicht in seinem Christenstand in Frage zu stellen.

c) Luthers Äußerungen zum Bauernkrieg 1525 und was daraus für heute folgt

Wo auch immer im Lutherjahr 1983 Martin Luther als „Glaubensheld" und „Geistesheros" gefeiert wird, geht man schnell und gewissermaßen entschuldigend über seine harten Äußerungen wider die räuberischen und mörderischen Bauern hinweg. Diese seien nur aus der damaligen Zeit und aus der leidenschaftlichen Erregung eines überschäumenden Temperaments zu verstehen. Freilich rückt Luther in nachfolgenden Schriften und Briefen selbst einiges seiner harten Worte zurecht, und man kann wohl wirklich ihre Schroffheit so nicht billigen. Wichtiger aber ist es, deren Inhalt und Zusammenhang im Lichte seiner Zwei-Reiche-Lehre aufzudecken. Daraus lassen sich dann Folgerungen ziehen, die uns heute noch Entscheidendes zu sagen haben.

Luthers erste Schrift im Bauernkrieg ist die „Ermahnung zum Frieden auf die zwölf Artikel der Bauernschaft in Schwaben". Darin vermahnt er, dem Wächteramt des Predigers und Seelsorgers gemäß, zunächst mit äußerster Dringlichkeit die Fürsten, den berechtigten Anliegen der Bauern Genüge zu tun. Mit massiven Anklagen und Beschuldigungen hält er nicht zurück:

> „Im weltlichen Regiment tut ihr nicht mehr, denn daß ihr schindet und schatzt, eure Pracht und Hochmut zu schüren, bis der arme gemeine Mann nicht kann noch mag länger ertragen. Das Schwert ist euch auf dem Halse; dennoch meinet ihr, ihr sitzt so fest im Sattel, man werde euch nicht können ausheben. Solche Sicherheit und verstockte Vermessenheit wird euch den Hals brechen; das werdet ihr sehen."

Erst nach dieser Vermahnung an die Inhaber des weltlichen Regiments wendet sich Luther zuredend auch den Bauern zu:

> „Derhalben ist meine freundliche, brüderliche Bitte, liebe Herren und Brüder, sehet ja zu mit Fleiß, was ihr macht und glaubt nicht allerlei Geistern und Predigern, nachdem der leidige Satan jetzt viel wilde Rottengeister und Mordgeister unter dem Namen des Evangelii hat erweckt und damit die Welt erfüllet. Höret doch und laßt es euch sagen, wie ihr euch denn vielfältig erbietet. Ich will meine treue Warnung, wie ich schuldig bin, an euch nicht sparen."

Unter diesem Vorspruch warnt er alsdann vor Aufruhr und Gewalttat und führt sich selbst als Beispiel für angemessenes Verhalten an:

„Ich muß mich auch selbst als ein gegenwärtig Exempel zu dieser Zeit mitzählen. Es hat Papst und Kaiser wider mich gesetzt und getobet. Nun, womit habe ich es dahin gebracht, daß je mehr Papst und Kaiser getobet haben, desto mehr mein Evangelium fort ist gegangen? Ich habe nie ein Schwert gezückt, noch Rache begehrt; ich habe keine Rotterei noch Aufruhr angefangen, sondern der weltlichen Obrigkeit, auch der, so das Evangelium um mich verfolget, ihr Gewalt und Ehre helfen verteidigen, soviel ich vermocht. Aber dabei bin ich geblieben, daß ichs Gott gar heimgestellet, und allezeit auf seine Hand trotzlich mich verlassen habe. Darum hat er mich auch zu Trotz beiden, Papst und allen Tyrannen, nicht allein bei dem Leben erhalten ...sondern mein Evangelium immer lassen hier und weiter zunehmen. Nun fallet ihr mir drein, wollet dem Evangelium helfen und sehet nicht, daß ihrs damit aufs allerhöchste hindert und verrückt."

Schließlich wendet er sich nach der Vermahnung der Fürsten und der Bauern in einem dritten Abschnitt beiden streitenden Parteien zugleich zu:

„Weil nun, liebe Herren, auf beiden Seiten nichts Christliches ist, auch keine christliche Sache zwischen euch schwebt, sondern beide, Herren und Bauernschaft, um heidnisch oder weltlich Recht und Unrecht und um zeitlich Gut zu tun habt, dazu auf beiden Seiten wider Gott handelt und unter seinem Zorn stehet, wie ihr gehört habt, so laßt euch um Gottes willen sagen und raten, und greift die Sache an, wie solche Sachen anzugreifen sind, das ist: mit Recht und nicht mit Gewalt noch mit Streit, auf daß ihr nicht ein unendlich Blutvergießen anrichtet in deutschen Landen."

Dies ist die Vorgeschichte zu der harten Schrift: „Wider die mörderischen und räuberischen Rotten der Bauern", geschrieben angesichts des blutigen Aufruhrs, den Luther mit seiner pastoralen Ermahnung nicht hatte verhindern können. Beachtlich bleibt aber nun die Begründung seines zornigen Widerspruchs:

„Dreierlei greuliche Sünden wider Gott und Menschen laden diese Bauern auf sich, damit sie den Tod verdienet haben an Leib und Seele manchfältiglich. Zum ersten: daß sie ihrer Oberkeit Treu und Huld geschworen haben, untertänig und gehorsam zu sein ... und diesen Gehorsam brechen mutwilliglich und mit Frevel ... Zum andern daß sie Aufruhr anrichten, rauben und plündern mit Frevel Klöster und Schlösser, die nicht ihre sind, womit sie, wie die öffentlichen Straßenräuber und Mörder, alleine wohl zwiefältig den Tod an Leib und Seele verschulden ... Zum dritten, daß sie solche schreckliche greuliche Sünde mit dem Evangelium decken, nennen sich christliche Brüder, nehmen Eid und Huld, und zwingen die Leute, zu solchen Greueln mit ihnen zu halten. Womit sie die allergrößten Gotteslästerer und Schänder seines heiligen Namens werden ..."

Das ist es, was Luther so sehr erregt. Nicht nur die Gewaltanwendung wider die gottgesetzte Obrigkeit, sondern der Schwertgebrauch im Namen und unter dem Vorwand des Evangeliums fordert seinen massiven Widerspruch heraus. Insbesondere wirft er dies Thomas Müntzer als Vermischung und Verwechslung der gottgesetzten Mandate des weltlichen und des geistlichen Regimentes vor.

In solcher Begründung seiner Stellungnahme im Bauernkrieg ist enthalten, was über die wechselnden Zeitverhältnisse hinweg als Grundanliegen der Zwei-Reiche-Lehre auch heute noch seine Bedeutung hat. In den Herausforderungen und Ratlosigkeiten unserer Zeit kann es Richtschnur und Anleitung zu eigener Urteilsbildung sein. Wie steht es, so lautet die auch heute gerade in kirchlichen, auch in katholischen Kreisen viel erörterte Frage um das Recht auf gewaltsamen Widerstand angesichts unerträglicher ungerechter Verhältnisse? Kann die Kirche gewaltanwendende Freiheitsbewegungen unterstützen und sich gar an ihnen beteiligen? Muß sie unter bestimmten Umständen etwa auch den „Tyrannenmord", was auch immer sich hinter diesem schon vom Mittelalter her gebrauchten Stichwort verbirgt, rechtfertigen oder jedenfalls dulden?

Luthers Antwort ist eindeutig:

„Mir ist noch kein solcher Fall vorgekommen, da es billig wäre, kann auch jetzt diesmal keinen erdenken ... Das ist wohl billig, wo etwa ein Fürst, König oder Herr wahnsinnig würde, daß man denselbigen absetzt und verwahrt; denn der ist nun fortan nicht für einen Menschen zu halten, weil die Vernunft dahin ist. Ja, sprichst du, ein wütiger Tyrann ist freilich auch wohl wahnsinnig oder noch wohl ärger zu achten ... Hier will sich's klemmen mit der Antwort. Denn es hat solche Rede einen mächtigen Schein und will seine Billigkeit herauszwingen. Aber doch sage ich meine Meinung darauf, daß es nicht gleich ist mit einem Wahnwitzigen und einem Tyrannen. Denn der Wahnsinnige kann nichts Vernünftiges tun noch leiden, es ist auch keine Hoffnung da, weil der Vernunft Licht weg ist. Aber ein Tyrann kann dennoch viel dazu: so weiß er, wo er Unrecht tut, und ist Gewissen und Erkenntnis noch bei ihm und Hoffnung auch, daß er sich möge bessern ... Über das ist noch dahinten eine böse Folge oder Exempel, daß, wo es gebilligt wird, Tyrannen zu ermorden oder verjagen, reißt es bald ein und wird ein gemeiner Mutwille daraus, daß man Tyrannen schilt, die nicht Tyrannen sind und sie auch ermordet, wie es dem Pöbel in den Sinn kommt."

Luther schreibt dies in der ihm eigenen Weltschau und in der Hoffnung auf den gerechten Ausgleich des Jüngsten Gerichts, wobei freilich offen bleibt, wie er sich zum Gewissenskonflikt dessen verhalten würde, der diese seine Aussage zwar anerkennt und doch im konkreten Fall bei härtester Gewissensprüfung, wie das etwa bei evangelischen und katholischen Christen am 20. Juli 1944 in Deutschland der Fall war, anders handelt. Eine solche Ausnahme, wenn sie denn wirklich vor Gott erkämpft und entschieden wird, könnte Luther bei aller Klarheit seiner Grundsätze und ohne das Geringste davon in Frage zu stellen, mit dem Grenzfall eines: „Pecca fortiter" (sündige in Gottes Namen) möglicherweise zugestehen. Die Grundlinie aber bleibt klar: Der staatlichen Gewalt gebührt es, mit den Mitteln der Vernunft und Gewalt für das Recht und den Frieden zu sorgen. Das christliche Regiment hat demgegenüber das Wächteramt des Wortes Gottes und die Pflicht der Gewissensschärfung, nicht aber seinerseits das Recht zum Schwertgebrauch.

d) Aktuelle Einzelfragen

1. Papst Johannes Paul II. hat im Januar 1979 in einer Botschaft an die lateinamerikanische Bischofskonferenz in Puebla/Mexiko bei aller Geißelung der ungerechten und ausbeuterischen Verhältnisse in vielen mittelamerikanischen Staaten ausdrücklich erklärt, daß sich das Bild eines Priesters als Politiker, Revolutionär und Umstürzler nicht mit der Katechese der Kirche in Einklang bringen ließe. „Jesus Christus nimmt nicht die Einstellung derjenigen an, die die Dinge Gottes mit rein politischen Gegebenheiten vermischen. Die Zuflucht zur Gewalt lehnt er unmißverständlich ab." Diese päpstliche Stellungnahme in der Gegenwart veranlaßt übrigens zu dankbarem Nachdenken darüber, wie sehr Luthers Zwei-Reiche-

Lehre, seinerzeit nicht zuletzt auch gegen Mißbräuche im damaligen Papsttum gerichtet, heute von ihrer biblischen Grundlage her auch in der katholischen Kirche Widerhall findet.

2. Die Evangelische Kirche in Deutschland hat es bei allem Verständnis für die berechtigten Anliegen von Freiheitsbewegungen, die sich in ihren Ländern, insbesondere in Südamerika und Südafrika, gegen Ausbeutung und ungerechte Gewalt auflehnen und dabei auch zu Gewaltmitteln greifen, grundsätzlich abgelehnt, sich mit Bewegungen dieser Art zu identifizieren und sie materiell oder moralisch zu unterstützen. Dies hat etwa in der Stellungnahme zum Antirassismusfonds des Weltrats der Kirchen seinen Ausdruck gefunden.

3. Selbst der Früchteboykott der deutschen Evangelischen Frauenarbeit, gegen südafrikanische Exportgüter gerichtet, um auf öffentlichkeitswirksame Weise den Protest gegen die Apartheit auszudrücken, daher weniger als wirtschaftliches Druckmittel als vielmehr als Aufklärungsaktion gedacht, ist vom Rat der EKD nicht bestätigt worden, weil, so lautet die Begründung, wirtschaftliche Kampfmaßnahmen kein Mittel kirchlichen Handelns sind.

4. Die leidenschaftliche Auseinandersetzung um die Stationierung neuer Atomwaffen und was im Kampf dagegen auch von kirchlichen Kreisen und im Namen des christlichen Glaubens geplant und durchgeführt wird, wird in der unmittelbaren Gegenwart noch vielfältigen Anlaß geben, die in der lutherischen Zwei-Reiche-Lehre angebotenen Grundlegungen und Grenzziehungen zu bedenken und zu beachten. Dies ist auch dann geboten, wenn man einräumt, daß sich die Verhältnisse des Obrigkeitsstaates seit Luthers Zeiten wesentlich geändert haben und der freie Bürger im demokratischen Staat ein ganz anderes Maß öffentlicher Mitverantwortung wahrzunehmen das Recht und die Pflicht hat. Aber zwischen erlaubter und gegebenenfalls auch verpflichtender Opposition und gewaltsamen Widerstand (wie auch immer er im einzelnen geartet sei), besteht ein entscheidender Unterschied. Das gilt von Luthers Zwei-Reiche-Lehre her auch für die heutigen Entscheidungen.

Wie auch immer man an Luthers Lehre von den beiden Reichen herangeht, über die Zeiten hinweg erschließt sich immer neu ihre bleibende Aktualität. Wer sie recht versteht und deutet, erkennt bald, daß sie der Botschaft von der Königsherrschaft Jesu Christi so wenig entgegensteht, wie das bei der zweiten Barmer These im Verhältnis zur fünften Barmer These der Fall ist. Wer darum unter den heutigen Umständen nach Richtmaß und Leitlinie dafür sorgt, den Auftrag und Dienst der Kirche klar herauszustellen und zu umgrenzen, demgegenüber auch dem Mandat des Staates seine Besonderheit und seine Würde zu geben, beides ins rechte Verhältnis zueinander zu setzen, zugleich aber auch sorgsam voneinander zu unterscheiden und nicht auf verhängnisvolle Weise miteinander zu vermischen, der wird bei Luthers Zwei-Reiche-Lehre auch heute noch die entscheidende Hilfe finden.

Gerhard Ruhbach

Glaube und Erziehung bei Martin Luther

I. Vorüberlegungen zu unserer Situation

1. Das Thema steht aus verschiedenen Gründen vor Schwierigkeiten.
1.1. Sich mit Martin Luther zu beschäftigen, ist immer schwierig, weil sich alle Welt auf ihn beruft, ihn zitiert, sich für ihn interessiert und weil fast niemand mehr ihn richtig kennt. Lutherkenntnis ist weithin Zitatenkenntnis geworden. Fast jeder bezieht sich auf Luther, wie er ihn versteht und gebrauchen kann, oft ohne zu fragen, ob Luther dies wirklich so gemeint hat. So kommt es, daß Luther gegen Luther zitiert und ausgespielt wird. Der wahre Luther ist ein unbekannter Luther geworden, und „Luther-Vergessenheit" scheint zum Schicksal des Protestantismus geworden zu sein.

1.2. Luther war – bei aller zeitübergreifenden Bedeutung – ein Mensch seiner Zeit. Er gehört zum Mittelalter und nicht zur Neuzeit, und vieles, was er gemeint und geschrieben hat, ist uns schwer oder unverständlich geworden. Luther hat nie wie sein Freund und Kollege Melanchthon ein Erziehungs- und Bildungskonzept entwickelt. Melanchthon gilt mit Recht als der „Lehrer Deutschlands", aber nicht Luther. Die meisten Geschichten der Pädagogik sprechen zwar auch von den Reformatoren, aber bestenfalls am Rand von Luther, und dies mit Recht. Unsere Erwartungen an das gestellte Thema werden wir also nur indirekt beantwortet bekommen. Luthers eigentliches Thema war die Verkündigung des Evangeliums von der gerecht- und freimachenden Gnade und nicht die Erziehung des Menschen.

1.3. Wir können dem Thema unter sehr verschiedenen Erwartungen begegnen:
– als Theologen und Pfarrer: was hat Erziehung mit dem Evangelium, mit dem Glauben zu tun?

– als Pädagogen und Lehrer: was hat die Reformation, speziell Luther, zu Fragen der Bildung, des Unterrichts, der Glaubensunterweisung gesagt?

– als Menschen, die Eltern und Kinder sind: bin ich nicht mein Leben lang Kind und also Erzogener und immer zu Erziehender?

– als interessierter Zeitgenosse, der wissen möchte: was hat Luther zu diesem Thema gemeint?

So verschieden die Erwartungen sind, so verschieden können die Annäherungen und Enttäuschungen sein.

1.4. Unsere gegenwärtige Situation angesichts Glauben und Erziehung ist schwierig und unübersichtlich geworden. Da ist einmal die Pluralität von Glaubensvorstellungen und Gotteseinstellungen, selbst in scheinbar einheitlich geprägten christlichen Kreisen. Da ist die geheime oder offenkundige Resignation auch unter so vielen Christen, daß unser Glaube auf tönernen Füßen steht, unsere Kraft klein und unser Atem kurz ist. Hoffnungslosigkeit, Labilität und Depressivität greifen um sich und damit die Frage, welchen Zweck alles noch hat. Der Bazillus der Gottlosigkeit geht umher, und Angefochtenheit, Gleichgültigkeit und Anpassung an die Verhältnisse gehören zur Signatur der Zeit und oft genug auch der Kirche. Schließlich ist die im Kern gottlos gewordene Welt da, in der wir alle leben, in Beruf, in Schule, im Umgang unter Menschen; eine Welt, die uns alle irgendwie angesteckt hat. Warum entspricht unser Leben so wenig unseren Worten, unser Alltag so wenig unserem Glauben? Ist die vorlaute Welt am Ende doch stärker und lauter als wir selbst, als Gott, unser Herr? Die Anfechtung Luthers, ob Gott nur gerecht oder auch gnädig sei, scheint einer viel tieferen Anfechtung gewichen zu sein, ob Gott überhaupt noch da ist.

II. Vorüberlegungen zu Martin Luther

2.1. Vielfach vertritt man das Erziehungskonzept, in dem man selbst erzogen wurde. Es empfiehlt sich also, einen Blick auf Luthers eigene Erziehung zu werfen. Martin Luther ist als ältestes Kind geboren und hat andere Geschwister gehabt, von denen wir nahezu nichts mehr wissen. Sein Großvater war noch Bauer, sein Vater, nicht erbberechtigt, wurde Bergmann im einheimischen Kupferbergbau. Im Laufe der Zeit, offenbar auf Grund seiner Tüchtigkeit, wurde sein Vater bald in die Leitung der Mansfeldischen Bergbauzunft berufen und dort – nach unseren Vorstellungen – zum aufstrebenden Unternehmer.

Von Luthers Mutter wissen wir außer dem Namen fast nichts. Jedenfalls ist Martin Luther in geordneten, finanziell gesicherten Verhältnissen aufgewachsen. Wenn er sagt, seine Eltern hätten es sich bei seiner Erziehung blutsauer werden lassen, dann kennzeichnet solch eine Feststellung vor allem die geistige Einstellung und Haltung seiner Eltern zur Erziehung ihrer Kinder, nicht aber ihre Vermögenslage. Martin Luther wuchs in einem Elternhaus auf, in dem Gottesfurcht und strenge Arbeit als unverbrüchliches Gesetz galten. Schon in seinem Elternhaus hat er gelernt, was „fürchten und lieben" heißt und daß beide Worte zusammengehören. Prügel, Rute und Steupen hat er im Prinzip nicht getadelt, sondern nur bemerkt, daß seine Eltern den Einsatz der pädagogischen Mittel „Äpfel und Rute" zu wenig unterschieden hätten. Aber welches Kind wird das seinen Eltern nicht vorwerfen!

Jedenfalls hat Luther Strenge und Liebe zusammen bereits bei seinen Eltern kennengelernt und ist ihnen stets dankbar dafür geblieben. Sein Vater bemühte sich für seinen Sohn um eine denkbar beste Ausbildung, die Luther auf den Schulen von Mansfeld, Magdeburg und Eisenach genossen hat, bis hin zum Besuch der Erfurter Universität. Luther verbrachte als Kind, Schüler und Student eine völlig normale, unauffällige Jugendzeit, und für seine Erziehung gilt das auch. Wenn gegenwärtige Psychoanalytiker ihm einen frühkindlichen Vater- und Angstkomplex nachsagen, geht das an der Wirklichkeit seines Lebens völlig vorbei.

2.2. Der Begriff der „Bildung", wie wir ihn kennen, ist erst im 18. Jahrhundert, also lange nach Luther entwickelt worden. Er meint die Erziehung des Menschen nach den Grundlagen antiker und abendländischer Humanität. Zugrunde liegt ihm die Vorstellung, daß jeder Mensch in sich schlummernde Fähigkeiten habe, die er nur zu entfalten brauche. Diese Gedanken sind zu Luthers Zeit ansatzweise vom Humanismus entwickelt worden, aber Humanist war Luther zu keiner Zeit seines Lebens; im Gegenteil, er hat sich spätestens seit der Auseinandersetzung mit Erasmus von Rotterdam immer deutlicher vom Humanismus abgegrenzt. Die Bildungsvorstellung, die Luther antraf, an die er anknüpfte und die er elementar vertiefte, war anderer Art. Vor allem Meister Eckehart hatte ihr schon um 1300 Ausdruck verliehen und „Bildung" so verstanden, daß jeder Mensch im Anschluß an 1. Mose 1,26 dem Bild Christi eingebildet werden sollte. Bildung ist also ganz und gar von Christus her verstanden worden, und Luther hat sich diesem Grundsinn gerne angeschlossen. Wenn Gerhard Tersteegen 1745 sagt: „Daß uns sein Bild werd' eingedrückt und geb uns Frieden unverrückt"[1], so hat er 200 Jahre nach Luther noch bewahrt, was der Reformator als eigentliches Bildungsziel vor Augen gehabt hat.

2.3. Luther traf eine Erziehungs- und Schulsituation an, die sich grundsätzlich von der unseren unterscheidet. Wir haben heute Schulpflicht für jeden, während im 16. Jahrhundert nur ein kleiner Teil der Kinder zur Schule ging. Der Schulbetrieb war ganz in der Hand der Kirche, gelegentlich in der Hand der Magistrate der Städte. Mit dem Rückgang des kirchlichen Lebens und Einflusses im 16. Jahrhundert geht auch das Interesse an den Schulen zurück; das gilt für die Landesherren und die Reichsstädte und offenbar auch für die Eltern. Ihnen genügt es, wenn ihre Kinder lesen und rechnen können, um gute Kaufleute zu werden und Handel zu treiben. Ein auffälliger Materialismus und, damit verbunden, eine ausgesprochene Erziehungsfeindlichkeit und eine wachsende Unlust bei Landesherren und städtischen Ratsherren, Schulen und Hochschulen zu errichten und zu unterhalten, ist kennzeichnend für die Zeit.
Gegen diese Tendenz wendet sich Luther in verschiedenen Schriften mit allem Nachdruck. Trotzdem hat er, wenn man sein umfangreiches Schrifttum überblickt, nicht eben viel zu Schule und Erziehung gesagt und geschrieben. Wenn er es tat, dann als besorgter, verantwortungsbewußter Zeitgenosse, jedoch nicht aus einem besonderen pädagogischen Interesse heraus.

III. Glaube und Erziehung bei Luther

Nicht erst heute, sondern bereits im 16. Jahrhundert lagen
Kirche und Glauben im Argen. Mißstände waren überall zu
beklagen, und an Reformvorschlägen und Reformversuchen
fehlte es nicht. Aber Luther war keiner der vielen Reformer.
Wäre er nur dies gewesen, hätte sich seine Bedeutung auf seine Zeit beschränkt. Luther ist dagegen zum Reformator der
ganzen Kirche geworden, auf den wir mit Recht auch heute
noch hören, und dies auf eine ganz alltägliche Weise, nämlich
in der Ausübung seines Berufes als Professor der Theologie,
bei der Auslegung der Bibel. Seinen Beruf verdankt er allerdings seiner Erziehung, und er hört deshalb nicht auf, darauf
hinzuweisen, daß Gott die weltliche Erziehung dazu benutzt,
daß Menschen zum Glauben kommen, das Evangelium begreifen und vertiefen. Insofern zielt Erziehung immer auf
Gottesdienst. Das Wort Gottes fällt hin oder leidet Schaden,
wenn es keine Wege gibt, es zu lernen und zu studieren. Luther selbst ist das beste Beispiel dafür. Ohne Elternhaus,
Schule und Universität wäre er, menschlich gesprochen, nicht
zu seinem Beruf gekommen und nicht Reformator der Kirche
geworden. Trotzdem ist Erziehung nicht der Inhalt seiner
Wirksamkeit, wohl aber wichtiges Instrument und Form, die
Gott gebraucht, um den Menschen zum Heil zu bringen. Luthers zentrale Einsicht, die ihm über der Bibel aufgegangen
war und die der ganzen Christenheit bis in die Gegenwart hinein als kostbares Vermächtnis gilt, ist die Rechtfertigung allein aus Glauben und damit der eine Grundaspekt unseres
Themas.

Wir haben ihn in einigen Sätzen zu entfalten:

1. Am Studium vor allem der Psalmen und des Römerbriefs
ging Luther auf, daß Gott die Grundfrage des Menschen nach
dem gnädigen Gott, nach Gott selbst und damit nach dem
Sinn des Lebens längst beantworte hat: Gott muß nicht erst
gnädig gestimmt werden, sondern er ist den Menschen gnädig, unbegreiflich gnädig.

„Jesus Christus, unser Heiland, der den Tod überwand, ist
auferstanden, die Sünd hat er gefangen. / Der ohn Sünden war
geborn, trug für uns Gottes Zorn, hat uns versöhnet, daß Gott
uns sein Huld gönnet. / Tod, Sünd, Leben und Gnad, all's in
Händen er hat; er kann erretten alle, die zu ihm treten."[2]

Für den Menschen bedeutet das eine Erfahrung höchster Freude: „Wie ein Vogel des Stricks kommt ab, ist unsere Seel' entgangen. Strick ist entzwei, und wir sind frei."[3] Luthers die Kirche erneuernde Tat besteht darin, daß er unablässig erinnert und einschärft, was Christus für uns getan hat und noch tut. So ist die Rechtfertigung des Sünders durch Gott Befreiung aus allen Zwangsmechanismen menschlichen Handelns, Befreiung aus jeder nur denkbaren Form der Selbstrechtfertigung heraus. Wenn der Mensch die Macht seiner Schuld und das verdammende Urteil des Anklägers erfährt, dann tritt Christus noch mächtiger für ihn ein. „Mit unserer Macht ist nichts getan, wir sind gar bald verloren; es streit' für uns der rechte Mann, den Gott hat selbst erkoren."[4] Und dem so Befreiten bleibt nichts, als in aller Freude den Auferstandenen zu preisen und mit der ganzen Gemeinde Gottes auf Erden das Mahl der Angenommenen zu feiern. So wird gerade das Heilige Abendmahl zum Sakrament der Vergegenwärtigung des gnädigen Gottes und der Heilsvergewisserung des angenommenen Sünders.

Bereits in der ersten der berühmten 95 Thesen schärft Luther ein: „Da unser Herr und Meister Jesus Christus spricht, ‚tut Buße‘, hat er gewollt, daß das ganze Leben der Gläubigen Buße sei"[5]; er meint damit die tägliche, lebenslange Abkehr des Menschen von sich und Hinwendung zu Christus, die eben darin zur „Freude der Buße"[6] führt. Die später so genannte formula exclusiva (Christus allein, die Gnade allein, der Glaube allein, die Schrift allein) bringt diese Einsicht auf den angemessenen Begriff: nur der versagt, der sich Christus versagt.

2. Im Glauben, im Erbarmen, in dem umfassenden Vertrauen Gottes zu seiner Schöpfung kommt Gott selbst zu uns, tritt Christus an die Stelle, an der wir stehen müßten: „Sein Kampf ist unser Sieg, sein Tod ist unser Leben. In seinen Banden ist die Freiheit uns gegeben."[7] Glauben meint deshalb nicht zuerst ein Verhalten des Menschen, nicht die Antwort des Christen, sondern die Art und Weise der Zuwendung Christi zu uns.

– „An dem Glauben ist alles gelegen, darauf steht das ganze christliche Leben."[8]

– „Der Glaube ist so edel, daß er alles gut macht, was am Menschen ist."[9]

– „Der Glaube ist kein Werk, sondern er ist Lehrmeisterin und der Lebensnerv der Werke."[10]

– „Ich glaube, daß ich nicht aus eigener Vernunft noch Kraft an Jesus Christus, meinem Herrn, glauben oder zu ihm kommen kann."[11]

Glaube ist also im elementaren Sinn mit Christus selbst in Verbindung zu bringen, der auf uns zukommt, für uns stirbt und lebt. Nur weil Christus an mich glaubt, kann ich an ihn glauben. Mit Glauben beschreibt die Bibel, beschreibt Luther eine Beziehung, die von Christus auf mich hin geknüpft wird. Allerdings ist damit auch der Mensch selbst betroffen. Er kommt zum Glauben, und er glaubt auch. Er kann Ja oder Nein sagen zu Christus, einwilligen, sich aber auch verweigern. „Es liegt die Seligkeit nicht darin, daß du glaubst, Christus sei für die Frommen ein Christus, sondern daß er dir ein Christus und dein sei."[12]

Daraus abgeleitet, liegt der Sinn des Glaubens im Empfangen Christi und seiner Liebe und umgekehrt. „Anfang aller Sünde", sagt Luther im Anschluß an Sirach 10,14, „ist von Gott weichen und ihm nicht trauen."[13] Besonders in der Schrift „Von der Freiheit eines Christenmenschen", die fälschlicherweise immer wieder als erste reformatorische Ethik bezeichnet wird, hat Luther diesen passiven, geschenkweise übereigneten Glauben in aller Klarheit und Schönheit beschrieben:

„So müssen die Sünden in ihm verschlungen und ersäuft werden; denn seine unüberwindliche Gerechtigkeit ist allen Sünden zu stark. So wird die Seele von allen ihren Sünden durch ihren Brautschatz geläutert, das heißt: des Glaubens wegen ledig und frei und begabt mit der ewigen Gerechtigkeit ihres Bräutigams Christus. Ist das nun nicht eine fröhliche Wirtschaft, wo der reiche, edle, fromme Bräutigam Christus das arme, verachtete, böse Hürlein zur Ehe nimmt und sie von allem Übel entledigt, ziert mit allen Gütern? So ist es nicht möglich, daß die Sünden sie verdammen; denn sie liegen nun auf Christus und sind in ihn hinein verschlungen … Zu diesen Ehren kommt der Christ ausschließlich durch den Glauben und durch kein Werk."[14]

So ist Glaube zuerst und vor allem Hören, Empfangen und Annehmen, daß Christus uns nahe gekommen ist und ständig an unsere Herzenstür klopft. In diesem Sinn ist Glauben dann auch Antwort auf Christi gutes Wort, meint Glauben: Gott beim Wort nehmen, ihn Gott sein lassen und ihm voller Freude und voller Jubel die Ehre geben. Im Glauben geht es um Gott und ihn allein. Die totale Gottesbedürftigkeit und totale

Gottesbezogenheit, beides bringt dieses Grundwort der Bibel und Luthers Deutung zum Ausdruck.

Eine überwältigende Einsicht, eine überwältigende Erfahrung, die mich ergreift und andere ansteckt; Gottes Glaube an mich wird zum Ich-Glauben, und mein Glauben zum gemeinsamen Wir-Glauben, und der Empfangende wird so wie selbstverständlich zum Zeugen; es geht gar nicht anders.

3. Dies alles erfahre und vernehme ich durch Gottes Wort. „Er *sprach* zu mir: halt dich an mich, es soll dir jetzt gelingen; ich geb' mich selber ganz für dich, da will ich für dich ringen; denn ich bin dein, und du bist mein, und wo ich bleib, da sollst du sein, uns soll der Feind nicht scheiden."[15] Gottes Wort wird verkündigt und gehört; hier liegt für Luther die fundamentale Bedeutung der Predigt. „All unser Predigen geht dahin, daß ich und wir allzumal wissen und glauben sollen, allein Christus sei der einzige Heiland und Trost der Welt."[16] So kann Luther sagen: „die Predigt des Wortes ist das Wort Gottes" und „die Kirche ist die Schöpfung aus dem Wort". Wann die Reformation in einem Territorium des 16. Jahrhunderts endgültig durchgedrungen ist, läßt sich deutlich beantworten: dann nämlich, wenn reformatorisch, biblisch gepredigt wird. Sichtbare Zeichen im Gotteshaus dafür sind die Kanzel, von der aus Gottes Wort allen gesagt wird, und der Altar, von dem aus jedem einzeln die Vergebung der Sünden und Gemeinschaft mit Gott und untereinander zugesprochen wird.

4. Das alles bringt Luther auf ein einziges Grundwort, das Evangelium: „Dir sind deine Sünden vergeben. Dein Glaube hat dir geholfen; gehe hin in Frieden."[17] Dies immer neu anzusagen und anzunehmen, das reicht zum Heil aus.

Nun erfährt der Mensch: „Der Glaube selbst verwandelt den Sinn und führt zur Erkenntnis des Willens Gottes."[18] Allerdings weiß Luther aus seinem eigenen Leben wie aus dem Gang der Reformation, daß dies nicht von heute auf morgen und nicht ein für allemal geschieht. Glauben zielt vielmehr auf lebenslange Umkehr, Abkehr des Menschen von sich selbst, tägliche Erneuerung an Christus, ständig neues „Kriechen unter die Taufe". Der Glaube ist nicht Ziel, sondern Weg, immer neu und weiter zu gehen. Trotzdem gibt es ständig Mißverständnisse und Gefahren. „Die Welt hält das für Heil, wenn uns das Übel weggenommen wird. Aber Christus bedient sich einer anderen Kunst; er macht die Person anders. Er nimmt nicht das Übel aus unserem Leben weg, sondern führt das Herz vom Übel weg. Er gibt dir einen anderen Mut, daß du meinst, du sitzt im Rosengarten. Und also ist mitten im Sterben das Leben und mitten im Unfrieden Friede und Freude."

Darin besteht das Evangelium, und so wie es täglich gepredigt werden muß, damit ich es hören und glauben kann, so ist das Annehmen ständig neu zu lernen und einzuüben. „Das Leben ist nicht ein Frommsein, sondern ein Frommwerden, nicht ein Gesundsein, sondern ein Gesundwerden, überhaupt nicht ein Sein, sondern ein Werden, nicht eine Ruhe, sondern eine Übung. Wir sind's noch nicht, wir werden's aber. Es ist noch nicht getan und geschehen, es ist aber im Schwung. Es ist nicht das Ende, es ist aber der Weg."[19]

5. Damit ist der zentrale Begriff für Luthers Verständnis von Erziehung genannt. Glaube ist Übung, Umgang mit Glauben.

– „Das ist des Glaubens besondere Art, daß er damit umgeht."[20]

– „Der Glaube soll so gestaltet sein, daß ein jeglicher sich die Auferstehung des Herrn Jesus Christus zu eigen mache."[21]

– „Der Glaube ist nicht eine leichte Kunst, sondern ein hochtrefflich Ding, daran ein Mensch hunderttausend Jahre zu lernen hätte, wenn er so lange lebte."[22]

– „Ich habe meine Theologie nicht auf einmal gelernt, sondern habe immer tiefer und tiefer hineingraben müssen; dahin haben mich meine Anfechtungen gebracht, weil man ohne Übung nichts lernt."[23]

Sich von Gott einüben, sich erziehen lassen, das ist also der Auftrag für den zum Glauben Gekommenen. Lernen und Üben meint für Luther allerdings nicht ein Lehrer-Schüler-Verhältnis, sondern ein Prediger-Hörer-Verhältnis eingehen, in dem der Prediger immer sein erster Hörer ist. Was er sich nicht selber sagt, kann er auch nicht anderen verkünden. Wir alle sind Kinder Gottes und sollen ein Leben lang Kinder bleiben, die gerne hören, empfangen und einüben, was sie erhalten haben.

In der Gotteskindschaft erblickt Luther deshalb das große Geschenk und die freimachende Verheißung für den Christen. Aus diesem Grund hält er zeitlebens an der Säuglingstaufe fest, weil sich in ihr die Rechtfertigung allein aus Glauben, das bloße Annehmen des Geschenkes exemplarisch widerspiegelt, bei dem der Mensch nichts anderes zu tun hat, als einfach da zu sein. „Zur Kindertaufe bringen wir das Kind herzu in der Meinung und Hoffnung, daß es glaube, und bitten, daß Gott ihm den Glauben gebe; aber darauf taufen wir nicht, sondern allein darauf, daß Gott es befohlen hat. Warum das? Darum, daß wir wissen, daß Gott nicht lügt."[24] Deshalb sah Luther in der Erwachsenentaufe den Versuch des Menschen, sich durch seine eigene Entscheidung für Gott wieder selbst am Heil zu beteiligen. Einübung in Kind-Gottes-Sein, das gilt deshalb allen Glaubenden, Erwachsenen und jungen Menschen; hier liegt der Ansatz der reformatorischen Auffassung und Erziehung.

– „Wenn wir Kinder erziehen, so müssen wir auch Kinder mit ihnen werden."[25]

– „Dieweil wir Kindern predigen, müssen wir auch mit ihnen lallen."[26]

Luther hat damit ein umfassendes Verständnis von Kindschaft und ein durchaus abgewandeltes Verständnis von Erziehung gegenüber dem üblichen Sinn entfaltet. Seinem Glaubenslied von 1542 „Erhalt uns, Herr, bei deinem Wort"[27] gibt er den Zusatz „ein Kinderlied", weil gegen die Verzagtheit nur das einfältige Gebet der Kinder hilft. Und im selben Jahr 1542 sagt er in einer Tischrede: „Wenn jemand soll den Feinden Widerstand tun, so werden's die armen Kinder: die beten das Vaterunser."

Zum einfältigen Kinderglauben kommen und dabei bleiben, in der Not schlicht vertrauen können und gelassen werden und in allem Gott loben bis in Ewigkeit, das ist der Grundsinn von Luthers Erziehungskonzept.

6. Solche Gelassenheit ist aber alles andere als ein lässiges oder gar nachlässiges Dahinleben. Der Vorwurf, daß Gottvertrauen von Verantwortung dispensiere, ist ein fundamentales Mißverständnis. Denn „ein Christenmensch lebt nicht in sich selbst, sondern in Christus und in seinem Nächsten; in Christus durch den Glauben, im Nächsten durch die Liebe."[28] So läßt sich der Glaube vielmehr als engagierte Gelassenheit beschreiben, als ständige Einübung in Glauben auf immer tiefere Einwurzelung in Christus hin und als ständige Übung des Glaubens auf Ausbreitung und Vertiefung des Glaubens in der Gemeinde wie in der Welt. In diesem Sinn läßt sich, unser Thema aufnehmend, von der Erziehung in und zum Glauben sprechen.

Luthers reformatorisches Wirken gibt davon vielfältig Zeugnis. Er beginnt auf der Wartburg, die Bibel in die Muttersprache zu übersetzen, und er bleibt bei der Revision seiner Übersetzung bis zum Tod, damit jedermann die Möglichkeit habe, Gottes Wort täglich zu lesen, zu lernen und zu leben. Deshalb stellt Luther jedem biblischen Buch in seiner Übersetzung eine Vorrede voran, damit der Glaubende die Bedeutung der einzelnen biblischen Schriften zu gewichten lernt und einen Schlüssel zu ihrem Grundsinn bekommt.[29] In seinem „Sendbrief vom Dolmetschen" legt Luther seine Übersetzungskriterien dar und verhilft dazu, mit seiner eigenen und mit anderen Übersetzungen kritisch umzugehen.[30] Hier weist der Reformator auf die Notwendigkeiten hin, die biblischen Sprachen als „Scheiden des Geistes" zu beherrschen, und damit auf die Notwendigkeit gut gebildeter Lehrer und ordentlicher Schulen für jedermann, damit die einen mit der Bibel in der Muttersprache, die anderen in der Originalsprache umgehen können. Seit der Reformation erst wird jeder Pfarrer verpflichtet, ein Theologiestudium zu absolvieren, um seiner Gemeinde als Prediger, Lehrer und Seelsorger beistehen zu können. Weil die Kirche nicht immer neu beginnt, sondern in einer Überlieferung des Glaubens durch viele Jahrhunderte hindurch steht, legt Luther auch großen Wert auf die Kenntnis der „Väter der Kirche".

Der Gemeindeaufbau als Zeichen der Verlebendigung des Glaubens wird ihm zum selbstverständlichen Auftrag. Mittelpunkt der Gemeindepädagogik ist der Gottesdienst. Für ihn dichtet Luther fast 40 Choräle in deutscher Sprache, und andere Reformatoren schließen sich ihm an. Die Gemeinde soll als die dankbar und fröhlich die Rechtfertigung annehmende Versammlung Gott singend antworten und voller Freude loben: „Nun freut euch, lieben Christen gemein"! Viele Christen haben sich mittlerweile so selbstverständlich an das Singen im Gottesdienst gewöhnt, daß ihnen weithin nicht mehr klar ist, welche Neuigkeit und welche Hilfe für die Gemeindebeteiligung der evangelische Choral, der mit Luther Einzug in die Gemeinde gehalten hat, für die Erneuerung der Kirche bedeutete. Das Lied ist Zeugnis dafür, wie der Glaubende aus Sündennot und Gewissensqual zum Frieden Gottes hindurchgedrungen ist. Das Lied ist es, weil in ihm kurz und klar das ganze Evangelium gesungen wird, so klar, daß einer im Gottesdienst darüber zum Glauben kommen könnte. In der Reformationszeit hat das Lied zweifellos so gewirkt. Ein Zeitgenosse schreibt: „Mir zweifelt nicht, daß durch das eine Liedlein Lutheri „nun freut euch" werden viel hundert Christen zum Glauben bracht worden sein, die sonst den Namen Lutheri vorher nicht hören mochten; aber die edlen, teuren Worte Lutheri haben ihnen das Herz abgewonnen, daß sie der Wahrheit beifallen mußten. So daß die geistlichen Lieder nicht wenig zur Ausbreitung des Evangeliums geholfen haben."

Neben der Schaffung des Gemeindeliedes hat Luther auch die Gottesdienstordnung ins Deutsche übertragen und so jedem Gottesdienstbesucher den verstehenden und beteiligten Mitvollzug der Liturgie ermöglicht, während der katholische Christ bis zum zweiten Vatikanischen Konzil (1962 – 1965) der lateinisch zelebrierten Messe folgen mußte.

Ein weiteres Element der Gemeindepädagogik schuf Luther mit seinen Katechismen, dem Großen Katechismus für die Hand des Pfarrers, dem Kleinen Katechismus für jedermann. Heute ist der Katechismus weithin als Lernstoff für den Konfirmandenunterricht degeneriert – ganz gegen die Absicht Luthers; er sollte vielmehr in der privaten Erbauung und in der gemeinsamen Hausandacht die fünf Hauptstücke des Glaubens immer neu bedenken und verstehen lehren, sozusagen als eiserne Ration des Christen; er sollte damit auch den Gemeindegottesdienst vorbereiten und begleiten, nicht zuletzt die Predigt des Pfarrers, die Teilnahme am Heiligen Abendmahl und die reformatorisch erneuerte Praxis der Einzelbeichte. Von dem fundamentalen Rang der Predigt für Luther war schon die Rede; hier sei nur nachträglich erwähnt, was es für die Erneuerung der Kirche bedeutete, daß Luther die Predigt in jeden Gottesdienst einführte, und zwar als in deutscher Sprache gehaltene Predigt, die zur Erweckung und Vertiefung des Glaubens wie zum Verständnis des Wortes Gottes Beistand leisten sollte.[31]

Zuletzt sei darauf hingewiesen, daß Luther auch in einem unbefangenen Sinn die Weltweisheit ernstgenommen wissen wollte, soweit sie Leben erschließt und Leben deutet. Deshalb schätzt er Sprichwörtersammlungen und z.B. die Fabeln des Äsop, deshalb empfiehlt er auch die Lektüre der antiken Klassiker, an deren Denken sich die Kirche immer geübt und die sie nicht von ungefähr als ihr eigenes Bildungsgut überliefert hat. Luther hielt viel von Geselligkeit, Humor und frohem menschlichen Zusammensein; in diesem Zusammenhang hat er vor allem der Musik eine besondere Bedeutung beigemessen. „Ich wünschte gewiß von Herzen, daß jeder die göttliche und vortreffliche Gabe der Musik lobte und priese. Ich werde von der Menge und Größe ihrer guten Eigenschaften so überschüttet, daß ich weder Anfang, Ende noch Maß meiner Rede finden kann."[32]

Luthers gemeindepädagogisches Wirken findet auch darin seinen Ausdruck, daß er die „Erzieher" in allen Bereichen ernst nimmt, schätzen lehrt und ihnen einen besonderen Auftrag von Gott her zuweist. In diesem Zusammenhang spricht er vom „Amt". Er weiß von dem „Heilamt" und fordert eine gründliche Ausbildung der Ärzte, eine vor Gott verantwortete Ausübung ihrer Kunst und eine Hochschätzung ihres Wirkens durch die Bevölkerung. „Denn Gott hat die Arznei geschaffen und die Vernunft gegeben, den Leib zu fördern und sein zu pflegen, daß er gesund sei und lebe."[33] „Deshalb sollst du die Mittel gebrauchen, die zum Leben nötig sind."[34]

Luther weiß von dem „Amt der Obrigkeit", damit Frieden herrscht, das Böse in Schranken bleibt und Menschen nach Gottes Willen menschlich leben können. „Ein Fürst und Herr muß bedenken, daß er Gottes Amtmann und seines Zorns Diener ist, dem das Schwert über böse Buben befohlen ist, und daß er sich ebenso hoch vor Gott versündigt, wenn er nicht straft, wehrt und sein Amt nicht ausführt, als wenn einer mordet, dem das Schwert nicht befohlen ist."[35] Zum Amt der Obrigkeit gehört allerdings notwendig dazu, daß sie ihren Auftrag und ihre Grenzen kennt. Sie darf nicht „die Gewissen regieren wollen, was man glauben oder nicht glauben soll."[36] Auch die Obrigkeit muß deshalb unterwiesen werden, ihren Auftrag gerecht wahrzunehmen. „Das ist die größte Gabe Gottes, wenn aus einem König ein Lehrer wird, d.h. wo sich eine gottesfürchtige Obrigkeit der Religion herzlich annimmt."[37] Luther denkt nicht von ferne daran, blinden Untertanengehorsam zu verlangen, aber ebensowenig erlaubt er Christen, sich über geltendes Recht aus Vernunfts- oder Gewissensgründen einfach hinwegzusetzen.

Besondere Bedeutung mißt Luther dem „Predigtamt" bei, das „von Gott gestiftet und eingesetzt ist".[38] „Das Amt, das Evangelium zu predigen, ist das höchste unter allen; denn es ist das rechte apostolische Amt, das den Grund legt für alle anderen Ämtern, die sich auf dieses Amt aufbauen müssen. Nämlich das Amt der Lehrer, der Propheten, der Regierer und derer, die die Gabe gesund zu machen haben, wie sie denn Paulus 1. Kor. 12,28 nacheinander ordnet."[39] Deshalb ist es Luther ein ständiges Anliegen, die Pfarrer darauf hinzuweisen, daß sie ihren Auftrag „wohl treiben und üben"[40], nicht faul und träge sind, sich um die Auslegung der Schrift ernstlich mühen und Gott um Einsicht in seinen Willen bitten. Denn: „Evangelium predigen ist nichts anderes, als Christus zu uns bitten oder uns zu ihm bringen"[41] und „wo nicht Gottes Wort gepredigt wird, da ist's besser, daß man weder singe, noch lese, noch zusammenkomme."[42]

Der Gemeinde schärft Luther ein, daß das Predigtamt zwar keine eigene Qualität besitzt, sondern ein Dienstamt ist, daß die Berufung in dies Amt jedoch ihre besondere Bedeutung hat. „Es können zum Lehramt des Evangeliums Leute von allen Ständen berufen werden. Weil aber alles in der Kirche ordentlich zugehen soll, so dürfen sie nicht alle ohne Unterschied lehren, sondern nur die zum Lehren berufen sind."[43]

Schließlich weiß Luther von einem besonderen Auftrag des „Lehramtes" im allgemeinen Sinn, das er vom Verkündigungsamt, dem Lehramt des Evangeliums, unterscheidet. Hier weist er im Anschluß an das vierte Gebot besonders den Eltern einen Ehrenplatz zu. „Ohne Zweifel sind Vater und Mutter für die Kinder Apostel, Bischof und Pfarrer, weil sie ihnen das Evangelium verkündigen. In Kürze: Es gibt keine größere und edlere Gewalt auf Erden als die der Eltern über die Kinder, zumal sie geistliche und weltliche Gewalt über sie haben."[44] Allerdings ist auch dieses Amt Gottesdienst und findet gegenüber dem Willen Gottes seine deutliche Grenze. Eltern dürfen ihre Kinder nicht nach Lust und Laune, nach eigenem Bildungskonzept und Gutdünken erziehen, sondern sie haben diese, am Willen Gottes orientiert, aufwachsen und sich entfalten zu lassen. „Obwohl keine größere Gewalt auf Erden ist als die des Vater und der Mutter, so ist sie doch am Ende, wenn Gottes Wort und Werk anfangen. Denn in göttlichen Sachen sollen weder Vater noch Mutter, geschweige denn ein Bischof oder irgendein Mensch, sondern allein Gottes Wort lehren und führen. Und wo dich Vater und Mutter heißen, lehren oder auch bitten würden, etwas zu tun gegen Gott und Gottes Dienst, was nicht durch Gott klar geboten und befohlen ist, sollst du zu ihnen sagen: Was haben ich und du miteinander zu tun? ... Denn Vater und Mutter sind auch schuldig, ja eben darum sind Vater und Mutter von Gott gemacht, daß sie die Kinder nicht nach ihrem Gutdünken und

und eigener Andacht lehren und zu Gott führen sollen, sondern nach den Geboten Gottes."[45] „Denn das sollen Eltern wissen, daß sie Gott, der Christenheit, aller Welt, sich selbst und ihren Kindern kein besseres Werk und Nutzen schaffen können, als wenn sie ihre Kinder gut erziehen ... so ist wiederum die Hölle nicht leichter verdient als an seinen eigenen Kindern, können auch nicht leicht ein schädlicheres Werk tun, als daß sie die Kinder vernachlässigen, sie fluchen lassen, schwören, schändliche Worte und Liedlein lehren und sie nach ihrem Willen leben lassen."[46]

Nicht weil die Eltern Kinder in die Welt gesetzt haben, sind sie Mandatare Gottes, sondern weil sie den besonderen Auftrag, eben das Amt, erhalten haben, ihren Kindern den Weg zu Gott zu weisen. „Vater und Mutter können an ihren Kindern das Himmelreich, aber auch die Hölle verdienen."[47] Deshalb spricht Luther nicht von ungefähr den Vater, in der patriarchalischen Gesellschaft des 16. Jahrhunderts nicht weiter auffallend, mit Amtstiteln seiner Zeit an: „Ein Vater soll ein Bischof und Pfarrer seines Hauses sein."[48] „Ein Vater soll sein Kind strafen wie ein Richter, lehren wie ein Doktor, ihnen predigen wie ein Pfarrer oder Bischof"[49] und „Eine fromme Mutter, die ihre Pflicht und Schuldigkeit bei der Erziehung der Kinder beachtet, weiß gewiß, daß dieses Werk Gott gefalle."[50] Selbst wenn die Kinder undankbar sind und das Evangelium nicht annehmen wollen, gilt die Fürsorge der Eltern in weltlichen und geistlichen Dingen den Kindern gegenüber weiter.[51] „Denn will man der Christenheit wieder helfen, so muß man fürwahr bei den Kindern anfangen."[52] In einer Zeit, in der Gehorsam der Kinder gegenüber den Eltern wie selbstverständlich war, hält Luther dies keineswegs für einen Freibrief der Kinder, zu tun und zu lassen, was sie wollen.

Im übertragenen Sinn gilt dieser Erziehungsauftrag auch den Lehrern an der Schule. Denn „Gottes Wort wird durch Erhaltung guter Schulen und Erziehung der Jugend für uns und unsere Nachkommen erhalten."[53] Deshalb gibt Luther dem Lehrer auch solch besondere Würde und Verantwortung. „Es gefällt mir kein Stand so gut, ich wollte auch keinen lieber annehmen, als ein Schulmeister zu sein."[54] „Wenn ich vom Predigtamt und anderen Sachen ablassen könnte oder müßte, so wollte ich kein Amt lieber haben, als Schulmeister oder Knabenlehrer zu sein. Denn ich weiß, daß dies Werk nächst dem Predigtamt das allernützlichste, größte und beste ist und weiß

dazu noch nicht einmal, welches unter beiden das beste ist. Denn es ist schwer, alte Hände zahm und alte Schälke fromm zu machen, woran doch das Predigtamt arbeitet und viel umsonst arbeiten muß. Aber die jungen Bäumlein kann man besser biegen und ziehen, wenngleich auch einige darüber zerbrechen. Lieber, laß es der höchsten Tugend eine sein auf Erden, fremden Leuten ihre Kinder treulich zu erziehen, welches gar wenige und schier niemand tut an seinen eigenen."[55]
Von den Aufgaben und Einstellungen eines „frommen Schulmeisters" weiß Luther viel zu sagen: er darf nicht auf Gewinn aus sein, muß treu und ausdauernd arbeiten, bereit sein, „zu strafen und zu überzeugen", ohne daß „Bitterkeit, Zorn und Haß" aufkommt.[56] Den sittlichen Niedergang seiner Zeit, in der Gehorsam, Anstand und Arbeitssinn schwinden, deutet Luther auch von daher, daß Pfarrer und Schulmeister in der Bevölkerung nicht mehr als „von Gott eingesetzt" gelten.[57]
Dabei ist Luther wichtig, daß das Lernen wie das Hören allezeit entscheidender ist als das Lehren. Am Vorbild des Jüngers, der nicht über seinem Meister steht, sondern zu dessen Füßen sitzt, allezeit zum Hören und Aufnehmen bereit, orientiert Luther diese Einstellung und gibt dann einige ganz praktische Hinweise, die allesamt den Zusammenhang von Glauben und Erziehung im Auge haben:
– im ständigen Üben kommt der Mensch von sich selbst los,
– in solchem Loskommen erfährt er Lösung und Befreiung, eben die Liebe Gottes,
– in solcher Befreiung erfährt er Gelassenheit, kommt immer neu zum Glauben und bleibt immer neu beim Glauben,
– Üben bejahen heißt Übungen bejahen, auswählen und wiederholen,
– Üben heißt den Leib wie den Kopf zu üben,
– Üben meint, niemals nur etwas üben, sondern sich selbst.
So werde ich offen und wachse in die Auferstehungswirklichkeit hinein. So zielt Glauben und Erziehung letztlich auf die persönliche, existentielle Betroffenheit des Angesprochenen, die das Grundthema reformatorischer Theologie ist.

IV. Konsequenzen

1. Luther lehrt uns, daß Üben und Erziehen nicht ein Bereich neben dem Glauben, sondern die Konsequenz des Glaubens ist. Er unterscheidet aber, zeitübergreifend gültig, zwischen Fundament und Konsequenz, Begründung und Frucht des Glaubens. Luther nach seinem Erziehungsverständnis fragen heißt verstehen, daß Glauben und Erziehen niemals voneinander gelöst werden können, sondern ineinander zu sehen sind.

2. Luther lehrt uns, daß es bei der Erziehung nicht nur um Wissensstoff oder um Lebenskunst geht, sondern immer um den ganzen Menschen. Der Erzieher ist dabei ebenso wichtig wie der zu Erziehende, und niemals sollen wir vergessen, daß Lehrer und Schüler, Erwachsene und Kinder in einer tiefen Solidarität vor Gott stehen, nämlich daß sie Kinder des einen Vaters sind:

– Kinder und nicht Sklaven; frei und mündig sein heißt, den Mund wie die Ohren zu gebrauchen und nicht zu vergessen, daß Gott dem Menschen zwei Ohren und einen Mund gegeben hat.

– Kindsein heißt, nie ausgelernt haben. Der Glaubende ist im Wachsen, niemals erwachsen.

– Kindsein heißt, mit anderen Kindern zusammenleben, Rücksicht nehmen, Brüderlichkeit einüben, den Schwachen im Auge behalten und schonen und sich trotzdem nicht der Tyrannei der Schwachen unterwerfen.

3. Luther lehrt uns: So wie Gott uns das Heil, das Evangelium in den Formen von Gesetz und Evangelium zuwendet, so haben auch wir im Konsequenzbereich des Glaubens Strenge und Liebe in rechter Weise zu verbinden. Es gibt eine lieblose Liebe; es gibt ein unchristliches Nachgeben; es gibt eine harte Prinzipientreue. Verhärtung einerseits und Affenliebe andererseits sind in Wahrheit Lieblosigkeit. Auch wenn dies für das Verhältnis von Eltern und Kindern von besonderer Bedeutung ist, gilt das auch für alle anderen Bereiche menschlichen Zusammenlebens.

4. An Luther lernen wir, daß Erziehung von Menschen ein „weltliches Geschäft" ist. Deshalb gibt es keine spezifisch christliche Pädagogik, keine besonders christlichen Schulformen oder Unterrichtsmethoden. Die Kirche soll der Schule,

der Pfarrer dem Lehrer nicht vorschreiben, was zu lehren ist. Der Umgang mit Kindern, allgemein mit Menschen, bringt eine spezifische Erfahrung, was dem Menschen gut ist: Liebe, Verständnis, Begleitung. Daraus erwächst eine je nach Altersstufe verschiedene Erfahrung, die Luther allezeit respektiert und gelten läßt.

Wie der Glaubende allerdings ständig in der Gefahr ist, wieder dem Unglauben zu verfallen, so auch der Erziehende; allezeit kann er übersehen, daß er selbst und sein Gegenüber in einer gefallenen und deshalb verblendeten Welt leben. Die Ansteckungsgefahr durch die Welt ist groß. Deshalb sind nicht nur Erziehungsziele und Erziehungswege ständig neu zu überprüfen, sondern auch der Erzieher selbst hat sich stets zu prüfen. Nur wer immer neu selbst umkehrt, kann noch andere zur Umkehr anleiten. Hier liegt die fundamentale Bedeutung des Gesetzes für den Erziehungsauftrag, den Erziehungsweg und das Erziehungsziel. Erziehung zum Menschsein meint für Luther immer Erziehung zum Menschsein vor Gott, Erziehung zum Glauben. Alle Pädagogik wird so zur Heilspädagogik; insofern haben Pfarrer und Lehrer das gleiche Amt. Alle Pädagogik wird zur Gemeindepädagogik; Religionsunterricht in der Schule und Konfirmandenunterricht in der Kirche haben kein anderes Ziel. Der Kindergottesdienst und der Sonntagsgottesdienst der Gemeinde wollen zum Glauben an den gleichen Gott führen.

Alle Pädagogik wird aber auch zur Verantwortungspädagogik für die Welt. Der Glaubende lebt in der Gemeinde und in der Welt als dem Bewährungsfeld des Glaubens. Er kann sich nicht auf sich selbst, seine Familie, seine Gemeinde beschränken, sondern er wird den Sieg des Auferstandenen in allen Bereichen der Welt ansagen, leben und vertreten. Auf Widerspruch und Widerstand wird er gerüstet sein und im Gehorsam seinem Herrn gegenüber erfahren, daß „unser Glaube der Sieg ist, der die Welt überwindet".

Luthers ganzes Leben gibt von beidem Zeugnis: von der Begründung des Glaubens im Heilswerk Christi allein und von den Konsequenzen des Glaubens in allen Bereichen der Welt, nicht zuletzt im Raum der Erziehung.[58]

Helmuth Egelkraut

Pietismus und Reformation

Es soll in dieser Besinnung einmal deutlich werden, daß der
Pietismus ohne das Erbe der Reformation undenkbar ist, daß
aber der Pietismus dieses Erbe nicht unkritisch übernahm und
daß schließlich da, wo der Pietismus dieses Erbe geringschätz-
te, es nicht zur Kenntnis nahm oder sich darüber erhob, er sich
selbst gefährdete.

1. Der Pietismus

1.1. Die Bestimmung des Pietismus

Der Pietismus ist in der Themenformulierung bewußt an erster Stelle genannt als sollte gefragt werden: Wie verfuhr der
Pietismus mit dem ihm zugekommenen Erbe der Reformation? Was wir unter Reformation zu verstehen haben, ist klar:
Es ist die Hinkehr zur Schrift, zur Gnade, zum Glauben, somit
zu Christus am Anfang des 16. Jahrhunderts, wie sie für uns in
Deutschland vor allem mit dem Namen Martin Luther verbunden ist.
Was aber ist der Pietismus? Er ist viel weniger an einer Person
festzumachen, gründet keine eigene Kirche und formuliert
auch kein eigenes Bekenntnis, das nun als Symbol, als Erkennungszeichen dienen könnte. Man hat den Pietismus als
„Frömmigkeitsbewegung" charakterisiert.[1] Das letzte der
beiden Worte, *Bewegung,* ist zu unterstreichen, eine Bewegung, die sicher mehr umfaßt als nur einen Frömmigkeitsstil.
Oder sollte man nicht besser von einem breiten Strom sprechen, der die letzten 300 Jahre der Kirchengeschichte durch-
zieht? Zeitweise drohte er zu versickern. Aber dann brach er
mit neuer Kraft an die Oberfläche, nicht nur in der Zeit des
klassischen Pietismus des Barock im ausgehenden 17. Jahr-

hundert, auch in der Erweckungsbewegung zu Beginn des 19. Jahrhunderts, wieder in der Gemeinschaftsbewegung zu Ende des 19. Jahrhunderts und wohl wiederum in der evangelikalen Bewegung, die wir z.Z. miterleben.[2]
Jede dieser Erneuerungsphasen entstand und stand in einem weiten Geflecht internationaler und kirchlicher Beziehungen. Und jede dieser Phasen hatte auch ihr eigenes Gepräge, weil sie eben in ihrer eigenen Zeit mit ihren eigenen Gegebenheiten sich entwickelte. So war für die Erweckungsbewegung, die weitgehend von Pfarrern getragen wurde, etwa der große missionarische Aufbruch nach außen und verbunden damit die Gründung von Missionsgesellschaften und Seminaren typisch (Basel, Berlin, Bremen, Hermannsburg, Wuppertal, Neuendettelsau u.a.).
Die Gemeinschaftsbewegung trug das Evangelium aus den Kirchen hinaus, verkündigte es in profanen Bereichen, schuf sich eigene Verbandsstrukturen, Prediger und Evangelisten mit Bibelschulausbildung, hatte ein besonderes Heiligungsverständnis.
Ähnliche Eigenheiten könnten von der evangelikalen Bewegung aufgezeigt werden. Wo setzen wir also an? Einerseits gilt es, den klassischen Pietismus nicht aus den Augen zu verlieren, andererseits darf der Bezug zur Gegenwart nicht unterschlagen werden, denn diesen langen Strom des Pietismus verbinden einige theologische Uranliegen: Die Frage nach der persönlichen Heilsgewißheit, das Verlangen nach der sichtbaren Heiligung des Lebens, das persönliche Bemühen um die Bibel, der Drang zur Evangelisation, der Zug zur Weite des Reiches Gottes. Insgesamt soll das Leben und die Kirche vom Evangelium her in Gang gehalten werden, und all das im Hinhören auf die Reformation.

1.2. Der Pietismus ist kein einheitliches Gebilde

Es ist kein regulierter Fluß mit festen Ufern im wohlgesicherten Bett. Wieviele Gegensätze und Unterschiede gibt es da! Wer könnte das Ganze überschauen! Der Pietismus gleicht einem natürlichen, ungebändigten Strom, der sich in der Talaue ausbreitet mit Nebenströmen zur Rechten und zur Linken. Es gibt einen Pietismus bewußt kirchlicher Prägung, der in der Kirche lebt, ihr dienen will und für sie kämpft. Spener wäre

hier zu nennen, Tholuck, Hofacker, Henhöfer, Harms, Delitzsch, die Erlanger und viele andere Ungenannte und Unbe-
kannte.

Daneben gab es zu allen Zeiten Zirkel, die in der verfaßten
Kirche nur die Hure Babel und einen Strom des Verderbens
sahen. Und wie es neben einem Strom Tümpel gibt, so gab es
Separierte, die nur sich und ihr Heil suchten, und sich ihre eigene Lebensordnung gaben. Man könnte das Bild noch weiter
ausmalen. Darum geht es hier nicht. Ich halte mich bei unseren weiteren Überlegungen an den Hauptstrom des Pietismus, zu dem bei aller Verschiedenartigkeit der einzelnen Ver-
bände auch Gnadau gehört.

2. Die bewußte Stellung des Pietismus zur Reformation

2.1. Die kritische bis ablehnende Haltung

Es soll hier nicht so sehr von den schwärmerischen Pietisten
gesprochen werden, die eigentlich nur widerwillig von Luther
reden können. Ihre Väter finden sie in Konrad Dippel und
Gottfried Arnold. Ihre Haltung spiegelt sich am ehesten wider im Satz des mystischen Spiritualisten Christian Hoburg
(1607-1675): „Rechtfertigung ist Fiktion; Wiedergeburt ist
Wirklichkeit." Das Erfahrbare steht über dem im Wort Zuge-
sprochenen. Kirche und Sakrament sind Äußerlichkeiten.
Auch in Speners Umgebung gab es solche Leute, etwa sein
Schwager Schütz; doch ihre Geschichte ist nicht Vergangenheit, sie reicht bis in die Gegenwart.

Aber auch innerhalb des pietistischen Hauptstromes finden
sich immer wieder Stimmen, die meinen, der Luther nach
1525 (vom alternden gar nicht zu reden), der die Kirche zu
ordnen hatte, hätte das Erbe des jungen Luther vor 1525 ver-
raten. Der eigentliche Verwalter der Reformation bzw. des
reformatorischen Anliegens sei der schlesische Edelmann
Kaspar von Schwenckfeld und Ossig. Für ihn steht die sittliche
Erneuerung höher als die Rechtfertigung; an die Stelle der
Kirche, die nach Luther Wort und Sakrament zum Zeichen
hat, tritt die Schar der Gläubigen, die sich als reine Braut

Christi sammelt und baut. Weniger bekannt ist, daß für Schwenckfeld die menschliche Natur Jesu nicht teilhat an der Kreatürlichkeit und daß folgerichtig auch die Geschöpflichkeit des Christen Teil der zu überwindenden Sündhaftigkeit ist. Seinem Kampf allgemein gegen die „creatur" entspricht seine Ablehnung jedes vermittelten Gottesverhältnisses. Deshalb rät er bei Abendmahl und Taufe, aber auch bei Beichte und Ehe zu völligem „Stillstand" und bezüglich der Predigt mindestens zu starker Zurückhaltung.[3]

Wer also in Schwenckfeld den eigentlichen Vorläufer des Pietismus und der Gemeinschaftsbewegung finden will, sollte sich ernsthaft fragen: Kann man Luthers Betonung des „gerecht *und Sünder zugleich*" in dieser Weise übergehen? Läßt sich wirklich eine reine Gemeinde der Gläubigen ohne sichtbare äußere Gestalt und Organisation bilden? Wohin führt es, wenn man den unmittelbaren Zugang zu Gott und die unmittelbare Mitteilung des Geistes für das eigentlich Christliche hält? Kann tatsächlich die Überwindung der Kreatürlichkeit einschließlich der Ehe und Geschlechtlichkeit Ziel der Heiligung sein? Sicher sind all diese Gedanken immer wieder einmal bei uns bedacht worden, aber wollen wir sie uns zu eigen machen? Wer also Schwenckfeld zum eigentlichen Vorläufer des Pietismus und der Gemeinschaftsbewegung kürt, kennt ihn höchstwahrscheinlich nur vom Hörensagen.[4]

2.2. Über Luther hinaus

In einer anderen Richtung des Pietismus läßt man Luther zwar einen guten Mann sein, einen der Großen der Kirchengeschichte, aber man möchte doch über ihn hinaus. Dazu gehört etwa der Kreis um Tersteegen, dem es um die Abgeschiedenheit geht. Bei Tersteegen trägt sicher auch die reformierte Herkunft zur Distanz zu Luther bei.

Aber auch die Schwabenväter müssen – wenn auch mit Einschränkung – hier genannt werden. Von Bengel stammt etwa folgende Überlegung: „Es gibt freilich reinere Seelen als Luther, die in der Stille leben. Aber wenn es alle so machen wollten, wie ginge es? Wenn niemand hätte rumoren wollen, so wüßten die Mystiker nicht, was Mystizismus ist, die Christen nicht, was Christentum ist, niemand, was die heilige Schrift wäre. Solche Leute braucht man. ... Sie sind wie Generale, die für das Vaterland zu Felde liegen, gegen eine

Braut, die im Zimmer sitzen bleibt und dem König doch lieber ist."[5]

Für Luther ist die Mitte der Schrift eindeutig das Wort von der Rechtfertigung des Sünders in Christus durch Gnade aus Glauben. Für Luther kann es dann in der Schrift Tiefen und Höhen geben. Sicher ist die ganze Schrift Gottes Wort, aber sie ist es nicht in gleicher Weise für mich. Luther kann dann eine Auswahl für die Verkündigung treffen. Wenn aber dem „Die reine Schrift" und dem „Nur die Schrift" auch noch das „Alles in der Schrift" hinzugefügt wird, dann kommt es leicht zu einer erzwungenen Nivellierung der in der Schrift vorhandenen Unterschiede. Die Konsequenz wäre eigentlich, daß man in der Verkündigung zur *lectio continua* übergeht.

Für Bengel bleibt die Rechtfertigung „ein großes Grundanliegen". Daneben tritt aber als zweiter Pol – denn von Schriftmitte kann man ja nun nicht mehr ausgehen, eher schon von zwei Brennpunkten ähnlich wie bei einer Ellipse – die Heilsgeschichte, bzw. die Reichsgottesgeschichte, bzw. der Plan der göttlichen Haushaltungen. Damit tritt aber die Eschatologie, das Interesse an den zukünftigen Dingen, stark in den Vordergrund. Die sind freilich in der Schrift nicht mit gleicher Bestimmtheit und Klarheit ausgesagt wie das schon Geschehene und Vollbrachte. Deshalb muß nun auch die spekulative Theologie bemüht werden. Wann kommt das Reich Gottes? – 1836 etwa? Wie wird es im Tausendjährigen Reich sein? Was wird mit den ohne Christus Verstorbenen geschehen? Wer ist der Antichrist, wo, wann und wie wird er auftreten? Das greift ins Leben ein: Man wandert aus, um dem Reich Gottes entgegenzuziehen oder dem Antichristen zu entgehen. Das Interesse in der Schriftauslegung verschiebt sich vom Römerbrief auf die Johannesoffenbarung[6], von den Psalmen und Jesaja auf Daniel und Sacharja. Und es besteht die Gefahr, daß man in dieser Welt nur noch ein dem Untergang geweihtes Gemächte sieht, ihre Erhaltung hintanstellt und sich dem Kommenden zuwendet.

2.3. Luther für die jeweilige Zeit gewinnen

Es wäre falsch zu sagen, daß der Pietismus an sich ein gebrochenes Verhältnis zur Reformation hat. Es gibt eine breite

Schicht innerhalb des Pietismus zu allen Zeiten, die in einem positiven und kenntnisreichen Verhältnis zur Reformation steht. An erster Stelle wären hier Spener und Francke, aber vor allem auch Zinzendorf zu nennen. Spener möchte in der Kirche seiner Zeit die Anliegen Luthers lebendig halten, was natürlich 150 Jahre nach Luther, in einer Situation, in der die Rechtfertigung aus Gnaden zur Selbstverständlichkeit geworden war, eine andere Gestalt haben mußte.[7] Die Reihe könnte man mit vielen Namen aus der Zeit der Erweckungsbewegung fortsetzen wie Matthias Claudius, Tholuck, Delitzsch, die Erlanger, Henhöfer usw.

Schaut man genauer in das Leben dieser den Pietismus tragenden Gestalten hinein, dann wird ersichtlich, daß sie und damit auch der Pietismus in seiner Gesamtheit ohne Luther nicht denkbar sind. „Unter den vorbereitenden Gestalten, Kräften und Bewegungen für den Pietismus steht der andauernde stille Einfluß durch eigene Lektüre obenan", stellt M. Schmidt fest.[8] Diese Verbindung zeigt sich dann bei Spener auch darin, daß er immer wieder Luther aus seiner reichen Lutherkenntnis zitiert und daß man ihm in der Lehre letztlich kein Abweichen vorwerfen konnte.

Wie sah nun die Aktualisierung der Erkenntnis Luthers im einzelnen aus und wo blieb man hinter Luther zurück?

3. Die Aufnahme reformatorischer Anliegen im Pietismus

3.1. Die zentrale Stellung der Bibel

Die Reformation war in erster Linie eine Bibelbewegung. Über dem Studium der Bibel erkannte Luther, was die „Gottesgerechtigkeit" ist. Unter Berufung auf die Bibel lehnte Luther vor Kaiser und Reich einen Widerruf ab. Der Bibelübersetzung und der Bibelauslegung galt ein wesentlicher Teil seiner Lebensarbeit.

In gleicher Weise kann man vom Pietismus zu allen Zeiten sagen, daß er eine Bibelbewegung ist. In seiner Programmschrift Pia desideria heißt der erste Vorschlag zur Besserung der Kirche: „Das Wort Gottes ist reichlicher unter uns zu bringen." Dem folgen eine ganze Reihe von Anregungen, wie das geschehen kann: Jeder soll die Schrift selbst in die Hand nehmen. Gemeindeveranstaltungen sind einzurichten, um die Bibel kennenzulernen. In Rede und Gegenrede soll Gottes Wort miteinander studiert werden usw.

Auch der halle'sche Pietismus entsteht an der Bibel. Francke sammelte in Leipzig die Studenten zu collegia philobiblica, wo sie miteinander die Bibel lasen und unter Verwendung der Alten Sprachen nach dem Sinn des gelesenen Abschnittes fragten. An der Universität übernahm der junge Privatdozent exegetische Vorlesungen. In manchen Jahren hatte während der Zeit der Orthodoxie überhaupt kein Exegeticum stattgefunden; es wurde vorzeitig abgebrochen, weil keine Studenten mehr kamen. Mit den Exegesen Franckes und seiner Freunde verlagerte sich in der Theologie der Schwerpunkt von einer streitbaren Dogmatik auf die Bibel.[9] Während seiner Erfurter Zeit verbreitete Francke in seiner Gemeinde über 900 Bibeln. Da sie recht teuer waren, suchte er nach billigeren Bezugsquellen.[10] Auf Baron von Cansteins „Ohnmaßlicher Vorschlag, wie Gottes Wort den Armen zur Erbauung um einen geringen Preis in die Hände zu bringen" kam es zur Gründung der ersten, der von Canstein'schen Bibelgesellschaft. Wurden von der Reformation bis 1700 insgesamt etwa 1,5 Millionen Bibeln abgesetzt, so veröffentlichte die neue Gesellschaft allein im ersten Jahr ihres Bestehens 3 Auflagen mit je 5.000 Bibeln und konnte damit nur etwa 25% der vorliegenden Buchhändlerbestellungen erfüllen. Von 1712 bis 1719 wurden 100.000 Neue Testamente und 40.000 Vollbibeln gedruckt. Von 1712 bis 1800 verkaufte man 2.770.282 Bibeln. Die Gesamtbibelverbreitung im deutschen Sprachraum in dieser Zeit betrug etwa 4 Millionen und in den nächsten 100 Jahren 30 Millionen.[11]

Neben der Bibelverbreitung bemühte man sich um das Bibelverständnis. In den Seminaren der Universität übte man die Alten Sprachen ein. Francke erwartete, daß jeder Theologiestudent einmal im Jahr die Bibel in Hebräisch und Griechisch durchliest. Bibelwerke entstanden für das einfache Volk, um die Bibel besser verständlich zu machen.

Nun könnte man weiter erzählen, was in den letzten 300 Jahren alles geschehen ist, um einen breiten Zugang zur Bibel zu schaffen, vom Kalenderblättchen über die Losungen bis zum Bibelleseplan für alle Alters- und Bildungsschichten. In dem allem findet sich der Pietismus im Gefolge der Reformation, und er sollte dieses Anliegen nicht aufgeben, denn mit der Bibel als Gottes Wort gäbe er sich selbst auf.

Freilich ist damit noch nicht alles gesagt. Man schätzte die Bibel als Gottes Wort. Deshalb hat man sich zu allen Zeiten geweigert, Unterschiede in der Bibel selbst zur Kenntnis zu nehmen. Neben einem Römerbrief und einem Johannesevangelium gibt es in der Bibel auch ein Hohes Lied, ein Buch Levitikus (3. Mose) mit vielen Reinheits- und Speisegeboten und ein Buch Esther, das den Namen Gottes nicht einmal erwähnt. Alles Gottes Wort, aber nicht alles Gottes Wort für mich, wie Luther sagte. Und wenn man überall seine Erbauung suchen will und Geistliches auch da, wo die Bibel weltlich redet, muß man zu erzwungenen Auslegungsmethoden kommen, die den Text nicht mehr sagen lassen, was er sagen will. Der Zaun um die Stiftshütte wird dann zu einem Bild für die Gemeinde, das rote Seil der Rahab (Josua 2,21) wird zum Zeichen des Blutes Christi, die erotische Sprache des Hohen Liedes wird zum Ausdruck der Christusminne. Man weicht vom Wortsinn, dem sensus literalis der Bibel ab, bedient sich der Allegorese und trägt dabei seine eigenen Gedanken und Vorstellungen in die Bibel ein. Hier sollte man sich an Luthers Regel erinnern, nach der der Wortsinn der eigentliche Sinn ist, der vom Heiligen Geist gewollt ist.

Ein Francke und ein Spener waren sich sehr wohl bewußt, daß zum rechten Verständnis der Schrift auch ein entsprechendes Beachten der Grammatik, der einzelnen Worte und des Zusammenhanges gehört. Deshalb studierte man – eingedenk Luthers Diktum, daß die Sprachen die Scheide sind, in der das Schwert des Geistes steckt – auch die Alten Sprachen. Sicher gibt es eine Schriftauslegung durch den Gemeinschaftsbruder, die voll Geistes ist, weil sie aus der Erfahrung des Glaubens und aus der breiten Kenntnis der Schrift erwächst. Aber das sollte nicht zu einer Verachtung der Werkzeuge führen, die uns die wissenschaftliche Theologie an die Hand gibt, vor allem wenn es darum geht, festzustellen, „was dieser Text eigentlich sagt", oder wenn man zu lehrhaften Aussagen vorstößt. Daß uns die Bibel etwas gilt, zeigt sich daran, daß wir bereit sind, uns die entsprechenden Mühen beim Umgang mit ihr aufzuerlegen.

Wie viel dem Pietismus die Bibel gilt, zeigt sich vor allem in den Aussagen über die Inspiration. Der Sinn dieser Aussagen kann aber doch nur sein, festzuhalten, daß dies Gottes Wort ist. Leicht entschwindet aber über der Betonung des göttlichen Ursprungs das historische Gewordensein der Schrift aus dem Blick, obwohl doch die Bibel selbst davon redet. Nun kann man auch nicht mehr – was Luther noch konnte – mit Widersprüchen in der Bibel leben. Sie werden entweder nicht zur Kenntnis genommen oder aber zwangsweise harmonisiert. Das dient nicht der Ehre der Bibel, sondern ist vielmehr Ausdruck unserer eigenen Ängstlichkeit. Die Bibel hat doch gerade auch in der Geschichte des Pietismus immer wieder ihre Kraft bewiesen. Wir sollten uns im Gefolge der pietistischen Väter und der Reformation uneingeschränkt um sie mühen, aber auch vorbehaltlos zu ihr stehen, wie sie uns von Gott nun einmal gegeben ist.[12]

3.2. Das Anliegen der Rechtfertigung

Luther kommt zu der Rechtfertigung mit dem erschrockenen Gewissen des Sünders. Über der Bibel erkennt er, daß die Gerechtigkeit Gottes nicht in seinem Richten, sondern in seinem Retten besteht, daß der Sünder vor Gott nicht gerecht wird, durch das, was er tut, sondern durch das, was Gott in Christus getan hat. Schon in der darauffolgenden Zeit der Orthodoxie besteht das Problem der Kirche darin, daß die Menschen von klein auf gehört haben, daß Christus für ihre Sünde gestorben ist. So entstehen zwei Fragen: Einmal, wie erlebt man tatsächlich die Rechtfertigung? Zum andern, wie ist es möglich, neben der Rechtfertigungslehre das Bewußtsein der sittlichen Verpflichtung wach zu erhalten?
Die Orthodoxie verweist einerseits auf die Taufe. Daneben steht die Beichte, und zwar die Privatbeichte, die vor dem Pfarrer abzulegen ist und bei der jeweils aufs neue die Vergebung zugesprochen wird.
Für Spener ist das ganze christliche Leben von der Rechtfertigung her bestimmt. Die Rechtfertigung recht erfahren, führt hinein in die persönliche Jüngerschaft, in einen Glauben, der klare Erkenntnisse voraussetzt, der immer wieder neu persönlich überprüft werden muß und der eine erneuerte Lebensgestaltung zur Folge hat.[13] Die Erneuerung ist nicht von der Rechtfertigung zu trennen; deshalb bevorzugt Spener hier

den Ausdruck der Wiedergeburt. Diese innere Geburt ist ein – nicht notwendigerweise datierbares – Ereignis, das von Gott ausgelöst wird, der den sündigen Menschen umwendet und zum neuen Menschen macht.

Dieser neue Mensch steht nun auf einmal unversehens doch im Mittelpunkt. Das zeigt sich in einer Serie von 66 Predigten über die Wiedergeburt, die Spener in Berlin hielt. Eine dieser Predigten war dem alten, acht dem Geschehen und 57 dem neuen Menschen gewidmet. Die Vergewisserung der Wiedergeburt wird eben nun doch sehr leicht im neuen Leben gesucht, und somit setzt eine Selbstbeobachtung ein, die den Menschen mehr auf sich als auf Christus hinlenkt.

Lag das in der Absicht Speners? Keineswegs. Er vertrat mit selbstverständlicher Entschiedenheit die lutherische Rechtfertigungslehre. Aber es gehört zu den Grundgesetzen der Theologiegeschichte, daß kein Lehrer die Wirkung seiner Gedanken und Worte in der Hand hat. Sie gehen oft in ganz andere Richtung, als es seinen Absichten und Wünschen entspricht. Das ist auch Spener nicht erspart geblieben.

Auch der halle'sche Pietismus macht dann die Echtheit der Rechtfertigung an der Tiefe des erfahrenen Bußkampfes fest. Und von hier aus ließe sich nun eine Geschichte der Wiedergeburt und der Bekehrung im Pietismus nachzeichnen. Es fällt doch auf, wenn mir bei der Einführung eines Seminars über die Bekehrung für kirchliche Mitarbeiter bei einem ersten Gedankenaustausch eigentlich fast nur Negativvorstellungen begegnen: Abkehr vom Vergnügen, Gericht, Datum, Tränen usw. Muß es uns nicht betroffen machen, daß dieses Uranliegen des Pietismus, daß der Christ sich persönlich von Gott in Christus dem Gekreuzigten angenommen wissen muß, draußen so wenig verstanden wird? Ist es nicht unbedingt wichtig, daß wir es aufs neue fassen: Wiedergeburt ist Gottes Tat im Leben eines Menschen, die hinführt zu Christus, die ihre Gewißheit nicht in dem findet, was hier an Neuem schon sichtbar ist, sondern in dem, was Gott getan hat!? Hier müssen wir uns als Pietisten unseres reformatorischen Erbes erinnern, demgemäß die Umkehr immer erst Hinkehr zum Kreuz des Christus ist, die dann hineinführt in die Gemeinschaft des Wortes, des Gebets und der Glaubenden und dann Abkehr von allem Gotteswidrigen (vgl. Mk. 1,14 f. und 1. Thess. 1,9 f.). Mit diesem Verständnis kann man dann auch „anständige" Bürger zur Umkehr rufen.

Der Trost der angefochtenen Gewissen wird dann auch nicht in dem liegen, was vom „neuen Menschen" konstatierbar ist, noch in dem, wie die Bekehrung erlebt wurde. All das ist schließlich anfechtbar gerade in der Stunde der inneren Not. Der Trost muß in Christus gefunden werden. Dieser für mich dahingegebene Christus hat sich aber mit mir in der Taufe schon verbunden und zeigt mir, daß ich sein bin, immer wieder, wo mir sein Leib und sein Blut gereicht wird mit den Worten: Das ist der Leib Christi, für dich gebrochen! Das ist das Blut Christi, für dich vergossen! So gewinnen wir über dem „reformatorisch begründeten" Verständnis von Umkehr und Wiedergeburt im Licht der Rechtfertigung auch wieder den Zugang zu den Sakramenten, die jetzt über dem individuellen „Heilsaneignungserleben" meiner Entscheidung verlorenzugehen in Gefahr sind.

3.3. Das Verständnis der Heiligung

Es besteht kein Zweifel, daß für Luther wie für Paulus der Glaube und die Liebe, die Rechtfertigung und die Heiligung untrennbar zusammengehören. In der Schrift „Von der Freiheit eines Christenmenschen" (1521) geht er davon aus, daß der Christ in beidem „außer sich" existiert: Im Glauben lebt er in Gott, und in der Liebe lebt er im Nächsten. Ja, wo der Glaube echt ist, da braucht er gar keine weiteren Aufforderungen, er tut einfach, was vor Gott recht ist und was dem Nächsten nützt. Der Glaube sucht nicht allein sein Heil und bleibt dann untätig, sondern da mit dem Glauben der Heilige Geist, ja Christus selbst in den Menschen einzieht, wird der Christ immer tätig sein. Er kann gar nicht anders. Im „Sermon von den guten Werken" (1521) legt Luther dann anhand der Zehn Gebote im einzelnen dar, wie diese Tätigkeit des Glaubens und der Liebe beim Christen aussieht.

Und doch überkommt Luther etwa seit 1521, nachdem die theologische Auseinandersetzung mit dem Papsttum weitgehend abgeschlossen ist, die Angst, daß am Ende eine faule Evangelische Christenheit entstehen könnte. Von jetzt an gilt sein Kampf nicht nur der katholischen Werkheiligkeit, sondern auch einer „protestantischen Faulheit, Tatenlosigkeit, Lieblosigkeit und Armut an Früchten des Glaubens." „Wollte Gott", so kann er seufzen, „die Frucht folgte den Blättern nach; ich sorge, es könnte nur bei den Blättern bleiben, denn wir reden viel vom Glauben, tun aber nichts." Oder: „Predigt man die Werke, so geht der Glaube zugrunde, predigt man den Glauben, so will niemand etwas tun."

Ohne nun die weitere Entwicklung im Detail nachzuzeichnen, kann man sagen: In der Folgezeit gelingt es dem Protestantismus nicht, das Wort von der Lebenserneuerung durch das Evangelium recht zu verkündigen. Sicher gab es glaubensstarke und geheiligte Persönlichkeiten. Aber am Ende des Zeitalters der Orthodoxie begegnet uns in weiten Bereichen der evangelischen Christenheit ein heute unvorstellbarer Sittenzerfall. Auch für den Theologen gehörten zum Kennzeichen des rechten Studenten „viehisches Saufen, Balgen und Raufen, Prellen der Bürger und Dirnenverkehr".[14] Der Dreißigjährige Krieg und der Lebensstil des Barockmenschen mögen dazu beigetragen haben. Zutiefst handelt es sich aber um ein theologisches Defizit, denn war bei Luther noch die Heiligung in der Rechtfertigung eingelagert, so hat sie jetzt die Heiligung völlig aufgehoben.

So wundert es nicht, daß Spener als dritten Grundsatz zur „Besserung der Kirche" erhebt: „Das Christentum besteht nicht im Wissen, sondern im Tun." Seit jener Zeit ist der Pietismus immer auch Heiligungsbewegung gewesen. Damit liegt der Pietismus insgesamt in der Linie von Luthers Denken und Wollen. Und der Wille zur Tat, der sich daraus ergeben hat, diente vielen Menschen zum Wohl und zum Heil und führte zur Ausbreitung des Reiches Gottes. Es entstand eine Fülle von Werken in Diakonie, innerer und äußerer Mission, wenn man einmal diese heute nicht mehr gängigen Begriffe gebrauchen darf. Diese Linie zieht sich fort bis in die Gegenwart. Zeichnet die Gemeinschaftsbewegung etwas aus, dann ist es einmal die „Gebefreudigkeit" – man weiß zu opfern. Zum andern die „Dienefreudigkeit" – man ist bereit, Zeit und Kraft einzusetzen. Das ist wieder nur möglich, weil man sich in seiner ganzen Lebensgestaltung einschränkt, um Mittel und Kräfte für das Reich Gottes einzusetzen.

Ein genaueres Hinsehen zeigt zugleich aber eine Akzentverschiebung, die nicht ohne Folgen bleibt.

Die Reformation hat auf die Tatsache der Erbsünde, der bleibenden Verhaftung auch des „neuen Menschen" an die Sünde, sein Gebundensein an Trotz und Ungehorsam, vor allem an die Selbstliebe, unermüdlich hingewiesen. Aus dieser Haltung kommt alles Tun, auch das Tun des Wiedergeborenen. So sind auch seine „guten" Taten vor Gott nicht gut; sie werden vor Gott nur angenehm, weil auch die guten Taten eingehüllt sind in die Vergebung durch das Blut Christi.

Anders bei Spener. Schon er legt alles Gewicht auf die konkrete Einzelsünde bzw. die Sünden. Er ruft zur täglichen Gewissensprüfung auf. Das tat Luther auch, denn die Zehn Gebote gehören bei ihm mit zum täglichen Gebet. Dennoch tritt der Kampf gegen die Sünde nun mehr in vordergründige Bereiche. Es erhebt sich die Frage nach den Mitteldingen, nach Kleidung, Theaterbesuch und Vergnügen verschiedener Art. Jetzt geht der Christ nicht mehr von dem aus, daß all sein Tun sündig ist, weil es aus falscher Wurzel erwächst, sondern er teilt sein Tun ein in sündiges und nicht sündiges. Die Lutherkenner unter den Pietisten hielten zwar ständig an dem „gerecht und Sünder zugleich" fest. Aber in vielen Bereichen des Pietismus kommt es eben doch zu einem falschen Heiligkeitsdenken, bei dem man sein heiliges gegen sein nicht heiliges Handeln stellen kann. Auf diesem Boden mußte dann auch ein Vollkommenheitsdenken einsetzen, bei dem der Christ meint, er ließe die Sünde hinter sich. Weil es uns ernst ist um die Heiligung, dürfen wir den Ansatz Luthers, der nicht nur Sünden, sondern die Sünde in ihrer alles durchdringenden Art ernst nimmt, nicht vergessen. Sonst kommt es zu einem oberflächlichen Sünden- und leichtfertigen Heiligungsverständnis.

Auf eine weitere Folge muß hingewiesen werden. Wo nämlich so zwischen Sündigem und Nichtsündigem im Leben des Glaubenden unterschieden wird, kann es nicht ausbleiben, daß das Nichtsündige eben doch letztlich eine Rolle spielt. In den Himmel kommt man zwar allein „durch Christi Blut und Gerechtigkeit". Aber danach gibt es noch ein Gericht, bei dem nun im Himmel Ehren und Kronen verteilt werden. Hier hält das sog. Stufendenken Eingang, das wiederum unser Tun auf Erden vergiftet. Der Nächste, dem ich diene, wird nun das Mittel, durch das ich eine zusätzliche Auszeichnung erwerbe. So verdirbt dieses Denken die Selbstlosigkeit der Liebe, die nur dem Nächsten beistehen will.

Eine letzte Folge war, daß man bei uns immer wieder die Heiligkeit des Lebens in den außerordentlichen und besonderen Dingen des Lebens suchen will: Im Opfer, im vollzeitlichen Dienst am Evangelium, im Verzicht auf die Ehe und was dergleichen Dinge sind. Nein, das steht in keiner Gemeinschaftsdogmatik. Wohl aber ist es mir in manchem Gespräch begegnet: Sie als Missionar können natürlich Gott viel besser dienen als wir im Beruf. Oder daß junge Leute mir sagten, sie dienten ihrem Herrn im Beruf, weil sie bei der Gelegenheit von ihm ein Zeugnis ablegen könnten. So wird dann zwischen heiligen und unheiligen Bereichen des Lebens unterschieden, und es ist nur noch ein kleiner Schritt dahin, daß eben die natürlichen Bereiche die unheiligen und die mit dem Zeugnis des Evangeliums verbundenen in besonderer Weise die heiligen sind. Wo ist der Grund für dieses unbiblische Heiligkeitsdenken zu suchen?

Wir haben im Pietismus die Dimensionen des Berufes verloren. Der Beruf ist nicht ein menschlicher Job, sondern der göttliche Ruf, der mich an meinen jeweiligen Stand gewiesen hat als Mann und Frau, Lehrer, Nachbar, Richter, Abgeordneter, Arbeitnehmer, Unternehmer usw. In meinem Stand diene ich Gott, weil ich so einmal zu der Erhaltung der von Gott geschaffenen Welt und damit zum Lauf des Evangeliums beitrage und weil ich so meinem Nächsten nützlich bin, d.h. ihm Liebe erweise. Welch eine Wohltat ist es für einen Christen, wenn er weiß, wo ich stehe, da diene ich meinem Herrn (vgl. Kol. 3,24: „Ihr dient dem Herrn Christus"). So tun wir im rechten Verständnis der Heiligung sehr wohl daran, die Erkenntnisse der Reformation nicht zu verachten, sondern umgekehrt sie zu aktivieren und einzusetzen.

4. Abschließende Bewertung

Sicher könnte man nun auch noch andere Bereiche christlichen Glaubens und Lebens herausgreifen, um das Verhältnis von Pietismus und Reformation im einzelnen anschaulich zu machen. Am nötigsten wäre es vielleicht noch im Blick auf das Kirchenverständnis und bezüglich des Dienstes des Christen in der Welt.

Was das Kirchenverständnis angeht, erinnert uns die Reformation daran, daß die Kirche immer nur die Gemeinde der gerechtfertigten Sünder sein kann, die sich um das verkündigte Wort und das gemeinsam gefeierte Sakrament versammelt. Der Pietismus hat aber zu allen Zeiten damit ernst gemacht, daß diese Gemeinde nicht nur Hörergemeinde sein kann, sondern daß sich hier das Priestertum aller Gläubigen verwirklicht, bei dem die Fülle der Gaben zu aktivieren ist, wo man sich zum Gespräch um Gottes Wort findet und wo neue Gemeinschaft erfahren wird. Damit werden reformatorische Anliegen aufgenommen. Wo aber das zuerst Gesagte vergessen wird, wird man versuchen, eine „reine Gemeinde" zu konstituieren, ein Unternehmen, das immer zum Scheitern geführt hat.

Und was den Dienst des Christen in der Welt angeht, sollten wir uns auch heute von der Reformation daran erinnern lassen, daß wir Christen auch im weltlichen Bereich und im Dienst der Erhaltung dieser Welt eine Aufgabe haben, ob im Bereich des Journalismus oder der Rechtspflege, ob in der Pädagogik oder der Wirtschaftslenkung, im Gemeinderat wie im Betriebsrat. Man darf uns als Pietisten bzw. Gemeinschaftsleute nicht daran erkennen, daß wir diese Bereiche fliehen, denn damit entfliehen wir der Verantwortung, die wir als Kinder Gottes in dieser Welt zum Wohl der Menschen haben.[15]

Man mag sehr wohl sagen, daß das von mir gezeichnete Bild des Pietismus bzw. der Gemeinschaftsbewegung doch nur Mißstände und Fehlentwicklungen aufgreife. Das ist richtig. Aber es ist doch wichtig, daß wir uns dieser Mißstände auch bewußt sind, darüber reden und auf Besserung sinnen.

Was ist nun als Ergebnis festzuhalten? Meines Erachtens zweierlei: Einmal nimmt der Pietismus in seinen verschiedenen Phasen zweifelsohne die Anliegen der Reformation auf, ja, ohne die Reformation wäre der Pietismus undenkbar. Aber im Laufe seiner Geschichte hat dann der Pietismus immer wieder die reformatorischen Grundlinien hinter sich gelassen. Das ist ihm nicht so gut bekommen. Vielmehr hat es immer wieder zu seiner Gesundung beigetragen, sich auf die Grundpositionen zu besinnen, die ihm von der Reformation her vorgegeben sind und von denen die Väter des Pietismus sich nie entfernen wollten.

Anmerkungen

Theo Sorg: Von der Freiheit eines Christenmenschen

Die Luthertexte sind zitiert nach Martin Luther, Ausgewählte Schriften (6 Bände), hrsg. von Karin Bornkamm und Gerhard Ebeling, Insel-Verlag 1982, Bd. 1.
Die in Klammern stehenden Zahlen hinter den Lutherzitaten weisen hin auf die Abschnitte in der Schrift „Von der Freiheit eines Christenmenschen".

Gerhard Schittko: Luther als Beter

Literaturangaben:
Martin Luther, Weimarer Ausgabe (WA),
    Tischreden (Ti),
    Großer Katechismus,
    Kleiner Katechismus.
Rudolf Hermann, Luthers ,simul' und das Gebet,
    Das Verhältnis von Rechtfertigung und Gebet nach Römer 3,
    Lutherstudien.
Frieder Schulz, Die Gebete Luthers, Gütersloh 1976.
Hansjürgen Schulz, Im Blickpunkt: Beten, Berlin 1982.
Eberhard Winkler, Impulse Luthers für die heutige Gemeindepraxis, Berlin 1983
Zeitschrift der Luther-Gesellschaft: „Luther":
    Kurt Dietrich Schmidt, Luther lehrt beten, Heft 3/1962.
    Bruno Jordahn, Luther und das gottesdienstliche Gebet, Heft 3/1962.
    Ingetraut Ludolphy, Luther als Beter, Heft 1/1963.

Siegfried Kettling: Die Rechtfertigung des Gottlosen

[1] Die lateinische Ausgabe findet sich in den Bänden 40, I und II der Weimarer Ausgabe (WA). Ich zitiere nach der deutschen Übersetzung Luthers Galaterbrief-Auslegung von 1531, hrsg. von H. Kleinknecht, Göttingen 1980.
[2] H.J. Iwand, Nachgelassene Werke IV, 414.

[3] WA 40, I, 258/II, 16.
[4] Schmalkald. Artikel, Luthers Werke, Münchener Ausgabe (Mü) III, 296.
[5] H. Fausel, Martin Luther, 1483-1521, ³1977, S. 18.
[6] E. Hirsch, Hilfsbuch zum Studium der Dogmatik, S. 123.
[7] Melanchthon spricht in der Apologie von „odisse iudicium Dei" (Gottes Gericht hassen), „irasci Deo" (Gott zürnen), von „contemptus Dei" (Verachtung Gottes), BSLK 148f.
[8] vgl. dazu Mü I, 26f.
[9] Sind im Folgenden nach den Zitaten nur Seitenzahlen angegeben, so beziehen sie sich stets auf die unter 1) genannte Übersetzung des Galaterkommentars von 1531.
[10] WA 40, I, 285, 31.
[11] Aus: Von der Freiheit ... Mü II, 271.
[12] Vgl. dazu Günter Rohrmoser, Nietzsche und das Ende der Emanzipation, Freiburg 1971, S. 19ff; das Zitat S. 19.
[13] Hirsch a.a.O., S. 120; vgl. auch die Vorrede zum Römerbrief: „O, es ist ein lebendig, schäftig, tätig, mächtig Ding um den Glauben, daß unmöglich ist, daß er nicht ohn Unterlaß sollt Guts wirken. Er fraget auch nicht, ob gute Werke zu tun sind, sondern ehe man fragt, hat er sie getan und ist immer im Tun"; Mü VI, 90.
[14] So referierte Prof. Klaus Bockmühl einen amerikanischen Theologen, Gnadauer Pfingstkonferenz 1981.
[15] „Von den Konziliis und Kirchen", 1539; Mü Ergänzungsreihe VII 86 f.
[16] Paul Tillich, Systemat. Theologie II, S. 190-192.

Helmuth Egelkraut: Der neue Gehorsam

[1] Soweit nicht anders angegeben sind alle Lutherzitate der Weimarer Ausgabe (WA) entnommen und in heutiges Deutsch gesetzt. „Werke" = „Sermon von den guten Werken" (1520); „Freiheit" = „Von der Freiheit eines Christenmenschen" (1520).
[2] Vgl. H. Gundert, Briefnachlaß, Calw., Stuttgart 1907, S. 284.
[3] Karl Holl, Gesammelte Aufsätze zur Kirchengeschichte I, Luther, ⁶1932, S. 287.
[4] Hans von Sauberzweig, Er der Meister, wir die Brüder, Offenbach 1959, S. 19.
[5] W. Schmauch und E. Wolf, Königsherrschaft Christi, Theol. Existenz heute, N.F. 64, München 1958, S. 62
[6] Holl, a.a.O., S. 155.
[7] Holl, a.a.O., S. 97, FN 4.
[8] Weiteres dazu s. Holl, a.a.O., S. 161-175 und R. Hermann, Gesammelte und nachgelassene Werke I, Luthers Theologie,

Göttingen 1967, S. 107f.

[9] An den christlichen Adel deutscher Nation, WA VI, 408,25 u. 411,15.

[10] Holl, a.a.O., S. 176f.

[11] Vgl. Paul Althaus, Die Ethik Martin Luthers, Gütersloh 1965, S. 11f.

[12] Althaus, a.a.O., S. 18-22.

[13] EA = Erlanger Ausgabe XII, 348, zit. bei Holl, a.a.O., S. 97.

[14] Holl, a.a.O., S. 99.

[15] Holl, a.a.O., S. 101, FN 3.

[16] Paul Althaus, Die Theologie Martin Luthers, Gütersloh ³1972, S. 214-217: Fides und fructus.

[17] Holl, a.a.O., S. 102.

Siegfried Kettling: Vom unfreien Willen

[1] Zur *Literatur*
Die lateinische Fassung „De servo arbitrio" (WA 18) findet sich am bequemsten in der Clemenschen (Bonner) Ausgabe "Luthers Werke", Band III, zitiert als Cl.
Übersetzungen: „Daß der freie Wille nichts sei", Münchener Ausgabe, Ergänzungsreihe Bd. I, zitiert Mü; gekürzt in Aland, Luther Deutsch III, zitiert LD. Normalerweise wird nach LD zitiert, sonst Mü oder Cl. Wird aus anderen Bänden der genannten Ausgaben zitiert, so ist jeweils der Band genannt (z.B. Mü II).
Sekundärliteratur:
Eine vorzügliche Einführung mit Kommentar von H.J. Iwand findet sich in dem Band der Münchener Ausgabe (Mü Ergänzungsreihe I); ferner: H.J. Iwand, Um den rechten Glauben, Aufsätze, München 1965. Rudolf Hermann, Luthers Theologie, Göttingen 1967, dort Teil VIII. Klaus Schwarzwäller, Theologia crucis, München 1970.

[2] vgl. Luthers Heidelberger Disputation, 1518, dort These 13: „Freier Wille ist nach dem Sündenfall nur ein bloßer Name, und wenn er tut, soviel an ihm ist, begeht er Todsünde" (Mü I, 130).

[3] vgl. Hermann, a.a.O., S. 146.

[4] WA I, 225.

[5] Iwand, a.a.O., S. 38/S. 35.

[6] Iwand, Mü 253; a.a.O., S. 250.

[7] Iwand, a.a.O., S. 257.

[8] Schwarzwäller, a.a.O., S. 61.

[9] Dazu der wichtige Aufsatz von Adolf Schlatter, Der Dienst des Christen in der älteren Dogmatik, in „Zur Theologie des NT und zur Dogmatik" (Kleine Schriften), München 1969, S. 31ff.

[10] zit. nach E. Hirsch, Hilfsbuch zum Studium der Dogmatik,[3] 1958, S. 120.

[11] Luther „kennt weder vor noch nach dem Gnadenempfang einen freien Willen. Der freie Wille ist eine Vokabel, die in seiner Theologie nicht vorkommt, weder in seiner Lehre von der Rechtfertigung noch in der von der Heiligung" Mü 254; Um den rechten Glauben, S. 267: „Es ist … wesentlich, daran zu erinnern, daß Luther auch für den von Gott zu der Freiheit des Glaubens Befreiten das ‚liberum arbitrium‘ nicht wiederhergestellt sehen möchte."

[12] „Während dort" (bei Erasmus) „das Bestreben vorherrscht, die unlösbaren Widersprüche der Prädestination und Reprobation, des verborgenen und offenbaren Gottes aufzulösen, sie gleichsam durch Vergleich zu versöhnen und so der Vernunft einen Anblick zu ersparen, der sie vor die Grenzen ihrer selbst stellen könnte, läuft hier" (bei Luther) „alles darauf hinaus, diese Abgründe des Glaubens aufzudecken und zu entschleiern, nicht um daran zu verzweifeln, sondern um zur Anbetung dieses unbegreiflichen Willens Gottes zu mahnen" (Iwand, a.a.O., S. 18). Erasmus „sichert … also die Vernunft vor ihrer eigenen Katastrophe, verdeckt mit seinem Veto das, woran sie zuschanden wird" (ebenda, S. 21).
„Tatsächlich kann sich auch kein Mensch Gott gegenüber für frei halten, ohne daß er damit notwendig und gerade darum unbewußt *Gott* von seinem Verhalten *abhängig* denkt. Hier liegt die Wurzel aller Gesetzesfrömmigkeit" (ebenda, S. 47).

[13] „Himmel und Hölle hören auf, Bilder des menschlichen Wünschens oder Schreckens zu sein. Einigung mit Gott, Eingehen in seinen Willen, das heißt Seligkeit, und Auflehnung wider Gott, Zerfallensein mit ihm heißt höllisches Feuer." Iwand, Glaubensgerechtigkeit nach Luthers Lehre, München 1964, S. 24.
An dieser Stelle Angefochtene weiß Luther wundervoll zu trösten: „Sicherlich ist es nicht die Art der Verworfenen … vor jenem verborgenen Gericht Gottes zu zittern, sondern die Art der Erwählten … Wenn einer also große Angst hat, daß er nicht erwählt sei … so soll er für solches Bangen Dank sagen und sich freuen, daß er überhaupt Angst hat, weil er zuversichtlich wissen darf, daß Gott nicht lügen kann, der gesagt hat: Das Opfer, das Gott gefällt, ist ein geängsteter Geist, d.h. ein verzweifelter Geist" (Mü/Römer, S. 295).

[14] W. Kreck, Grundentscheidungen in Karl Barths Dogmatik, Neukirchen 1978, Exkurs „Zu Luthers Erwählungslehre" (S. 284 ff.): Luther „lehrt insofern eine doppelte Prädestination, als bei Gott allein der Grund liegt, warum der eine glaubt und der andere nicht. Aber so gewiß Luther das klar ausspricht und also auch von Verstockung reden kann, so fehlt doch eine Spekulation über die

beiden Menschengruppen, geschweige daß ein doppeltes Dekret Gottes zum Ausgangspunkt seines Denkens gemacht würde", S. 294f.

Hermann, a.a.O., S. 167: „‚Erwählung' ist eben nicht vornehmlich die positiv ausgefallene Möglichkeit im Unterschied zu der ebenso möglichen Verwerfung, sondern eine Charakterisierung der Zukehr Gottes in Christo zu dem einzelnen Menschen." Damit ist gesagt, daß Luther kein eigenständiges Interesse an der Verwerfung hat, sondern das Solus Christus, Sola Gratia gegen alle Ansprüche des Menschen stellt! „Die Erwählung ist im Sinne Luthers schwerlich als eine Art vorzeitlicher Los-Austeilung zu verstehen, sondern als Handeln Gottes in seiner Offenbarung. Wir ‚kennen' ja keinen anderen Gott als den erwählenden" (ebenda, S. 164).

[15] Dazu, daß Paulus in Röm. 9-11 eindeutig eine Prädestinationslehre vertritt, vgl. Gerhard Maier, Mensch und freier Wille, Tübingen 1971. Maier urteilt: „Man könnte die Geschichte der Exegese von Röm. 9 als eine *Geschichte von Versuchen* bezeichnen, dieser klaren Erkenntnis *auszuweichen*", S. 356.

[16] Schwarzwäller, a.a.O., S. 182.

LD IX Tischreden, S. 35: „Ich hab's oft gesagt und sag es noch: Wer Gott erkennen und ohne Gefahr von Gott spekulieren will, der schau in die Krippe, heb unten an und lerne erstlich erkennen der Jungfrau Maria Sohn, geboren zu Bethlehem, so der Mutter im Schoß liegt und saugt oder am Kreuz hängt, danach wird er fein lernen, wer Gott sei. Solches wird alsdann nicht schrecklich, sondern aufs allerlieblichste und tröstlichste sein. Und hüte dich ja vor den hohen fliegenden Gedanken, hinauf in den Himmel ohne diese Leiter zu klettern, nämlich den Herrn Christus in seiner Menschheit, wie ihn das Wort fein einfältig darstellt. Bei dem bleibe und laß dich nicht von der Vernunft davon abführen, so ergreifst du Gott recht."

[17] Vgl. hierzu den vorzüglichen Artikel „*Prädestination*" von Hans Engelland (in Biblisch-Theolog. Handwörterbuch zur Lutherbibel, Göttingen, hrsg. von E. Osterloh und H. Engelland, dort S. 450-455). Hier wird deutlich herausgearbeitet, daß das biblische Zeugnis nicht einlinig verfährt, daß eine universalistische neben einer partikularistischen Aussagenreihe steht und beide nicht harmonisiert werden. Vgl. S. 451: (1)„Das ist der universale Heilswille Gottes, der den Menschen in die Entscheidung ruft und ihn für seine Entscheidung verantwortlich macht"; (2)„In harter Antithese dazu geht durch das NT eine zweite Reihe von Aussagen, nach denen Gottes Heilswille sich nur an den Menschen verwirklicht, die er bestimmt. Über den Empfang des Heils entscheidet nicht der Mensch, sondern Gott, und das Ja oder Nein des Menschen, sein Glaube oder Unglaube geht auf eine Entschei-

dung Gottes über ihn zurück." – Es wird hier gerade nicht darum gehen, mit „vielen Künsten" jene zweite Aussagenreihe zu entschärfen, sondern darum, mit Luther zu sehen, daß hier *gerade das „Licht des Wortes" uns auf das „Licht der Herrlichkeit" warten heißt.* Das macht die Theologie demütig und verbietet ihr alle spekulativen Lösungen einer „Zentralschau"!

[18] s. Cl. VIII Tischreden, Nr. 406: „Es muß alles in einem *Dorrsel* (Dusel) geschehen. Sich ergo pertractus sum ad officium docendi." Nr. 3846: „Hoc factum est me invito, dissuadentibus mihi multis hominibus ... Sed ego provocatus ging herzu *wie ein geplendt* (geblendetes) *pferdt,* den(n) der Detzel machts zu grob ..."

[19] „Zum ersten bitte ich, man wolle meines Namens schweigen und sich nicht ‚lutherisch', sondern ‚Christ' nennen. Was ist Luther? Ist doch die Lehre nicht mein, ebenso bin ich auch für niemand gekreuzigt ... Wie käme denn ich armer, stinkender Madensack dazu, daß man die Kinder Christi mit meinem heillosen Namen benennen sollte?" („Eine treue Vermahnung ..." 1522 / LD IV, 57). Betrachtet sich Luther als Person, so weiß er, daß er nichts ist („Gottes unwürdiges Gezeuge"), betrachtet er jedoch den Auftrag, den ihm Christus gab, so muß er anders reden, nennt sich einen „Ecclesiasten von Gottes Gnaden", einen „Propheten der Deutschen", einen „Apostel und Evangelisten in deutschen Landen"; beides zusammen: Luther ist der „stolze Tropf", vgl. dazu Karl Holl, Luthers Urteile über sich selbst, Gesammelte Aufsätze zur KG I, S. 381ff.

[20] Schwarzwäller, a.a.O., S. 110.

Gerhard Ruhbach: Glaube und Erziehung bei Martin Luther

[1] EKG 112, 4.
[2] EKG 77
[3] EKG 192, 3
[4] EKG 201, 2
[5] WA 1, 233, 10-11
[6] Vgl. Julius Schniewind, Die Freude der Buße, 1960[2]
[7] EKG 66, 3
[8] WA 16, 262, 19-20
[9] WA 12, 559, 30-31
[10] WA 6, 520, 26-27
[11] WA 30, I, 297, 25-28
[12] WA 10, I, 2, 25, 2-4
[13] WA 7, 33, 4-5
[14] WA 7, 26, 2-8; 7, 28, 18

[15] EKG 239, 7
[16] WA 46, 588, 2-4
[17] Luk. 7, 48-50
[18] WA 56, 446, 5-6
[19] WA 7, 337, 30 ff.
[20] WA 52, 517, 14-15
[21] WA 12, 518, 11-13
[22] WA 29, 494, 14-15
[23] WA TR 1, 352
[24] WA 30 I, 219, 21-24
[25] WA 19, 78, 14-15
[26] WA 30, I, 149, 9-10
[27] EKG 142
[28] WA 7, 38, 6-8
[29] Luthers Vorreden zur Bibel, herausgegeben von Heinrich Bornkamm, sind in einer preiswerten Taschenbuchausgabe (Insel-Taschenbuch 677, 1983) erschienen und jedem zur Lektüre empfohlen.
[30] Luthers „Sendbrief vom Dolmetschen" ist eine kurze, nützliche Einführung in sein Schriftverständnis, in Band V (S. 140-161) in Martin Luthers Ausgewählten Schriften enthalten. In diesem Zusammenhang sei dem Leser diese Auswahlausgabe des Insel-Verlags empfohlen, welche die wichtigsten Luther-Texte (über 1.900 Seiten) in einer Kassette mit 6 Bänden gut eingeleitet und zu unglaublich niedrigem Preis anbietet.
[31] Ob die evangelische Kirche an diesem evangelistischen, gemeindeerbauenden und schriftverstehenden Sinn der Predigt festgehalten hat, muß heute ernsthaft gefragt werden.
[32] WA 50, 368, 3-4
[33] WA 23, 365, 6-8
[34] WA 44, 77, 42 f.
[35] WA 18, 360, 1-5
[36] WA 16, 354, 17-20
[37] WA 43, 119, 23-24
[38] WA 32, 304, 21
[39] WA 12, 191, 8-12
[40] WA 30, II, 120, 17
[41] WA 10 I. 1, 13, 22 f.
[42] WA 12, 35, 24-25
[43] WA 25, 255, 15-18
[44] WA 10, II, 301, 23-27
[45] WA 17, II, 67, 9-18
[46] WA 2, 169, 38-170, 1
[47] WA 16, 504, 16-18
[48] WA 24, 223, 11
[49] WA 16, 504, 12-14

[50] WA 25, 356, 23-24

[51] Vgl. WA 37, 103, 3-4; WA 12, 122, 31-123, 1

[52] WA 2, 170, 15-16

[53] WA 51, 40, 40 ff.

[54] WA 32, 65, 10-11

[55] WA 30 II, 579, 33-580, 8

[56] Vgl. WA 25, 35, 4-6; WA 30 II, 579, 28-31; WA 31 II, 679, 28-31

[57] Vgl. WA 43, 340

[58] Zur Literatur vgl. Ivar Asheim, Glaube und Erziehung bei Luther, Heidelberg 1961; Otto Friedrich Bollnow, Vom Geist des Übens, Freiburg 1978; Klaus Petzold, Die Grundlagen der Erziehungslehre im Spätmittelalter und bei Luther, Heidelberg 1969; Gerhard Ruhbach, Glaube und Erziehung im frühen Pietismus, Gnadauer Materialdienst 13, 1979; Eberhard Winkler, Impulse Luthers für die heutige Gemeindepraxis, Stuttgart 1983, S. 53-68.

Helmuth Egelkraut: Pietismus und Reformation

[1] M. Haug, Der bleibende Auftrag des Pietismus, in Th. Sorg, Leben in Gang halten, Pietismus und Kirche in Würtemberg, Metzingen 1980, S. 194-209.

[2] Theo Sorg sieht in der evangelikalen Bewegung eine weitere Phase des Pietismus, a.a.O. S. 21; auch R. Scheffbuch bekannte sich in einem öffentlichen Vortrag zu dieser Sicht: Gnadauer Herbstkonferenz 1977 in Böblingen.

[3] Vgl. G. Maron, Schwenckfeld, RGG V, 1961, Spalte 1620 f.

[4] Das gilt für H. v. Sauberzweig, Er der Meister, wir die Brüder. Geschichte der Gnadauer Gemeinschaftsbewegung, 1958, ²1980, S. 21-23 (er beruft sich auf Jakob Schmitt, Die Gnade bricht durch, als Gewährsmann) wie für F. Heitmüller, Die Krisis der Gemeinschaftsbewegung, ein Beitrag zu ihrer Überwindung, 1931, S. 25-28, 188-190 (vgl. Heitmüllers Sicht zur Kirchenfrage, Sakrament usw. Heitmüller schließt sein Werk mit der Erkenntnis: „Luther ist eine Gefahr für uns" S. 206). Aber man mag das auch manchen Brüdern in der Gemeinschaftsbewegung zugute halten, die im Anschluß an die oben Genannten mehr auf Schwenckfeld als auf Luther schauen, wenn es darum geht, den rechten Ausleger des Evangeliums zu finden.

[5] K. Hermann, Johann Albrecht Bengel, der Klosterpräzeptor von Denkendorf, 1937, S. 10, jetzt auch zitiert bei Mühlhaupt, Die Bedeutung Luthers für den Pietismus, in: Luther im zwanzigsten Jahrhundert, 1982, S. 205-217, S. 206. Mühlhaupt meint, Bengel fühle sich offenbar doch mehr zu der Braut hingezogen, die im

Zimmer sitzt. Dieses Über-Luther-Hinaus gilt für Bengel insbesondere im Blick auf Schriftauslegung und Schriftverständnis.

[6] K. Hermann; „Früh schon – mindestens seit 1724 – wurde die Offenbarung Johannes für Bengel zum wichtigsten Buch der Bibel", S. 410.

[7] Siehe dazu E. Beyreuther, Pia desideria – Programm des Pietismus, 1964; K. Holl stellt heraus, daß es jetzt um die Frage geht, wie der Mensch die Rechtfertigung erleben kann (s. Die Rechtfertigungslehre im Lichte des Protestantismus, Gesammelte Aufsätze zur Kirchengeschichte III, 1928, S. 525-557, S. 542 f.).

[8] Artikel „Pietismus", RGG V, 1961, 372.

[9] E. Beyreuther, Geschichte des Pietismus, 1978, S. 132.141.

[10] E. Sachsse, Ursprung und Wesen des Pietismus, 1884, S. 113 ff.

[11] Für die Zahlen siehe O. Söhngen, Die bleibende Bedeutung des Pietismus, 1960, S. 109 ff. und Mühlhaupt, a.a.O. S. 207 f.

[12] Weiteres zum Pietismus und den Umgang mit der Bibel bei M. Haug, a.a.O. S. 196-200, und Mühlhaupt, a.a.O. S. 212 f.

[13] Spener: „Wer den Grund der Lehre aus dem Katechismus nicht erfaßt hat, der wird das meiste in der Predigt nicht verstehen", in: E. Beyreuter, a.a.O. S. 83.

[14] E. Beyreuther, a.a.O. S. 141.

[15] Mühlhaupt, a.a.O. S. 124 ist der Meinung, der Pietismus habe vielfach und in breiten Schichten den Welthorizont Luthers verloren, d.h. das Verständnis für den Wert und die Notwendigkeit des weltlichen Regiments in Staat, Volk, Rechtswesen, Politik, Wissenschaft usw. Er hat dabei sicher die Gemeinschaftsbewegung im Sinn, wie sie ihm im badischen Bereich begegnet. Beyreuther, a.a.O. S. 339, zeigt, daß dies nicht allgemein vom Pietismus gesagt werden darf. Von Halle aus brach sich eine gemeinnützige pietistische Wirtschafts- und Staatsethik Bahn. In der Erweckungsbewegung finden wir den Typ pietistischer Unternehmer, der auch in der freien Wirtschaft sozialpolitische Reformen beginnt, ehe die Arbeiterbewegung und der Staat sie aufgreifen. Wir brauchten also lediglich theologisch das Erbe der Reformation und praktisch das der pietistischen Vorfahren neu zu beleben.

Kurt Heimbucher

Zukunft durch Umkehr

Herausgegeben von Theo Schneider

128 Seiten. Paperback
Bestell-Nr. 3-7655-1156-0

Zur Jahrhundertwende wirken diese hier zusammengestellten Aufsätze Kurt Heimbuchers wie ein Vermächtnis an die Gemeinde Jesu
Christi, auch im 21. Jahrhundert in Bewegung zu bleiben und sich mit
dem Evangelium senden zu lassen.

Zukunft durch Umkehr – Die Aktualität des Pietismus heute und
morgen – Gott ruft den Menschen zur Umkehr: Bekehrung als Haupt-
wort des biblischen Zeugnisses – Zukunft durch Umkehr zur Bibel –
Evangelisierende Gemeinde heute – Grundlinien für den evangelistischen Dienst – Theodor Christlieb, ein Theologe der Evangelisation
– Das Wort vom Kreuz: Die Aktualität von Luthers Unterscheidung
zwischen „Theologie des Kreuzes" und „Theologie der Herrlichkeit".

BRUNNEN VERLAG GIESSEN

Kurt Heimbucher

Ich will dich trösten
Für Zeiten der Trauer

48 Seiten. Fester Einband.
Durchgehend vierfarbiger Geschenkband
Bestell-Nr. 3-7655-6402-8

Kurt Heimbucher möchte Menschen trösten, die in Leid und Trauer gekommen sind, weil sie einen lieben Menschen verloren haben. Er hat seine Gedanken nach dem Tod seiner Mutter niedergeschrieben und weiß, daß es im Schmerz mehr geben muß als Vertröstung. Er weiß, wie schwer es ist, sich daran zu gewöhnen, daß der Verstorbene nicht mehr da ist, und welche Gefahren in der Vereinsamung und Verbitterung drohen.
Es geht ihm darum zu zeigen, daß Christus der Garant unseres Lebens ist, der uns hält, auch über dem Abgrund des Todes.
Jeder Abschnitt dieses Geschenkbandes schließt mit einem Liedvers von Paul Gerhardt, jenem Dichter, der selbst durch so viel Leid gegangen ist und der darum trösten kann wie kaum ein anderer.

BRUNNEN VERLAG GIESSEN